Oliver Wolschke

JEHOVAS GEFÄNGNIS

Oliver Wolschke

JEHOVAS GEFÄNGNIS

Mein Leben bei den Zeugen Jehovas
und wie ich es schaffte, auszubrechen

Bibliografische Information der Deutschen Nationalbibliothek:
Die Deutsche Nationalbibliothek verzeichnet diese Publikation in der Deutschen Nationalbibliografie. Detaillierte bibliografische Daten sind im Internet über http://d-nb.de abrufbar.

Für Fragen und Anregungen:
info@rivaverlag.de

Originalausgabe
1. Auflage 2018

© 2018 by riva Verlag, ein Imprint der Münchner Verlagsgruppe GmbH
Nymphenburger Straße 86
D-80636 München
Tel.: 089 651285-0
Fax: 089 652096

Alle Rechte, insbesondere das Recht der Vervielfältigung und Verbreitung sowie der Übersetzung, vorbehalten. Kein Teil des Werkes darf in irgendeiner Form (durch Fotokopie, Mikrofilm oder ein anderes Verfahren) ohne schriftliche Genehmigung des Verlages reproduziert oder unter Verwendung elektronischer Systeme gespeichert, verarbeitet, vervielfältigt oder verbreitet werden.

Redaktion: Matthias Teiting
Umschlaggestaltung: Marc-Torben Fischer
Umschlagabbildung: © Harry Schnitger
Satz: ZeroSoft, Timisoara
Druck: GGP Media GmbH, Pößneck
Printed in Germany

ISBN Print 978-3-7423-0559-6
ISBN E-Book (PDF) 978-3-7453-0114-4
ISBN E-Book (EPUB, Mobi) 978-3-7453-0115-1

Weitere Informationen zum Verlag finden Sie unter

www.rivaverlag.de

Beachten Sie auch unsere weiteren Verlage unter www.m-vg.de

INHALT

Prolog	7
Erwacht!	9
Stufe Null	17
Das Portal	23
Stufe 1	39
Der Wachtturm	55
Von guten und schlechten Zeiten	73
Road to Paradise	93
Vor Gericht	113
Die Rückkehr	137
Stufe 2	157
Ein leichter Schubs	183
Der Ausstieg	205
Stufe Null	231
Epilog	243
Danksagung	245
Anmerkungen	247

PROLOG

Lieber Jehova,

es ist eine Weile her, seitdem ich mich das letzte Mal bei dir gemeldet habe. Ich weiß nicht mehr genau, wie alt ich war, als wir das erste Mal miteinander sprachen. Eigentlich war es kein richtiges Gespräch – schließlich habe nur *ich* etwas gesagt, zudem leise in Gedanken. Man hatte mir beigebracht, dass du es gern hast, wenn man zu dir spricht. Ich muss sieben Jahre alt gewesen sein, als ich verstand, dass das Gebet zu dir eine zentrale Rolle in meinem Glauben spielen würde.

Mittlerweile bin ich 33 Jahre alt. Die vergangenen Monate waren sehr turbulent, aber das weißt du sicher. Ich habe mir vorgenommen, dir davon zu erzählen. Nicht in Form eines Gebetes, sondern in einer Art Brief. Du hast damit ja angefangen. Man hat mir erzählt, dass die Bibel ein Brief von dir an die Menschheit sei. In diesem Schreiben wolltest du uns erklären, was dein Plan mit uns Menschen wäre und weshalb du uns erschaffen hast.

Mit *meinem* Brief möchte ich dir nun *meine* Gedanken mitteilen, wie ich mich gefühlt habe, als ich ein Teil deiner Organisation wurde und warum ich mich schlussendlich von ihr getrennt habe. Ich musste raus, weil ich für mich keinen anderen Ausweg sah. Wie du weißt, ist eine Trennung mit viel Schmerz und Verlust verbunden, außerdem erwartet mich wohl bald der ewige Tod in Harmagedon, wo all die Menschen unerreichbar sein werden, die mir ans Herz gewachsen sind und die ich hinter mir lassen musste.

Ich werde versuchen, den Brief verständlich zu schreiben, damit keine Missverständnisse aufkommen. Ich werde mich nicht metaphorisch ausdrücken, und weitestgehend auf Gleichnisse verzichten – allenfalls werde ich dies deutlich erkennbar machen. Es wird nicht nötig sein, einen Absatz aus einem vorderen Kapitel mit einem anderen aus einem hinteren Kapitel zu vergleichen, um meine Worte zu entschlüsseln. Wenn ich »Tage« schreibe, dann meine ich Tage – nicht Jahre oder Wochen. Wenn ich einen Ort beschreibe, dann beziehe ich mich auf einen real existierenden Ort – nicht auf eine symbolhafte Gegend. Es wird auch nicht nötig sein, einen Verlag mit der Publikation weiterer Bücher zu beauftragen, die meinen Brief und die darin enthaltenen Kapitel erklären. Mein Ziel ist es, verstanden zu werden, deshalb werde ich mich einfach und klar ausdrücken.

Mir ist früh beigebracht worden, dass die *leitende Körperschaft* – die spirituelle Führung der Zeugen Jehovas, sesshaft im Bundesstaat New York – von dir eingesetzt worden ist und unter deiner Anleitung Publikationen veröffentlicht, die von der Verlagsgesellschaft der *Watchtower Bible and Tract Society* – nachfolgend als *Wachtturm-Gesellschaft* oder *WTG** bezeichnet – vertrieben werden. Wenn ich in meinem Brief das eine oder andere Mal auf diese Druckerzeugnisse zurückgreife, dann weil ich in diesen Texten während einer langen Zeit deine Gedanken gefunden habe.

Mit sechs Jahren habe ich dich kennengelernt. Im Alter von 31 Jahren bin ich aus deiner Organisation, den Zeugen Jehovas, ausgestiegen.

---

* Mit »*Wachtturm-Gesellschaft*« (*WTG*) sind alle Rechtskörperschaften und Tochtergesellschaften der »*Watch Tower Bible and Tract Society of Pennsylvania*« sowie der »*Watch Tower Bible and Tract Society of New York*« gemeint, welche in Summe als Zeugen Jehovas wahrgenommen werden oder diesen dienen. Darunter auch die »*Wachtturm Bibel- und Traktat-Gesellschaft der Zeugen Jehovas, e. V., Selters/Taunus*« eine Rechtskörperschaft der Religionsgemeinschaft der »*Zeugen Jehovas in Deutschland K.d.ö.R.*«

»Aber ein Mensch kann nicht ändern, was er ist. Er kann andere überzeugen, dass er jemand anderes ist, aber niemals sich selbst.«

Die üblichen Verdächtigen (1995)

ERWACHT!

Wir beteten als Familie meist vor dem Essen. Das Gebet durfte nur ich sprechen, da ich das *Haupt der Familie* war. Unsere Kinder falteten ihre Hände, senkten ihren Kopf und warteten darauf, dass Papa zu Gott sprach.

Als Zeuge Jehovas spricht man keine auswendig gelernten Bitten, wie das *Vaterunser*, eher sagt man, was einem gerade einfällt und wofür man dankbar ist. Kurz vor dem Essen machte ich mir ein paar Gedanken, was ich sagen würde, schließlich aßen wir täglich, und ich wollte mich nicht wiederholen oder das Gebet als lästige Gewohnheit hinter mich bringen. Meinen Kindern wollte ich zeigen, wie man betete und dass es mir eine ernste Angelegenheit war.

An jenem Tag im März 2017 fiel es mehr schwer zu beten. Ich war gerade »erwacht«. Mir kam es mit einem Mal so vor, als hätte ich die Jahre zuvor nur mit mir selbst geredet, und nur meine Familie hätte mir zugehört – niemand sonst. Ich hatte erhebliche Zweifel, was meinen Glauben betraf, und fühlte mich innerlich zerrissen. Trotzdem wollte ich mir nichts anmerken lassen, also betete ich. Ich hatte über die Jahre

einige Satzbausteine entwickelt, die ich nun einfach aneinanderkettete. Es war ein merkwürdiges Gefühl, meiner Familie etwas vorzumachen, und ich dachte: »So kann es nicht weitergehen!«
Es war das letzte Gebet, das ich sprach.

Einige Monate zuvor hatte ich im Internet etwas gelesen, dass meine »Firewall« – ein über Jahre innerlich aufgebauter Schutz vor Kritik – nachhaltig zersetzte. Eine Glaubensschwester lud mich in eine Facebook-Gruppe ein, die von Anhängern der Zeugen Jehovas gegründet worden war. Dort diskutierte man angeregt über die Frage, ob Haustiere das bevorstehende »Ende« – Harmagedon – überleben würden. Einige meinten, dass die Chancen für ein Überleben von Susi und Strolch recht hoch seien, immerhin habe Gott bei der Sintflut mithilfe der Arche die Tiere ja vor dem sicheren Ertrinken beschützt.

Viele Anhänger sind eher liberal und in ihren Ansichten gemäßigt. Sie machen sich keine Gedanken über belanglose Dinge, etwa ob Haustiere den Eingriff Gottes überleben werden. Andere hingegen könnte man als fanatisch bezeichnen, besessen davon, auf alles eine Antwort zu finden.

Ich gehörte zur ersten Gruppe, daher nahm ich die Diskussion nicht sonderlich ernst. Aber ein Kommentar machte mich stutzig. Die Frage, die eine Frau dort äußerte, war einfach und logisch, und trotzdem war sie mir nie in den Sinn gekommen: »Wie viele Kinder hat Gott mit in die Arche genommen?«

Ich weiß nicht, ob es der Umstand war, dass ich inzwischen der Vater von zwei Kindern war – ob deshalb diese Frage so einiges in mir auslöste. Warum war ich nie zuvor auf den Gedanken gekommen, dass Gott damals hatte Kinder ertrinken lassen? Dass er womöglich wieder Kinder sterben lassen würde?

Die Frage ließ mir keine Ruhe. Ich durchsuchte die Publikationen der Zeugen Jehovas, um herauszufinden, wie die Organisation zu diesem Thema stand. Und was ich las, machte alles nur noch schlimmer:

dass nämlich den Menschen, die während der Sintflut umkamen, keine Auferstehung im zukünftigen Paradies auf der Erde zuteil würde, da sie ja von Gott persönlich bestraft worden waren. Und die Kinder zahlten eben für die Sünden ihrer Eltern.

Ich stellte mir in Gedanken meine zwei Söhne vor. Zu dem Zeitpunkt, als Noah die Tiere in die Arche führte, waren sie in meiner Vorstellung drei und fünf Jahre alt. Ihre Eltern glaubten nicht an die Warnungen Noahs. Meinen Kindern war es egal, ob Mama und Papa über Noah lachten. Sie verstanden die Zusammenhänge noch nicht. Meine Söhne fanden es aber sehr spannend, dass von überall Tiere herkamen, die sie noch nie gesehen hatten, und sie spielten mit ihnen, streichelten sie, lachten und hatten eine Menge Spaß. Mit einem Mal fing es an zu regnen. Meine Jungs freuten sich zunächst über die Pfützen, sprangen hinein und plantschten herum. Sie lachten und waren glücklich. Dann stieg das Wasser immer höher, bis zu ihren Hälsen. Sie schrien, sie verstanden nicht, was geschah, sie riefen nach Mama und Papa. Sie konnten nicht schwimmen und hielten sich an den Händen. Plötzlich verloren sie den Boden unter ihren Füßen. Sie wollten nach Luft schnappen, stattdessen drang Wasser in ihre Lungen.

Ich erinnerte mich an ein Bild, dass ich schon als Kind in meinem Kinderbuch der Zeugen Jehovas zu sehen bekam, auf dem eine Frau versuchte, sich vor den Wassermassen auf eine Bergspitze zu retten und in ihrem Arm ein Neugeborenes hielt – dessen Ende jedoch besiegelt war.

Auf einmal kam mir alles so grausam vor. »Warum hat Gott so etwas getan?«, fragte ich mich.

In den nächsten Wochen begann ich, die Geschichten der Bibel näher zu untersuchen. Vor allem die Lehren, mit denen ich aufgewachsen war, unterzog ich einer kritischen Betrachtung. Etwas, das mir zuvor nicht in den Sinn gekommen wäre. Mir wurde bewusst, dass die Hauptlehre der Zeugen Jehovas auf einer historischen Berechnung aufbaute, die mittlerweile komplett widerlegt worden war – dazu später mehr. Jedenfalls fiel mit dieser Erkenntnis das Kartenhaus allmählich in sich zusammen. Denn alles, was meinen Glauben ausmachte, war von dieser einen, widerlegbaren Lehre abhängig.

Ich fragte mich, ob vielleicht das, wovon ich seit Jahren überzeugt gewesen war, wonach ich mein Leben ausgerichtet hatte, worauf ich wöchentlich enorm viel Zeit aufwandte und wofür ich sogar den Tod in Kauf genommen hätte, auf Fehlinformationen und falschen Annahmen beruhte. Ich überlegte, warum es zum Beispiel auch heute noch Menschen gab, die daran glaubten, dass die Erde eine Scheibe wäre. Klar, sie taten damit niemanden weh, aber trotz aller Beweise waren sie überzeugt, die Wahrheit zu kennen. Ich dachte darüber nach, warum sich Menschen in religiösen Sondergemeinschaften wohlfühlten und nicht bemerkten, dass sie auf selbst ernannte Führer hereinfielen, nur weil diese ihnen ihr Seelenheil versprachen. Warum merkten die Menschen nicht, was mit ihnen geschah? War ich vielleicht selbst auf eine solche Gruppe hereingefallen? Woran würde ich das erkennen?

Die Zeugen Jehovas glauben wie so viele andere Gruppierungen auch, dass sie und nur sie die Wahrheit erkannt hätten. Alle anderen Menschen sind fehlgeleitet.

Als ich mich mit der Geschichte der Zeugen Jehovas befasste, wurde mir klar, dass die Ansichten der Gründungsmitglieder den heutigen Anhängern größtenteils vorenthalten oder in gemäßigter Form präsentiert werden. Das betrifft zum einen die Weltuntergangsvorhersagen durch die spirituelle Leitung der Zeugen Jehovas – die *leitende Körperschaft* –, aber auch die kruden Ansichten über Bluttransfusionen, Organtransplantationen oder Impfungen, welche man allesamt mit dem Hinweis auf Kannibalismus oder die schlechten Charaktereigenschaften ablehnte, die dadurch übertragen werden könnten. Während die Organisation damals noch die Exkommunikation der katholischen Kirche kritisierte, da sie nicht mit der Bibel übereinstimme, führte man diese irgendwann selbst ein und wurde bei der Umsetzung so streng, dass heute sogar Familien entzweit werden.

Alles, was ich jahrelang akzeptiert hatte, wie etwa die Verweigerung von Bluttransfusionen oder der Kontaktabbruch zu den Ausgeschlossenen, kam mir mit einem Mal grausam und zerstörerisch vor.

Das Problem war, dass ich mit niemandem darüber sprechen konnte. Sobald ich von meinen Zweifeln berichtet hätte, wäre wahrscheinlich ein Prozess in Gang gesetzt worden, der mich vor die Ältesten – die lokalen Führer einer Gemeinde – gebracht hätte. Man hätte mich gefragt, ob ich noch Vertrauen in die Organisation hatte, und meine Antwort wäre vielleicht »Nein« gewesen, was vermutlich den sofortigen Ausschluss nach sich gezogen hätte.

Ich wollte mir zunächst sicher sein, bevor ich mich jemandem anvertraute. Ich überlegte, ob ich irgendwo in meinen Recherchen etwas übersehen hatte, einem Denkfehler aufgesessen war. Ich zweifelte zwar an den Lehren, aber vor allem an mir selbst – ob ich nicht vielleicht dem Teufel auf dem Leim gegangen war, wovor man mich schließlich seit meiner Kindheit immer wieder gewarnt hatte.

Doch meine Nachforschungen führten mich zu noch tieferen Unstimmigkeiten. Ich haderte mit mir, ob ich nicht einfach die Zweifel beiseite legen könnte, wie ich es schon einmal getan hatte, und mit der Zeit würden sie sich in der hintersten Ecke meiner Gedanken dann auflösen.

Aber dieses Mal war es anders. Ich hatte zwei Kinder, war für sie verantwortlich. Aufgrund meiner Stellung innerhalb der Gemeinde erwartete man von mir, dass ich mit meinen Kindern das wöchentliche Bibelstudium anhand der Publikationen der Zeugen Jehovas durchführte. Und nun tat ich mich plötzlich schwer, ihnen weiterhin etwas beizubringen, von dem ich selbst nicht mehr so recht überzeugt war.

Ich hatte die Sorge, dass die Ältesten meine Kinder irgendwann auf unser Familienstudium ansprechen und dann in Erfahrung bringen könnten, dass dies bei uns nicht mehr stattfand. Es war ein Teufelskreis.

Wenn ich meine Kinder nicht streng nach dem Glauben erzog, dann würden sie sich womöglich davon abwenden, und von mir würde man dann erwarten, dass ich den Kontakt zu ihnen abbrach. Oder ich erzog sie in dem Glauben, von dem ich nicht mehr zu hundert Prozent überzeugt war, und irgendwann stieg dann *ich* aus, wodurch *sie* gezwungen wären, den Kontakt abzubrechen.

Wie ich es auch drehte, die Zukunft, die ich mir ausmalte, hatte nichts Ehrliches mehr zu bieten. Ich begriff zu diesem Zeitpunkt noch nicht, dass der Kontaktabbruch, den Zeugen Jehovas gegenüber Ausgeschlossenen pflegen, für mich zu einem Druckmittel geworden war, wie man es oft in destruktiven Gemeinschaften findet. Es hielt mich davon ab, mit jemanden zu sprechen oder einen Ausstieg ernsthaft in Erwägung zu ziehen.

Ich begann, mir Berichte und Videos von Aussteigern anzusehen, die mich emotional sehr mitnahmen. Unter Tränen berichteten diese Menschen von der Einsamkeit, die sie nach dem Ausstieg erlebten, davon, dass sämtliche Freunde und Familienangehörige sie mieden. Einige berichteten, dass ihre Partner den Schritt nicht mitgegangen seien, wodurch ihre Ehen zu einem traurigen Ende gekommen waren. Einige hatten den Absprung erst geschafft, als ihre Kinder bereits getaufte Zeugen Jehovas waren, die dann den Kontakt zu ihren Eltern abbrachen.

Ich wusste nicht, ob meine Frau mitziehen würde. Es stand sehr viel auf dem Spiel. Immer stärker kam der Wunsch in mir auf, dass meine Kinder frei und losgelöst von den Ansichten der Zeugen Jehovas groß werden sollten, frei von Teufel, Harmagedon und anderen Ängsten, unter denen ich als Kind litt. Dass sie in der Schule ganz normal an allen Aktivitäten zu Weihnachten und Ostern teilnehmen könnten und nicht wie schon im Kindergarten davon ausgeschlossen würden. Mein Wunsch war es, dass sie jeden Menschen als ihren Freund bezeichnen dürften, ohne dass die Zugehörigkeit zu einer Religionsgemeinschaft eine Rolle spielte. Sie sollten beruflich den Weg einschlagen können, den sie mochten. Und ich wollte nicht, dass sie als Jugendliche bei einem »Fehltritt«, wenn sie etwa mit jemanden Sex ohne Trauschein hätten, vor drei Ältesten treten müssten, um ihnen davon zu erzählen, so wie ich es selbst erlebt hatte. Ich war ihr Vater – mit mir könnten sie über so etwas sprechen, aber doch nicht mit anderen Männern, um ihre Absolution zu erhalten!

Ich hatte allerdings ein Problem. Wenn meine Frau den Weg nicht mitgehen würde, wäre es schwer, meine Kinder von all diesen Dingen fernzuhalten. Ich machte mir auch Gedanken, wie meine Kinder reagieren würden. Immerhin hatten wir sie über Jahre dahingehend erzogen, dass unser Glaube der richtige Weg sei. Jede Woche nahmen wir sie mit zu den Gemeindetreffen. Wir erzählten ihnen, wie wichtig diese Treffen seien und dass Jehova sich über den Besuch der Zusammenkünfte freute. Wir hatten auch begonnen, sie in den Predigtdienst von Tür zu Tür mitzunehmen. Sie überreichten den Menschen einen *Wachtturm* oder ein Faltblatt. Freunde hatten sie größtenteils nur in unserer Gemeinde, mit denen sie gemeinsam aufgewachsen waren. Würden sie verstehen, dass sie ihre Freunde von nun an nicht mehr sehen könnten? Wie sollte man einem Kind diese Konsequenz erklären? Wie erklärt man einem Kind, dass Oma und Opa vielleicht den Kontakt abbrechen würden und sie ohne diese Menschen groß werden?

Auch war ich mir bewusst, dass wir unserer Freunde beraubt würden – der Menschen, die wir seit vielen Jahren kennen und lieben gelernt hatten. Unter Zeugen Jehovas sucht man sich seine Freunde in der Regel nur unter Gleichgesinnten, darauf legt die Organisation viel Wert. Sie warnt regelrecht davor, Freundschaften in der *Welt* zu schließen. Heute ist mir klar, dass diese Vorauswahl einen Ausstieg umso schwerer macht, denn niemand möchte gerne allein sein. Gerade bei den großen Entscheidungen, die das Leben auf den Kopf stellen, braucht man Menschen, die einen auffangen. Doch draußen in der Welt wartet niemand auf einen Zeugen Jehovas.

Was sollte ich tun? Ich konnte mich nicht mehr länger auf eine Bühne stellen und den Menschen vom Paradies erzählen oder den Kindern erklären, wie gut es sich auswirke, sich nur Freunde in der Organisation zu suchen.

Mir fehlte der Mut, mich meiner Frau zu öffnen. Ich wusste nicht, was mich erwarten würde. Ich saß da, schaute ins Leere. Ich konnte meiner Frau und den Kindern kaum noch zuhören. Ich malte mir in Gedanken die Zukunft aus, versuchte einen Mittelweg zu finden.

Meine Frau bemerkte, dass etwas nicht stimmte – dass ich irgendetwas verheimlichte. Und an jenem Samstag im März 2017 ließ sie nicht locker – biss sich regelrecht fest. Ich sagte ihr, dass ich einfach nicht sprechen könnte über das, was mich beschäftigte. Ich hätte Angst, alles kaputt zu machen. Das beunruhigte sie natürlich noch mehr. Ich wusste, nun musste es raus.

Ich fing sehr behutsam an. Stück für Stück offenbarte ich ihr die Gedanken, die mich belasteten. Sie wurde sehr ruhig. In ihrem Kopf ging sie die Szenarien durch, die meine Überlegungen zur Folge haben könnten. Meiner Frau wurde klar, dass sie mich aus meinen Zweifeln wohl nicht mehr herausbekommen würde, zu viel hatte ich bereits hinterfragt, um je wieder ein überzeugter Zeuge sein zu können.

Wir standen in der Küche, und sie sagte zu mir unter Tränen: »Diesen Weg kann ich nicht mit dir gehen. Wir haben uns so viel aufgebaut. Du weißt, dass du damit womöglich unsere Familie zerstörst.«

»Am Arsch der Welt ist ein Zimmer für uns bestellt.«

STUFE NULL

1985 wurde ich als einziges Kind meiner Eltern in Berlin geboren – genauer gesagt im Bezirk Friedrichshain, in Ost-Berlin. Meine Eltern waren bereits vier Jahre verheiratet. Meine Mutter war Kellnerin, mein Vater arbeitete als Fahrer für einen Wäschereidienst. Uns ging es, so denke ich heute, recht gut. Wir lebten im dritten Obergeschoss eines Mehrfamilienhauses in der Dolziger Straße, nahe der Frankfurter Allee. In einem Hinterhaus. Direkt unter unserer Dreizimmerwohnung lebte eine Familie, mit deren Tochter ich gut befreundet war. Sie hieß Jennifer. Auf der anderen Straßenseite, schräg gegenüber, wohnte mein Freund Sebastian.

Über den Hof gelangte man zum Vorderhaus. Ging man nach links, kam man an einer Tankstelle vorbei, und nur ein paar Meter weiter gab es einen Spielplatz, den ich regelmäßig aufsuchte. Rechts von unserem Haus, nur ein paar Schritte entfernt, war mein Kindergarten. Da meine Eltern berufstätig waren, war ich dort immer sehr lange zu Gast. Einmal, daran erinnere ich mich gut, durfte ich sogar bei meiner Erzieherin übernachten, da man mich irgendwie vergessen hatte.

Ein erwähnenswerter Tiefpunkt war die Faschingsfeier im Kindergarten. Auf den Fotos von damals ist meine Enttäuschung nicht zu übersehen. Meine Eltern hatten den Termin verschwitzt, und so war ich als Einziger ohne Kostüm angetanzt. Glücklicherweise hatte meine Erzieherin das Kostüm eines Hofnarren in einer Plastiktüte parat – wobei die Bezeichnung »Kostüm« übertrieben ist. Es handelte sich um eine bunte Stoffmütze, ähnlich einem Papierboot, sowie um ein paar Stoffdreiecke, die als Kette aneinandergereiht um meine Schultern gelegt wurden. Dazu trug ich einen weißen Pulli mit bunten Kreisen und eine olivgrüne Strumpfhose. Während alle anderen aufwendig geschminkt waren und sich als Cowboy, Indianer oder Löwe verkleideten, fühlte ich mich mit dem Einweg-Hofnarren-Kostüm wie das fünfte Rad am Wagen. Ein Gefühl, an das ich mich bald gewöhnen sollte.

In unserer Wohnung gingen alle Zimmer von einem langen Flur ab. Ganz vorne befand sich das riesige Wohnzimmer. Dahinter kam die Küche, die einladend und gemütlich war. Auf der linken Seite gab es eine Küchenzeile mit Gasofen, und am hinteren Ende der Küche stand ein Holztisch, dessen Maserung aussah, als hätte man ihn direkt aus einem Stück Baum geschnitten. Selbst die Rinde war am Rand des Tisches noch erhalten. Man saß auf zwei dazu passenden Holzbänken, und ich erinnere mich, dass immer Kerzen bei uns brannten, was das wohlige Bild abrundete.

Mein Vater liebte Kerzen. Auf dem Holztisch stand ein silberfarbener, dreiarmiger Kerzenständer, und sobald eine Kerze heruntergebrannt war, stellte er die nächste obenauf. Das Wachs lief herunter, und da mein Vater es nie entfernte, wurden der Leuchter und der Tisch irgendwann eins. Es sah aus wie ein *Wachsturm.*

An der Wand hing ein Holzbrett, auf dem die Worte eingraviert waren: »Am Arsch der Welt ist ein Zimmer für uns bestellt«. Ich liebte diese Küche. Selbst als ich älter wurde und nicht mehr in dieser Wohnung lebte, habe ich gerne dort gesessen und mit meinem Vater über Gott und die Welt philosophiert.

Hinter der Küche ging das Badezimmer vom Flur ab, und darauf folgte mein Kinderzimmer. Ich spielte gerne mit Bauklötzen, aber nichts ging über mein rotes Schaumstoffpferd, auf dem ich durch die ganze Wohnung ritt. Allerdings sagte ich damals nicht »Pferd«. Pferde hießen in meiner Welt »Dapo«.

Ich liebte Dapos. Das kam wohl daher, dass ich mit meiner Familie regelmäßig zu Besuch auf der Galopprennbahn in Berlin Hoppegarten war. Mich beeindruckten vor allem die Jockeys, wie sie im rasanten Tempo fast stehend auf den Pferden über die Rennbahn schwebten und sich nur mit ihren Fußspitzen auf den Steigbügeln hielten. Ich wollte auch mal Jockey werden. Meine Eltern waren mit einigen von ihnen befreundet und feierten nach einem Renntag gelegentlich Partys in der nahe gelegenen Gaststätte. Ich erinnere mich an einen Geburtstag, als einer der Jockeys mich besuchte und mir ein Feuerwehrauto schenkte.

Abgesehen von diesen Ereignissen habe ich an meine Kindheit und die gemeinsame Zeit mit meinen Eltern nur sehr wenige Erinnerungen. Nicht einmal den Mauerfall habe ich wahrgenommen. Woran ich mich aber sehr wohl erinnern kann, das sind die Anlässe im jährlichen Kalender – Weihnachten, Geburtstage und Ostern.

Es gibt keinen Weihnachtsmann

Seit dem Jahr 1927 feiern die Zeugen Jehovas nicht mehr Weihnachten. Als Kind habe ich gelernt, dass dieses Fest böse ist. Generell begehen die Zeugen Jehovas keines der Feste, die in unserer Kultur sonst üblich sind – es gibt kein Ostern, kein Silvester, keine Geburtstage.

Speziell Weihnachten feiern die Zeugen Jehovas nicht, weil Jesus sehr wahrscheinlich nicht im Dezember geboren wurde und zudem nicht ausdrücklich befohlen hat, seinen Geburtstag zu feiern. Verboten hat er es allerdings auch nicht.

An Silvester wiederum lassen Zeugen Jehovas es nicht krachen, weil das Fest heidnischen Ursprungs ist und sein eigentlicher Sinn darin besteht, dass man die bösen Geister verjagt.

Und »da viele Osterbräuche ihren Ursprung in alten Fruchtbarkeitsriten haben«, feiern Zeugen Jehovas auch nicht Ostern, obwohl das Osterfest immerhin einen biblischen Hintergrund hat.

Geburtstage werden nicht gefeiert, weil zwei Begebenheiten in der Bibel beschrieben werden, an denen Menschen an einem Geburtstag ermordet wurden. Daraus schließt die *Wachtturm*-Gesellschaft (*WTG*), dass Gott keinen Gefallen an Geburtstagsfesten findet. Seltsamerweise werden auch Hunde in der Bibel an mindestens zwei Stellen negativ dargestellt, und trotzdem halten sich Zeugen Jehovas Hunde als Haustiere.

Es gibt einen ehemaligen schottischen Minister, Alexander Hislop, dessen bemerkenswerteste Arbeit ein Buch mit dem Titel »*The Two Babylons*« (1858) war. Die beiden Babylons. Hislop war seinerzeit einer der größten Kritiker der katholischen Kirche, und in seinem Buch findet man etliche Dinge, die man heute von den Zeugen Jehovas kennt: die Ablehnung des Kreuzes und die Abneigung gegen religiöse Festtage wie Weihnachten und Ostern. Das zentrale Thema des Buches ist die Behauptung, dass die katholische Kirche eine verschleierte Fortsetzung der heidnischen Religion Babylons sei, das Produkt einer Jahrtausende alten geheimen Verschwörung, gegründet vom biblischen König Nimrod.

2006 verteilte ich eifrig mit Millionen anderen Glaubensanhängern ein Faltblatt mit dem Titel »Das Ende der falschen Religion ist nahe!« – auch *Königreichs-Nachricht Nr. 37* genannt. In diesem Faltblatt wurden alle »falschen« Religionen als Babylon die Große – die Hure – beschrieben, die in Kürze gestürzt würde. EINE Religion werde übrig bleiben, hieß es, die »wahre« Religion: die Zeugen Jehovas.

Die Ähnlichkeiten zu den Aussagen Hislops und den Lehren der Zeugen, insbesondere der Zusammenhang zwischen Babylon und der »falschen Religion« sind verblüffend. Man möchte meinen, es gäbe eine Verbindung.

Die *WTG* erwarb Tausende Kopien des Buches, das sie selbst bis 1987 publiziert hat[1]. In 22 verschiedenen Ausgaben der *WTG*, von 1950 bis 1978 und mehrmals in den 1980er-Jahren, wurde zudem aus diesem Buch zitiert[2]. Mittlerweile weisen Kritiker darauf hin, dass Hislops Werk zahlreiche Missverständnisse, Erfindungen, logische Irrtümer, unbegründete Verschwörungstheorien und schwerwiegende sachliche Fehler enthält[3]. Zeugen Jehovas erwähnen seit Ende der 1980er-Jahre das Buch mit keiner Silbe mehr. Viele der Inhalte, die Hislop damals vertrat, blieben den Zeugen allerdings erhalten.

An dem Weihnachtsfest an sich hat sich nichts verändert. Auch vor 1927 war den Zeugen Jehovas schon klar, dass Jesus vermutlich nicht im Dezember geboren worden ist und das Fest seinen Ursprung in heidnischen Bräuchen hat. Man störte sich nicht daran und feierte trotzdem Weihnachten. Wahrscheinlich wollte man sich später so weit wie möglich von den Traditionen der katholischen Kirche und adventistischer Störungen distanzieren.

Bis zu meinem sechsten Lebensjahr habe ich Weihnachten zusammen mit meinen Eltern gefeiert. Es sind die Momente, an die ich gerne zurückdenke. Ich sollte in meinem Zimmer warten, bis meine Eltern alle Vorbereitungen getroffen hatten. Als ich ins Wohnzimmer kam, war der Weihnachtsbaum bereits geschmückt, und ich erinnere mich gerne zurück an die wundervolle Atmosphäre – alles war so festlich.

Mein Vater hat den Weihnachtsmann leider nie kennengelernt. Kurz vor der Bescherung hat er sich immer verdrückt, um ihn zu suchen. Der Weihnachtsmann hat unsere Wohnung aber auch ohne Hilfe gefunden, immer in genau dem Moment, in dem mein Vater unterwegs war! Er kam immer erst nach Hause, wenn der Mann mit dem roten Umhang und dem weißen Bart bereits wieder verschwunden war – das war wirklich sehr seltsam.

Meine Eltern erzählten mir Geschichten über den Weihnachtsmann, dass er Geschenke bringe, wenn man brav sei. Ich denke, ich war brav, denn ohne Geschenke stand er nie vor der Tür. Ich sagte mein Gedicht auf, und danach durfte ich mein Spielzeug entgegennehmen.

Als ich fünf Jahre alt war, kamen mir erste Zweifel. Wieder war mein Vater verschwunden, und ich begrüßte den Weihnachtsmann mit einem Handschlag. Ich sagte ihm, er hätte die gleichen Hände wie mein Vater, auch die Ohren kamen mir bekannt vor. Der Weihnachtsmann stritt alles ab.

Einige Zeit später entdeckte ich die Maske samt Bart in einer Abstellkammer meiner Eltern. Meine Zweifel hatten sich bestätigt – den Weihnachtsmann gab es nicht. Meinen Eltern war ich nicht böse. Es war eine Art Spiel, ein Märchen, in das ich mit dem Wissen eingetaucht war, dass ich am Ende mein ersehntes Spielzeug erhalten würde.

Dieses Weihnachtsfest, an dem ich den Weihnachtsmann entlarvte, war das letzte, das ich mit meinen Eltern gemeinsam erlebte. Es ist – abgesehen von meiner Einschulung – das Letzte, woran ich mich erinnere, bevor meine Zeit bei den Zeugen Jehovas begann.

»*Das Leben ist wie ein Film. Nur das Genre kannst du dir nicht aussuchen.*«

Scream (1996)

DAS PORTAL

Meine Eltern ließen sich scheiden, als ich fünf war. Erinnerungen an diese Zeit habe ich keine. Ich weiß nicht, ob sie mit mir darüber sprachen, dass sie nun getrennte Wege gehen würden.

Meine Mutter und ich wohnten fortan in einer anderen Wohnung, einem anderen Bezirk – im Süden Berlins. Meinen Vater sah ich, wenn alles gut lief, alle zwei Wochen am Wochenende. Als Kind musste ich mit der Entscheidung meiner Eltern leben. Ich konnte mir nicht aussuchen, bei wem ich wohnen wollte, und ich hätte ehrlich gesagt diese Entscheidung auch gar nicht treffen wollen.

Die neue Wohnung war viel kleiner. Im vierten Stock eines Hochhauses im Thaliaweg, gegenüber dem namensgleichen Kino, bewohnten meine Mutter und ich eine Zweizimmerwohnung im Ortsteil Lankwitz. Der Einrichtungsstil war viel moderner als in der alten Wohnung: ein türkisblauer Teppich, eine schwarze Ledercouch, dazu stylische Schwarz-Weiß-Bilder von rauchenden Frauen mit riesigen Hüten – die 1990er eben. Meine Mutter fand eine Stelle als Sachbearbeiterin beim Arbeitsamt.

Irgendwann tauchten in unserer Wohnung regelmäßig zwei Damen auf – es handelte sich um Zeugen Jehovas. Meine Mutter führte mit ihnen ein sogenanntes *Heimbibelstudium* durch. Wobei es sich nicht wirklich um die Bibel handelte, sondern um ein rotes Buch mit dem Titel: »Du kannst für immer im Paradies auf Erden leben«.

Dieses Buch habe ich selbst noch kennengelernt. Darin gab es so Kapitel wie »Woran man die wahre Religion erkennt« oder »Das Ende der Welt steht bevor«. In dem Buch wurde eine Rechnung aufgestellt, die für Zeugen Jehovas recht plausibel darlegte, dass es bis zu Harmagedon nicht mehr lange dauern würde. Das Buch selbst war 1982 herausgekommen. Mein Vater erzählte mir irgendwann, dass er meine Mutter gefragt habe, ob sie aussteigen würde, wenn Harmagedon bis zum Jahr 2000 nicht eintraf. Sie soll »Ja« gesagt haben. Aber sie ist immer noch dabei.

Wer ein *Heimbibelstudium* durchführen darf, für den freuen sich alle anderen aus der Gemeinde, die wir Versammlung nannten. So ein Studium ist für die Zeugen Jehovas eine sehr angenehme Angelegenheit. Denn die Zeit, die man in der Wohnung des Studierenden bei Kaffee, Tee und Gebäck verbringt, darf genauso *berichtet* werden wie die Kaltakquise an fremden Türen.

Beim *Bericht* handelt es sich um den kleinen Ausdruck einer Tabelle, in dem ein Zeuge seine monatliche Tätigkeit im Predigtdienst festhält, den er am Ende des Monats dann einem Ältesten aushändigt. Die *WTG* erstellt anhand dieser Berichte jährliche Statistiken über die, wie ich sie nenne, Außendienstler. Die Berichte sind selbstverständlich mit Namen versehen, und sobald man die Arbeit im Predigtdienst zum ersten Mal aufgenommen hat, wird eine persönliche Karteikarte angelegt, die sämtliche Stunden sowie die durchgeführten *Heimbibelstudien* und die Anzahl der Publikationen erfasst, die von den Menschen an den Türen oft aus Höflichkeit entgegengenommen werden.

Heimbibelstudien haben den Sinn, neue Mitglieder zu werben. Oder, wie die Zeugen Jehovas es ausdrücken würden, der Sinn besteht im

Jünger machen. Das war auch das Ziel der Dame, die uns wöchentlich besuchte. Die Dame, ich nenne sie Claudia, war nicht der erste Kontakt meiner Mutter mit den Zeugen Jehovas. Als meine Eltern noch zusammenwohnten, bat mein Vater hin und wieder jemanden auf ein Gespräch in die Wohnung hinein. Mein Vater war sehr offen gegenüber neuen Ansichten. Später faszinierte ihn vor allem Erich von Däniken, der unter anderem die These aufstellte, dass Außerirdische uns vor langer Zeit besucht und die Menschenaffen veredelt hätten. Rückblickend waren meine Eltern von pseudowissenschaftlichen Ansichten fasziniert – jeder auf die eigene Weise. Mein Vater hat seine Erkenntnisse aber nie als absolute Wahrheit dargestellt, sondern stets betont, dass so etwas lediglich »sein könnte«. Erst später wurde mir klar, dass sowohl mein Vater als auch meine Mutter ihre Ansichten von zwei Männern übernommen hatten, die allzu sehr von der Cheops-Pyramide fasziniert waren und deshalb sonderliche Thesen aufstellten.

Däniken war der Ansicht, dass die Ägypter beim Bau der Pyramiden Hilfe von Außerirdischen erhalten hätten. Charles T. Russell – der Gründer der Zeugen Jehovas – berechnete anhand von Längenmaßen im Inneren der Cheops-Pyramide das »Ende der Welt«. Spätere Vermessungen ergaben dann, dass die Maße, die Russell verwendete, nicht korrekt waren. Na ja, die Religion war bereits gegründet, und die Bibel hatte glücklicherweise noch ein paar Zahlen mehr im Repertoire, mit denen sich seinen Anhängern die Zukunft erklären ließ.

Zwischen den Büchern von Däniken fand ich später immer mal die neueste Ausgabe des *Wachtturms*, den mein Vater wohl zur Erweiterung seines Horizonts las. Meine Mutter soll er dazu angeregt haben, auch mal einen Blick in die Zeitschriften der Zeugen zu werfen. Aber sie hatte zunächst kein Interesse daran. Wer hätte gedacht, dass sich das Bild derart umkehren würde.

Das *Heimbibelstudium* meiner Mutter zog sich über mehrere Monate hin. Wenn es gut lief, dann brachte Claudia andere Kinder mit – damit ich nicht aus Langeweile begann, das Studium zu stören. Bis kurz vor meinem Ausstieg durfte ich mir wieder und wieder die Geschichte anhören, wie ich als kleiner Junge – ich muss etwa sieben Jahre alt gewesen sein - ins Wohnzimmer stürmte, die Bibel und Bücher vom Tisch fegte und dazu den Kommentar abließ: »Runter mit der scheiß Bibel, ich will jetzt fernsehen!«

So lernte ich also meine ersten Freunde unter den Zeugen Jehovas kennen: Die Tochter von Claudia wurde später eine sehr enge Freundin meiner Frau. Der Junge, den sie zum Studium mitbrachte, wurde mein erster Freund unter den Zeugen. Seine Mutter war ebenfalls alleinerziehend, das hatten wir gemeinsam.

Ich wollte mit den beiden immer Fernsehserien nachspielen. Eine meiner Lieblingsserien, neben *Captain Tsubasa* und *He-man*, war *Saber Rider und die Starsheriffs*. Die *Outrider* wollten die Menschheit ausrotten und ihre Dimension erobern. Die Starsheriffs stellten sich ihnen mit Säbel, Roboterpferd und einem ansehnlichen Waffenarsenal in den Weg. Nachdem ich meinem Besuch im Kinderzimmer die Eckdaten der Szenerie erklärt und ihnen ihre Charaktere zugeteilt hatte, konnte ich nur wenig Begeisterung in ihren Gesichtern erkennen. Sie schlugen ein eher konservativeres Spiel vor.

Als Kind der Zeugen Jehovas wird man bereits in jungen Jahren darauf konditioniert, alles zu meiden, was mit Schusswaffen oder Zauberei zu tun hat. Einen speziellen Index, welche Filme oder Spiele zu meiden wären, gibt es nicht – zumindest nicht offiziell. Die Auswahl liegt im Ermessen der Eltern. Harry Potter zum Beispiel ist eindeutig, die Schlümpfe befinden sich in einer Grauzone. Sie sind niedlich, aber können zaubern, und Zauberei ist eben böse und gefällt dem Teufel.

In einem Kindervideo der *WTG* – »Höre auf Jehova«[1] – kommt der kleine Philipp mit einem Spielzeug eines Klassenkameraden nach Hause – *Sparlock der Zauberkrieger*. Philipp erzählt, dass sich seine ganze Klasse den Film über Sparlock im Kino anschauen wird. Er will unbedingt mitgehen. Seine Mutter fragt ihn daraufhin mit einem Blick, der die Antwort bereits vorgibt: »Philipp, wem gefällt Zauberei? Jehova? Oder Satan?«

Philipp antwortet, enttäuscht davon, wie leicht er dem Teufel auf dem Leim gegangen ist: »Satan.«

Die Mutter schiebt noch hinterher: »Möchtest du wirklich mit etwas spielen, das Jehova hasst?«

Anschließend zeigt sie dem kleinen Philipp ein Bild von Adam und Eva aus dem Kinderbuch der *WTG* – »Lerne von dem großen Lehrer« – und erklärt Philipp, dass er, wenn er nicht auf Jehova hört, so enden könnte wie die ersten Menschen. Das will Philipp natürlich nicht, und deshalb entscheidet er sich dafür, dass Spielzeug, das ihm sein Freund geschenkt hat, in der Mülltonne zu entsorgen. Den Schulausflug ins Kino wird er sich wohl ebenfalls abgeschminkt haben.

In Bocholt hat das nordrhein-westfälische Oberverwaltungsgericht entschieden, dass ein Junge der 7. Klasse eines Gymnasiums, dessen Eltern den Zeugen Jehovas angehören, nicht dazu gezwungen werden dürfe, dem Kinofilm »Krabat« beizuwohnen, obwohl das dazugehörige Buch immerhin Teil des Deutsch-Lehrplans war. Da der Kinobesuch eine verbindliche Veranstaltung war, lehnte der Schulleiter die Bitte der Eltern zunächst ab, schreibt *Spiegel Online*[2]. Die Eltern des Jungen zogen vor Gericht und verloren in erster Instanz vor dem Verwaltungsgericht. Das Oberverwaltungsgericht stimmte dem Antrag der Eltern aber letztendlich zu.

Da im aktuellen Fall des Kindes der Zeugen Jehovas ein Kompromiss wie das Zuhalten von Ohren und Augen bei strittigen Szenen nicht praktikabel gewesen sei und ihr Sohn an der Besprechung des Buches im Unterricht vor und nach dem Kinobesuch normal teilgenommen habe, »müsse der staatliche Bildungs- und Erziehungsauftrag im vorliegenden Einzelfall ausnahmsweise zurücktreten«, so das OVG.
– *Spiegel Online*

Die Eltern haben gewonnen und ihr Kind vor der Zauberei beschützt. Genau wie die Mama des kleinen Philipp aus dem Kindervideo der *WTG*. Die Frage ist, zu welchem Preis?

Ich kann nicht sagen, wie sich der Junge gefühlt haben muss, als er der Veranstaltung, die wahrscheinlich alle seine Klassenkameraden besuchten, fernbleiben musste – oder was er gedacht hat, als seine Eltern sich deshalb sogar mit der Schule anlegten. Ich kann allerdings erzählen, wie ich mich gefühlt habe, als ich in der Oberschule in eine ähnliche Situation geriet. Auch dazu später mehr.

Die Schlümpfe durfte ich gucken. Das lag vielleicht daran, dass ich die Zeit nach der Schule häufig allein verbrachte und meine Mutter ganz allgemein noch nicht »so weit war«.

Zu Beginn eines *Heimbibelstudiums* legt man dem Studenten noch nicht alle Karten auf den Tisch. Die *WTG* legt Wert darauf, dass aufkommende Fragen, die nicht mit dem Thema zusammenhängen, das gerade studiert wird, erst »am Schluss des Studiums oder bei anderer Gelegenheit«[3] besprochen werden. Der Taufanwerter wird sanft in die Welt der Zeugen eingeführt und nicht mit dem Vorschlaghammer. Daher verwundert es auch nicht, dass Geburtstagsfeiern und das Weihnachtsfest in den Büchern erst im hinteren Teil »verteufelt« werden. Im »Paradies-Buch«, das meine Mutter damals betrachtete, wurden diese Themen erst in Kapitel 25 (von 30) betrachtet. Das aktuelle Buch für Neulinge – »Was lehrt die Bibel wirklich« – geht erst in Kapitel 16 (von 19) darauf ein.

Und so kam es, dass auch meine Mutter irgendwann meinte, mich vor den Einflüssen der Welt beschützen zu müssen.

Sie erklärte meiner Grundschullehrerin, dass ich an den Aktivitäten zu Weihnachten nicht mehr teilnehmen könne. Meine Lehrerin war, so erzählte es mir meine Mutter, nicht sonderlich begeistert. Meine Mutter stand mit meiner Klassenlehrerin deswegen bald auf Kriegsfuß. Meine

Lehrerin soll ihr zu verstehen gegeben haben, dass es für mich nicht förderlich sei, wenn ich bei gewissen Aktivitäten ausgegrenzt würde.

Ich erinnere mich an einen Julklapp, das die ganze Klasse veranstalte. Für jeden war ein Geschenk an der Seitenwand befestigt worden – nur für mich nicht. An jedem Tag durfte einer der Schüler sein Paket öffnen, und ich musste zuschauen. Es gibt Kinder, die sind oder waren besonders stolz darauf, anders zu sein; sie nahmen für ihren Glauben gerne Opfer auf sich. Für mich war es unangenehm. Ich verstand nicht, warum ich auf einmal verzichten musste, obwohl ich es anders kennengelernt hatte. »Früher haben wir doch auch Weihnachten gefeiert«, dachte ich. Vielleicht war es gerade deshalb so schwer für mich, weil ich bereits ein Leben *vor* den Zeugen gehabt hatte.

Vom Kuchen der Geburtstagskinder sollte ich auch nicht essen. Und gratulieren war erst recht nicht drin. Wenn man als Kind von Zeugen Jehovas nicht in jungen Jahren schon eine starke Persönlichkeit entwickelt, dann stehen die Chancen für eine Karriere als Außenseiter wirklich nicht schlecht.

Ich denke, ein Außenseiter war ich nicht. Ich hatte Freunde in der Grundschule, mit denen ich die Nachmittage mit Fußball und Blödsinn verbrachte. In der Schule übernahm ich anstatt der Rolle des Außenseiters irgendwann die des Klassenclowns. Rückblickend würde ich sagen, dass ich meine Andersartigkeit dadurch gut kompensieren konnte. Das Klassenzimmer wurde für mich zur Manege. Da ich herumkippelte, Grimassen schnitt und Witze riss, während die Lehrer ihr Programm durchzuziehen versuchten, musste ich oft das Klassenzimmer verlassen und verbrachte eine beträchtliche Zeit auf den Fluren meiner Schule. Die Elternabende wurden für meine Mutter deshalb bald zur Qual.

Irgendwann zu dieser Zeit fing meine Mutter an, mit mir die wöchentlichen Zusammenkünfte der Zeugen zu besuchen. Diese fanden mittwochs, freitags und sonntags statt. Wer vom Babyalter an solche Treffen gewohnt war, für den mag das ziemlich normal gewesen sein, wenn auch unangenehm. Aber für mich war es die reinste Folter. Fast zwei Stunden musste ich stillsitzen und dabei Männern zuhören, die oftmals monoton aus der Bibel vorlasen. Wenn es schlecht lief, dann waren gerade die endlosen Geschlechtsregister aus dem Alten Testament dran. Oder es wurden Vorträge gehalten über biblische Ereignisse und deren Übertragbarkeit in die heutige Zeit.

Manche Geschichten waren allerdings auch spannend. Beispielsweise wenn Gott mal wieder wütend war und es hatte krachen lassen. Die Ereignisse durfte ich mir sogar in detaillierten Bebilderungen anschauen. Es gab ein Buch – »Mein Buch mit biblischen Geschichten« – das speziell für Kinder gedruckt wurde. Da gab es zum Beispiel das Kapitel 6, das von Kain und Abel handelte, den Söhnen des ersten Menschenpaares. Abel lag tot am Boden, erschlagen von seinem Bruder, daneben ein Steinzeit-Hammer. Das Blut lief von Abels Kopf aus über die Wiese – das fand ich beeindruckend! Oder die Geschichte 10, über die Sintflut. Gott vernichtete fast die gesamte Menschheit – die Tiere auch. Und dann war da noch das Kapitel 15, in dem es um die Vernichtung von Sodom und Gomorra ging. Vier Menschen rettete Gott aus der Stadt, die er zerstörte, weil die Einwohner sexbesessen waren und Männer mit Männern ins Bett gingen. Lots Frau blickte während der Flucht[4] noch einmal zurück, und Gott verwandelte sie für diesen Akt des Ungehorsams zu einer Salzsäule.

Wenn die *WTG* Bilder oder Videos von Gewalt, Dämonen oder Zauberei veröffentlichte, dann war es in Ordnung, dass Kinder sich das anschauten. Das kam ja dann direkt von Gott und nicht vom Teufel.

Auch die Bilder langweilten mich irgendwann. Da meine Mutter so fasziniert vom Programm der Versammlung war, bemerkte sie oft nicht, dass ich mich aufmachte, um die *Brüder* und *Schwestern* – so nennen sich da alle – zu besuchen. Ich kroch wie ein Marinesoldat unter den Stuhlreihen hindurch, immer auf der Suche nach Abenteuern. Einige fanden es lustig, andere machten mir mit wilder Pantomime und Handzeichen deutlich, dass ich mich zurück auf meinen Platz begeben sollte. War ich dort wieder angekommen, dann zeigte ich in unbeobachteten

Momenten den Reihen hinter mir den Vogel. Nach dem Programm warf ich hin und wieder auch einen Blick unter die Röcke der Damen oder hob ihren Rock gleich ganz an.

Besonders faszinierte mich die Mikrofonanlage im hinteren Teil des Saals. Diese wurde von einem *Bruder* bedient, der während der Zusammenkünfte die Lautstärke regulierte und das Mikrofon der Redner per Schalter auf Höhe des Sprechorgans brachte. Mein Wunsch war es, später selbst die Technik zu bedienen. Als ich mit meiner Mutter einmal vor allen anderen in der Versammlung ankam, versuchte ich das Mikrofon zum Laufen zu bekommen, um ein paar Worte durch die Lautsprecher sagen zu können. Ich wollte meine Stimme im Raum hören. Ich machte ein paar Einstellungen an der Anlage, lief zur Bühne und pustete ins Mikro. Doch irgendwie bekam ich es nicht hin und gab mein Vorhaben auf, zumal wir nicht mehr allein waren. Bevor das Programm losging, beobachtete ich einige der Ältesten und andere *Brüder*, die sich verzweifelt an der Anlage zu schaffen machten. Irgendetwas schien nicht zu stimmen. Als die Zusammenkunft begann, betrat der *Bruder*, der den Vorsitz hatte, die Bühne und verkündete mit kräftiger Stimme, dass das heutige Programm ohne Verstärker vonstattengehen müsse, da die gesamte Technik im Saal ausgefallen sei. »Auweia!«, dachte

„Denkt an Lots Frau."

ich. Aber irgendwie war es auch lustig, vor allem weil wir unsere Lieder ohne musikalische Begleitung sangen – eine erfrischende Abwechslung.

Meiner Mutter war klar, dass ich eine Vaterfigur benötigte, die mich wieder auf den rechten Weg brachte. So wurde ich einem Ältesten zugeteilt – meinem »geistigen Vater, wie ich ihn nannte –, der mit mir wöchentlich die Bibel studierte (erst später ist mir klar geworden, dass wir im Grunde nur die Publikationen der *WTG* durchnahmen). Mit dem Ältesten kam ich recht gut klar. Ich blickte zu ihm auf, vor allem weil er einen coolen Mercedes fuhr und mich einmal sogar vor meinen Klassenkameraden damit abholte – zwar zum Studium, aber das wussten meine Freunde ja nicht. »Auf den großen Lehrer hören« – so hieß das pinkfarbene Buch, dass er Absatz für Absatz mit mir las, und hinterher stellte er Fragen, ob ich denn auch alles verstanden hatte. Wieder war die Sintflut ein Thema. Im Kapitel 31 – »Wasser rafft eine Welt hinweg« – wurde ich kindgerecht in die Thematik eingeführt:

»SPIELST du gern? — Ich auch. Man kann dabei viel Spaß haben, nicht wahr? — Wusstest du aber, dass die Gefahr besteht, sich zu sehr dem ›lustig sein‹ hinzugeben? — Jawohl, diese Gefahr besteht. Wir würden uns dann vielleicht nicht die Zeit nehmen, auf Gott zu hören. Wusstest du das?«[5]

Oha! Zu viel Spaß konnte gefährlich sein, darum ging es in der Lektion. Ich hatte lustig zu sein bis dahin in Ordnung gefunden und mir nie Gedanken darüber gemacht, dass es auch eine Obergrenze geben könnte.

»Jesus sagte, dass das, was mit jenen geschah, uns, die wir heute leben, eine Lehre sein sollte. Somit ist es wichtig, dass wir über die Flut der Tage Noahs gut Bescheid wissen. [...] Noah liebte Jehova Gott. Er war nie zu beschäftigt, um auf Gott zu hören. Sollten wir nicht auch so sein? [...] Was geschah mit den Leuten außerhalb der Arche? — Jesus sagt:

›Die Flut kam und raffte sie alle weg.‹ Selbst wenn sie auf einen Hügel stiegen, half es ihnen nichts. […] Alle Leute außerhalb der Arche waren nun tot. Warum? — Jesus sagte: ›Sie hörten nicht zu!‹«

Ich hörte in den Versammlungen auch nie zu.

»Jehova wird wiederum alle Bösen vernichten, diesmal aber wird er keine Flut dazu benutzen. […] Wer wird zu denen gehören, die Gott am Leben erhalten wird, wenn er dies tut? — Werden es Menschen sein, die so mit anderen Dingen beschäftigt waren, dass sie niemals etwas über Gott kennenlernen wollten? — Werden es Personen sein, die jederzeit allzu beschäftigt waren, die Bibel zu studieren? — Werden es solche sein, die niemals in die Zusammenkünfte gehen wollten, wo Menschen den Willen Gottes kennenlernten? Wie denkst du darüber?«

Ich verstand immer mehr, dass in den Versammlungen Gott Jehova zu uns sprach, so wie damals bei Noah, und dass wir dort Instruktionen zum Überleben erhielten. Da Harmagedon anscheinend recht nah war, und ich nicht vorzeitig mein Leben verlieren wollte, würde ich in Zukunft wohl Gott und meine Mutter glücklich machen müssen.

Das klappte anfangs nur bedingt, aber ich besserte mich. Rückfälle gab es besonders dann, wenn ich bei meinem Vater war. Er war nicht davon begeistert, dass meine Mutter mich mit in die Versammlung nahm. Und so nutzte er die Wochenenden oft auch dazu, mich mit unabhängigem Denken zu infizieren.

Unabhängiges Denken ist aus Sicht der Zeugen Jehovas gefährlich. In einem Wachtturm hieß es einmal unter der Überschrift »Vermeide unabhängiges Denken«:

»Satan zog schon zu Beginn seiner Auflehnung Gottes Handlungsweise in Frage. Er trat für unabhängiges Denken ein. ›Du kannst selbst entscheiden, was gut und böse ist‹, sagte er zu Eva. ›Du musst nicht auf

Gott hören. Er sagt dir in Wirklichkeit gar nicht die Wahrheit.‹ Bis auf den heutigen Tag besteht einer der heimtückischen Anschläge Satans darin, Gottes Volk mit dieser Art des Denkens zu infizieren. […] Wie macht sich dieses unabhängige Denken bemerkbar? Im allgemeinen dadurch, dass der Rat, den Gottes sichtbare Organisation gibt, in Frage gestellt wird.«[6]

Was die *WTG* aus meiner Sicht sagen will, ist, dass kritisches Denken nicht gerne gesehen wird. Wenn sich die Menschen damals allerdings nicht dem Druck der Kirche widersetzt und doch ein wenig unabhängiges Denken betrieben hätten, dann wären wir vielleicht heute noch überzeugt, dass die Erde flach ist und die Sonne sich um die Erde dreht. Man wurde angeregt, die Welt zu hinterfragen, aber bitte nicht die Organisation. Und wenn man glaubenskritische Fragen hatte, dann sollte man die Antworten in den Publikationen der *WTG* suchen – aber das lernte ich erst später.

Mein Vater zeigte mir häufig Bibelstellen, sogar aus der Bibel der Zeugen Jehovas, und stellte dann Fragen, deren Antworten auf der Hand lagen, jedoch kontrovers zu meinem unter der Woche geformten Weltbild standen. Er las mir Stellen vor, von denen ich nie gehört hatte. Er erzählte mir beispielsweise etwas vom »Baum des Lebens«, der im Garten Eden stand. Ich kannte dagegen nur den einen, berühmten Baum mit der verbotenen Frucht des Paradieses. Aber tatsächlich gab es da zwei, die magische Kräfte hatten.

Von dem einen haben die ersten Menschen verbotenerweise gegessen – die Geschichte kennen wir alle. Nach dem »Missgeschick« hat Gott dann gesagt:

»Siehe, der Mensch ist im Erkennen von Gut und Böse wie einer von uns geworden, und nun, dass er seine Hand nicht ausstreckt und tatsächlich auch [die Frucht] vom Baum des Lebens nimmt und isst und auf unabsehbare Zeit lebt.«

Mein Vater fragte mich, warum Gott wohl dermaßen in Panik verfallen sei. Einen normalen Gläubigen hätte eine solche Frage natürlich nicht umgehauen, aber für mich war das schon krass. Schließlich war Gott für mich bisher so etwas wie Superman gewesen.

An meinem 7. Geburtstag hatte mein Vater eine Kassette aufgenommen. Wir hatten es uns bei Kerzenschein in der Küche gemütlich gemacht, und während der *Wachsturm* immer größer wurde, belächelten wir meine Mutter, wie sie treppauf, treppab den Menschen von Gott erzählen wollte und wie verblendet sie doch sei. Wir machten auch Späße über Satan und seine Helfer, die Dämonen. Zu diesem Zeitpunkt hatte ich mich noch über diese Wesen lustig machen können – das Lachen sollte mir erst später vergehen.

Meine Mutter bekam die Kassette irgendwann in die Hände – ich nehme an, mein Vater hat sie ihr zugesteckt. Das tat ihr sicher weh, so etwas hört keine Mutter gern. Es war auch ein bisschen gemein von meinem Vater. Irgendwie war ich, ohne es zu merken, zum Spielball meiner Eltern geworden, und beide versuchten, mich auf ihre Seite zu ziehen. Meine Mutter war von der Überzeugung getrieben, sie müsste ihr eigenes und das Leben ihres Sohnes retten, bevor Gott strafend eingriff. Und mein Vater wollte mich davor schützen, dass ich einer aus seiner Sicht gefährlichen Sekte auf den Leim ging. Meiner Mutter stand mehr Zeit zur Verfügung, schließlich wohnte ich mit ihr zusammen. Daher war es nur eine Frage der Zeit, bis ich anfing, gegenüber meinem Vater den Glauben der Zeugen Jehovas zu verteidigen.

Mein Vater war die Ruhe selbst. Ich habe nie erlebt, dass er laut wurde, geschweige denn die Hand gegen mich erhob. Es kam sehr selten vor, dass ich mich in seiner Gegenwart respektlos verhielt. Ich weiß nicht mehr, worum es ging, aber nur ein einziges Mal hat er mir zu verstehen gegeben, dass ich zu weit ging. Er wurde nicht wütend, sondern machte mir klar, dass er von meinem Verhalten sehr enttäuscht war – und das saß.

Wir hatten ein sehr enges Verhältnis, nicht wie Vater und Sohn, eher wie zwei beste Freunde. Er machte jedes Wochenende, dass ich beim ihm verbrachte, zu etwas Besonderem. Wir saßen eigentlich nie Zuhause herum, sondern verbrachten viel Zeit draußen in der Natur. Er brachte mir bei, wie man Bogen und Pfeile schnitzt und damit nach Vögeln schießt – wir haben nie welche getroffen. Im Sommer waren wir am See, im Winter liefen wir auf dem Eis. Wir gingen gerne gemeinsam ins Kino, und als ich älter wurde, auch in Bars, wo wir oft Stunden bei Bier und Erdnüssen über die Unendlichkeit des Universums philosophierten, über schwarze Löcher und die Theorien von Raum und Zeit. Ab und an war ich auch zu Weihnachten bei ihm, und wir feierten wie früher, nur ohne Mama. Ein Stück der Welt, wie ich sie kannte, blieb dadurch erhalten. Wir besuchten auch weiterhin die Pferderennbahn, und er führte mich ein in die Geheimnisse des Wettscheins – egal, ob Zweier-/Dreier-Wette oder die Platz-Zwillingswette, ich kannte mich irgendwann aus. Allerdings suchte ich weiterhin mein Pferd am liebsten nach dem Aussehen aus und setzte dann voll auf Sieg.

Die Abschiede am Sonntagabend haben mich innerlich immer zerrissen. Es war, als würde ich durch ein Portal in eine andere Welt abtauchen, die außer Schule, Regeln und die wöchentlichen Treffen der Zeugen Jehovas nichts zu bieten hätte. Auf der Seite meines Vaters gab es alles, was das Herz eines Kindes höherschlagen ließ, es war nie langweilig oder beengend. Wir machten alles, worauf ich Lust hatte.

Ich denke, dass die Wahrnehmung der Parallelwelten vor allem dem Umstand geschuldet war, dass sich meine Eltern getrennt hatten. Das eine Elternteil präsentierte den Alltag, der auch in normalen Familien nicht immer so farbenfroh ist, wie es sich ein kleiner Junge wünscht. Den anderen Teil sah das Kind nur an den Wochenenden – der Arbeitsstress fiel weg, und die Unternehmungen konnten im Voraus ausgeklügelt und vorbereitet werden.

Alleinerziehend zu sein, stelle ich mir sehr schwierig vor, gerade wenn das eigene Kind in vielen Dingen noch nicht selbstständig ist. Meine Mutter musste zum einen die Scheidung verkraften, den Lebensunterhalt verdienen, den Haushalt bewältigen und zum anderen einen Jungen großziehen, der die Schule als seinen persönlichen Zirkus ansah, die Hausaufgaben liegen ließ und sich stattdessen die Manga-Comics auf RTL2 reinzog.

Ich war ein Scheidungskind, das in zwei Welten lebte, doch diese Welten drifteten durch die Zeugen Jehovas noch mehr auseinander, als es vielleicht nach einer Scheidung üblich ist.

»Ich wünschte es gibt mehr, als nur das Warten auf die Insel zu kommen«

Die Insel (2005)

STUFE 1

Meine Mutter war davon überzeugt, eine geheime Schatzkarte gefunden zu haben, die sie zum Heiligen Gral führen würde, der ihr »Glückseligkeit, ewige Jugend und Speisen in unendlicher Fülle bieten« sollte. Sie entwickelte sich aus Sicht von Claudia zur Musterschülerin und investierte immer mehr Zeit, um den Erwartungen gerecht zu werden, die man an Bibelstudenten hatte. Sie war immer vorbereitet, alle Antworten waren im Voraus im Buch angestrichen. Sie hatte sich sogar extra Seiten eingeklebt, um die Bibeltexte aus den Absätzen – und die können teilweise echt lang sein – handschriftlich abzuschreiben. Irgendwann begleitete sie Claudia im Predigtdienst und unternahm erste Gehversuche, um mit *Interesse weckenden Einleitungen* den Menschen von ihrer *Schatzkarte* zum Heiligen Gral zu erzählen. Die *Interesse weckenden Einleitungen* gab es zum Nulltarif von der *WTG*.

Das *Unterredungsbuch*, oder wie man es auch hätte bezeichnen können, »Überredungsbuch«, bot vermeintlich für jede Art von Mensch und seine Fragen das Leben betreffend die passende Einleitung.

Zum Beispiel diese hier:

»Viele Menschen sind über Harmagedon beunruhigt. Man hat gehört, dass Weltführer diesen Ausdruck gebrauchen, wenn sie von einem unbegrenzten Atomkrieg sprechen. Was wird nach Ihrer Meinung Harmagedon für die Menschheit bedeuten? [Warte die Antwort ab] Das Wort Harmagedon ist in Wirklichkeit der Bibel entnommen und bedeutet etwas ganz anderes als das, was allgemein damit zum Ausdruck gebracht wird. Die Bibel zeigt auch, dass wir persönlich etwas im Hinblick auf unser Überleben tun können.«[1]

Wenn tatsächlich jemand diesen Klotz von Einleitung bei einem Wohnungsinhaber hatte anbringen können – was unwahrscheinlich war –, erhielt er am Ende mit an Sicherheit grenzender Wahrscheinlichkeit trotzdem die Antwort: »Kein Interesse.« Je nach Kreisaufseher (ein hohes Tier in der Hierarchie der Organisation, der die Gemeinden in regelmäßigen Abständen besuchte) gab es unterschiedliche Reaktionen auf diese Abfuhr. Der eine war eher darauf bedacht, die Wohnungsinhaber nicht auf ewig zu verschrecken, und empfahl, sich lieber freundlich zu verabschieden, damit sie bei anderer Gelegenheit vielleicht doch länger zuhörten. Ein anderer war überzeugt, man müsse die Menschen aus der Reserve locken und dürfe sich nicht zu voreilig abwimmeln lassen.

Für die zweite Variante bot die *WTG* im bereits erwähnten »Überredungsbuch« Hilfe an. Im Kapitel »Auf Äußerungen eingehen, durch die ein Gespräch abgebrochen werden soll« waren die häufigsten Gesprächsblocker aufgelistet. Direkt am Anfang, wer hätte es gedacht, fand sich: »Ich bin nicht interessiert.« Darauf sollte man nun antworten:

»Ich kann Sie verstehen, wenn Sie sagen möchten, dass Sie an einer anderen Religion nicht interessiert sind. Höchstwahrscheinlich sind Sie aber daran interessiert, welche Zukunft wir angesichts der Bedrohung durch einen Atomkrieg erwarten können.«[2]

Wenn Harmagedon nicht überzeugte, dann vielleicht ein Atomkrieg.

Bei mir hat Harmagedon funktioniert. Ich lernte schnell, dass sich die Geschichte mit der Sintflut bald wiederholen würde, nur nicht mit Wasser, das hatte Gott versprochen. Deshalb gab es den Regenbogen, den Gott nach der Flut als Zeichen in den Himmel gesetzt hatte, als Versprechen, dass er die Menschen nie wieder durch Wasser vernichten würde – so stand es in meinem Kinderbuch.

Mit etwas Abstand kann ich heute sagen, dass es wohl bestenfalls ein bunter Mittelfinger an die Menschheit und Tierwelt gewesen sein dürfte – ein selbst gesetztes Denkmal für einen Genozid.

Damals habe ich den Regenbogen immer bestaunt und an die Sintflut gedacht. »Was wird sich Gott wohl diesmal nach Harmagedon einfallen lassen?«, überlegte ich und hoffte, dass ich überleben würde. Ganz sicher konnte ich mir dessen nie sein.

Die Harmagedon-Formel

Auf Harmagedon freut sich der gemeine Zeuge. Denn dann trifft all das ein, wofür er sich vielleicht über Jahrzehnte ins Zeug gelegt hat. Außerdem erwartet ihn dann das ewige Leben auf der Erde: keine Krankheiten mehr, kein Tod und vieles mehr – das Paradies halt.

Ich hatte den Eindruck, dass in meinem Umfeld bei den Zeugen Jehovas so ziemlich jeder davon überzeugt war, dass das Ende noch zu seinen Lebzeiten kommen würde. Sätze wie »Ich glaube nicht, dass mein Sohn/meine Tochter noch eingeschult wird« oder »Was willst du noch groß für eine Rente vorsorgen, die erleben wir eh nicht mehr« waren quasi an der Tagesordnung. Abgesehen davon, dass in den Publikationen der *WTG* ständig das Gefühl vermittelt wurde, die Weltordnung stehe kurz vor einem Kollaps und Harmagedon könne unmöglich noch lange auf sich warten lassen, hatte jeder Zeuge zusätzlich eine Formel parat, um sich das ungefähre Ende auszurechnen.

Die einfachste Formel, sozusagen die Ur-Formel lautete:

$Ende_{max} = 1914 + G$

G stand in dieser einfachen Variante für »Generation«. Heute sieht die Formel für das Ende ungefähr so aus:

$AO_2(s) := AO_2(s) < AO_1(t)$

$Ende_{max} = AO_1(t) - (AO_2(s) - AO_2(b)) + LAO_2$

AO_1 = Erste Gruppe der Gesalbten	(s) = Jahr der Salbung
AO_2 = Zweite Gruppe der Gesalbten	(t) = Verstorben im Jahr t
LAO_2 = Lebenserwartung der zweiten Gruppe	(b) = Geburtsjahr

Aber beginnen wir von vorne. In der Bibel gibt es eine Stelle, an der Jesus seinen Aposteln prophezeit, dass die Stadt Jerusalem in den nächsten Jahren zerstört würde. Dafür nannte er einige Vorzeichen der Katastrophe – beispielsweise Kriege und Lebensmittelknappheit. Damit die Apostel das Ende Jerusalems zeitlich einsortieren konnten, nannte Jesus folgendes wichtige Detail:

> »Wahrlich, ich sage euch, dass diese Generation auf keinen Fall vergehen wird, bis alle diese Dinge geschehen.«

Die Zeugen Jehovas glauben, dass sich diese Prophezeiung auch in unserer Zeit in größerem Ausmaß erfüllen wird – in Harmagedon. Das Jahr 1914 kennzeichnet hierbei den Start der Prophezeiung, quasi den Beginn des Countdowns bis zum Ende. Zu diesem Zeitpunkt soll Jesus unsichtbar im Himmel als König angefangen haben zu regieren.

Auf das Jahr 1914 kommen die Zeugen Jehovas durch eine ziemlich komplexe Rechnung, die im besagten roten »Paradies-Buch«, das Claudia mit meiner Mutter studierte, aufwendig erklärt wurde. Das Datum wurde mit 14 völlig aus dem Kontext gerissenen, kreuz und quer aus der Bibel herausgesammelten Versen belegt. Grundlage für die Berechnung ist wiederum das Jahr 607 v. Chr. In diesem Jahr soll – und mit dieser

Annahme stehen die Zeugen Jehovas wirklich vollkommen allein da – Jerusalem von den Babyloniern zerstört worden sein. Unter Historikern gilt als erwiesen, dass sich die Zerstörung im Jahr 587 v. Chr. ereignet hat – also 20 Jahre später. Aber »die Weisheit der Welt ist Torheit bei Gott« – so heißt es immer, wenn die Lehren der Zeugen auf allgemeine wissenschaftliche Erkenntnisse prallen.

Zurück zu Harmagedon. Jesus soll also in der Bibel nicht nur vom Ende Jerusalems gesprochen, sondern tatsächlich das Ende der Welt vorausgesagt haben. Wenn Zeugen Jehovas vom Ende der Welt sprechen, dann ist damit das Ende der Menschenherrschaft gemeint. Danach übernimmt Gott. Und vorher sterben alle Menschen, die nicht auf der Seite Jehovas stehen.

Um Harmagedon nun zeitlich einsortieren zu können, verwenden die Zeugen Jehovas die Aussage von Jesus über die »Generation [die] auf keinen Fall vergehen wird, bis alle diese Dinge geschehen.« Gemeint ist, da sind sich alle sicher, die Generation von 1914. Das Jahr ist in der Lehre der Zeugen Jehovas einfach eine Konstante, daran wird nicht gerüttelt. Also bleibt die Frage offen, wie lange nun eine Generation wohl dauern mag? Immerhin schreiben wir heute das Jahr 2018, und 1914 ist schon etwas länger her.

Unter einer Generationsspanne versteht man allgemein die durchschnittliche Altersdifferenz aller Kinder zu Vater oder Mutter. Der Generationenabstand liegt in Deutschland bei ungefähr 36 Jahren.

In den 1940er-Jahren waren die Zeugen Jehovas der Ansicht, dass eine Generation ungefähr 30 bis 40 Jahre dauern würde[3]. Um diese Zahl zu bestimmen, zog man unter anderem die Bibelstelle aus 4. Mose 32:13 heran:

> »Da entbrannte Jehovas Zorn gegen Israel, und er ließ sie vierzig Jahre in der Wildnis umherirren, bis die ganze Generation, die tat, was in den Augen Jehovas übel war, ihr Ende fand.«

Für diejenigen, die in den 1940er-Jahren lebten, war die Sache nun also einfach. Wir erinnern uns an die Formel:

$Ende_{max} = 1914 + G$

Das Ende hätte spätestens 1914 + (G = 40 Jahre) in Erscheinung treten müssen, also 1954. Für die meisten Zeugen damals hätte es damit noch zu ihren Lebzeiten kommen müssen. Da Harmagedon aber ausblieb, streckte man die Länge einer Generation einfach auf die gesamte Lebensdauer eines Menschen, also auf 70, 80 oder mehr Jahre. Immer wieder unternahm die *WTG* Lehränderungen, um nach hinten das eine oder andere Jahr herauszuholen.

Wieder einige Jahre später, 1995, gab man die Berechnungen zur Generationslehre auf, zumindest eine Zeit lang. Denn im September 2015 präsentierte ein Mitglied der *leitenden Körperschaft* dann in einer TV-Ausgabe ihres eigenen Online-Kanals eine völlig neue Erklärung zur »Generation«, die wohl selbst für den Durchschnitts-Zeugen an Unsinnigkeit kaum zu überbieten war[4].

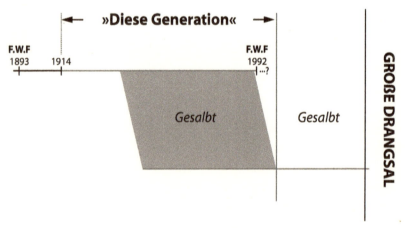

Zur Erklärung wurde das hier abgebildete Diagramm an einem Whiteboard präsentiert. Dann führte David Splane aus, während er an seinem Manuskript hing, dass die »Generation« nun gewissermaßen überlappen würde. Personen, die vor 1914 *gesalbt* wurden, das heißt, die von Gott auserwählt wurden, um mit Jesus im Himmel zu regieren, gehörten zur ersten Gruppe der »Generation«, also zu den Menschen, von denen man eigentlich gedacht hatte, dass das Ende kommen würde, bevor diese verstorben wären. Jetzt gab es jedoch eine zweite Gruppe. Und zu dieser gehören die Personen, die 1914 nicht live miterlebt hatten, aber eine Zeit lang die Lebensgenossen der ersten Gruppe gewesen und *auserwählt* worden waren, bevor der Letzte der ersten Gruppe verstorben war.

Die Rechnung ist recht kompliziert, wenn man in der Denkweise der Zeugen nicht geübt ist. Aber ich kann es kaum einfacher beschreiben, und so ganz habe ich die Logik seltsamerweise selbst erst verstanden, als ich »aufwachte«.

Splane gibt am Ende des Videos noch Folgendes zu bedenken:

>»Brüder, wir leben tief in der Zeit des Endes. Jetzt ist nicht die Zeit, für keinen von uns, aufzugeben.«

Ein Zeuge Jehovas kann mit dem vorliegenden Wissen nun anfangen zu rechnen. Und er erhält dabei selbstverständlich weitere Hilfestellungen. In einem Video aus dem November 2015 äußerte Kenneth Flodin, ein Helfer der *leitenden Körperschaft*, folgende Überlegung:

>»Was, wenn ein über 40-Jähriger 1990 gesalbt wurde? Dann gehört er zur zweiten Gruppe der Generation. Er könnte über 80 werden. Heißt das denn, dass das alte System noch bis 2040 existiert?«[5]

Zack! 2040! Endlich eine Zahl, mit der die Zeugen etwas anfangen konnten. Da ein paar der älteren Semester eventuell nicht mehr so alt werden würden, legte Flodin nach und erinnerte daran, dass Jesus ja gesagt hatte, das Ende komme, noch *bevor* diese »Generation« vergehe.

Damit waren dann eigentlich alle zufrieden. Wir haben jetzt maximal noch 22 Jahre. Und wenn es dann mit Harmagedon wieder nichts wird, dann ist das nicht mehr das Problem der aktuellen Mannschaft, das dürfen dann die Nachfolger der aktuellen Führungsriege ausbaden.

Ich konnte als Kind mit dieser und anderen Berechnungen natürlich noch nichts anfangen, dazu reichten meine kognitiven Fähigkeiten nicht aus. Das war Sache meiner Mutter. Ich musste nur wissen, dass Harmagedon nah, sogar »greifbar nahe« war. Und ich wusste, wie Harmagedon ablaufen würde. Da gab es beispielsweise den Bibeltext, in dem es hieß: »Jemandes Fleisch wird verwesen, während er auf seinen Füßen steht; und sogar jemandes Augen werden in ihren Höhlen verwesen, und selbst jemandes Zunge wird in seinem Mund verwesen.«

In einem *Wachtturm* wurde dieser schaurige Vorgang mit Harmagedon im Zusammenhang gebracht, und man erklärte:

»Wir werden abwarten müssen, ob diese schlagartige Plage buchstäblich oder sinnbildlich zu verstehen ist.«[6]

Das Bild hatte sich jedenfalls in meinem Kopf eingebrannt. *Indiana Jones und der letzte Kreuzzug* half mir dabei, es besser zu verstehen. Den Film fanden übrigens die meisten Zeugen toll, mich eingeschlossen, weil es da eine Stelle gab, in der Indy »Jehova« sagte. Gegen Ende des Films gab es eine Szene, in der der Bösewicht aus dem falschen Kelch, eben nicht dem Heiligen Gral trank und daraufhin im Stehen verweste. Er alterte innerhalb weniger Sekunden – ihm flutschten die Augen aus den Höhlen, bis er nur noch ein Skelett war.

Auch im *Wachtturm* und in den anderen Publikationen der *WTG* fanden sich Bilder, in denen das Ende eindrucksvoll dargestellt wurde: Häuser stürzten ein, es regnete Steine und Meteoriten vom Himmel, Leichen stapelten sich übereinander. Oft waren auch Blitze in den Abbildungen zu sehen, was dazu führte, dass ich jedes Gewitter als Startschuss für Harmagedon interpretierte und ständig vom Fehlalarm enttäuscht wurde.

Manchmal freute ich mich darauf, und oft aber auch nicht, obwohl die *WTG* Harmagedon als freudiges Ereignis beschrieb. Bei mir war die Freude immer davon abhängig, welche Themen gerade in den Zusammenkünften durchgekaut wurden. Wenn ich mich in den warnenden Vorträgen wiedererkannte, weil ich in gewissen Dingen gerade nicht auf Linie war mit den Anforderungen, die Jehova angeblich für eine Eintrittskarte ins Paradies ausgegeben hatte, dann kam recht schnell die Sorge in mir hoch, dass ich eventuell doch etwas frühzeitig ableben würde. Und dann wiederum gab es Zeiten, in denen ich recht sicher war, dass Jehova mich nicht umbringen würde. Mein Verhältnis zu Harmagedon war vergleichbar mit dem Spiel *Reise nach Jerusalem*: Befindet man sich beim Umherlaufen gerade an der Stelle, an der kein Stuhl steht, dann hofft man, dass die Musik nicht ausgeht. Befindet man sich auf Höhe eines Stuhles, dann wäre es eigentlich ganz passend, wenn der DJ die Musik abdreht.

Ich habe mich zudem oft gefragt, wie Jehova das mit Harmagedon hinbekommen wollte, wenn alles zusammenstürzt und wir uns gerade mitten unter den Menschen aufhielten, die ganz sicher umkommen sollten. In den Versammlungen wurde erzählt, dass wir in die *inneren Gemächer* gehen würden und uns dort aufhielten, bis Harmagedon vorüber wäre. In einem *Wachtturm* wurde unter der Überschrift »*Wo solltest du dich aufhalten, wenn das Ende kommt?*« erklärt:

> »In unserer Zeit könnten die in dieser Prophezeiung erwähnten ›inneren Gemächer‹ in engem Zusammenhang mit den über 100 000 Versammlungen der Zeugen Jehovas in der ganzen Welt stehen. [...] Gottes Dienern wird geboten, in ihre ›inneren Gemächer‹ zu gehen und sich zu verbergen, ›bis die Strafankündigung vorübergeht‹. Es ist also lebenswichtig, dass wir die richtige Einstellung zur Versammlung entwickeln und behalten und dass wir uns fest vornehmen, eng mit ihr verbunden zu bleiben.«[7]

Versammlung ist also wichtig, das hatte ich gelernt. Gerne ging ich nicht hin, vor allem in jungen Jahren nicht. Ab und an blieb ich sogar alleine zu Hause, weil ich entweder krank war oder meine Mutter dachte, dass ich krank wäre. Was wiederum dazu führte, dass ich mir manchmal Sorgen machte, dass genau zu diesem Zeitpunkt Harmagedon kommen und ich nicht in der Versammlung sitzen würde. Dass es unterschiedliche Zeitzonen gab, zog ich damals noch nicht in Betracht.

Aber bei Harmagedon ums Leben zu kommen, war nicht die einzige Sorge, die mich durch meine Kindheit begleitete. Neben Jehova gab es ja auch noch den Satan, der sich freute, wenn ich Dinge tue, die Jehova nicht gefielen – beispielsweise die Versammlung zu schwänzen. Satan war früher ein Engel gewesen, den Jehova erschaffen hatte und der später selbst wie Gott sein wollte. Satan hat noch den einen oder anderen Engel von seiner Ideologie überzeugen können, und diese nannte man dann nicht mehr Engel, sondern Dämonen. In meinem Kinderbuch lernte ich, dass die Dämonen scharf auf die Frauen waren, die auf der Erde lebten. Sie hatten sich sogar menschliche Körper angeeignet, um mit den Frauen Sex zu haben. Außerdem hieß es im Kinderbuch:

»Weißt du, warum man die Dämonen nicht sehen kann? — Weil sie Geister sind. Wir wissen aber genau, dass es sie gibt. [...] Können der Teufel und seine Dämonen auch uns irreführen oder täuschen? — Ja, das können sie, wenn wir nicht aufpassen.«

Und dann noch:

»Die Dämonen jagen den Menschen auch gerne Angst ein. Manchmal verstellen sie sich und tun so, als wären sie jemand, der schon tot ist.«[8]

Das mit den Dämonen fand ich gar nicht lustig. Jeder merkwürdig aussehende Schatten in meinem Kinderzimmer hätte ein Dämon sein können, der mir Angst einjagen wollte. Spielzeugfiguren könnten plötzlich zum Leben erwachen und auf mich losgehen. Ich erinnere mich an einen Raben, der nachts auf meinem Schrank saß und geräuschlos krähte, oder an drei unheimliche Wesen, die mit einem Mal neben meinem Bett standen. Meine Phantasie hatte mir einen Streich gespielt, und natürlich brachte ich diese Wesen sofort mit den Dämonen in Verbindung, die mich heimsuchten.

Glücklicherweise war die Bettdecke, unter die ich kroch, ein hervorragender Schutzschild gegen diese Geistwesen. Ich lernte, dass man besonders dann die Dämonen auf sich aufmerksam machte, wenn man Gegenstände besaß, bei denen nicht klar war, woher sie stammen – beispielsweise vom Flohmarkt. Oder wenn man sich Dinge im Fernsehen anschaute, die mit Zauberei zu tun hatten. War ein Gegenstand oder eine Videokassette fragwürdig, dann sollte man diese am besten entsorgen.

Im *Wachtturm* wurde dann auch gerne von Menschen berichtet, die von Dämonen belästigt wurden[9]. Das veranlasste einige Zeugen dazu, ihre eigenen Geschichten, die sie vom Hörensagen kannten, weiterzutragen. Auch Claudia hatte einige dieser Geschichten parat. An einige davon, kann ich mich bis heute erinnern: Da war zum Beispiel der Motorradfahrer, der eines Nachts von einem Feuerball verfolgt wurde. Oder eine Familie, bei der in der Nacht die Schranktüren von allein auf und zu gingen.

Vor allem als meine Mutter mir erzählte, dass mein Vater in seiner Wohnzimmervitrine einige alter Gegenstände lagerte, bei denen man sich nicht sicher sein konnte, ob diese nicht auch von Dämonen *infiziert* wären, war ich beeindruckt. Irgendwann traute ich mich nachts in der Wohnung meines Vaters nicht mehr alleine auf die Toilette. Manchmal schlief ich schwer ein und bildete mir ein, Geräusche zu hören. Einmal klang es so, als würde jemand in der Küche die Schubfächer auf und zu machen. Für mich war klar, bei meinem Vater gab es Dämonen.

Die Welt der Zeugen Jehovas verfolgte mich nun bis in meine vormals angenehmere Parallelwelt. Ich fühlte mich immer häufiger unwohl bei meinem Vater, vor allem in der Nacht. Das Portal, durch das ich in eine andere Welt abtauchen konnte, schloss sich langsam.

Wer schellt, der bellt

Kleine Kinder glauben ihren Eltern. Vor allem wenn beide Elternteile das Gleiche erzählen. Das ist völlig normal und verständlich, denn die Eltern sind meist die stärksten Bezugspunkte, die ein Kind hat. Ob es um den Weihnachtsmann geht, den Osterhasen oder die Zahnfee – Eltern können ihren Kindern alles für wahr verkaufen.

In Bezug auf den Glauben ist es nicht anders. Erziehen die Eltern ihre Kinder religiös, dann wird sich dieses Weltbild sehr wahrscheinlich auch bei den Kindern manifestieren. Hinzu kommt der Einfluss des Umfeldes – bestätigt dieses die Ansichten der Eltern, gibt es für das Kind eigentlich keinen Grund, einen anderen Weg einzuschlagen.

In Nordkorea werden Kinder in Indoktrinationszentren auf Linie gebracht. Im Kindergarten gibt es dann keine Gruppen, die »Äffchen«, »Frösche« oder »Giraffen« heißen, sondern »Panzerhaubitzen«, »Kalaschnikows« oder »Kampfpanzer«. Eine von Beginn an durchmilitarisierte und einem Personenkult verpflichtete Gesellschaft lässt sich dann eben leichter führen[10].

Problematisch wird es, wenn die Eltern konträre Ansichten vertreten, wie bei mir. Hier spielen meiner Ansicht nach die Faktoren Zeit und Intensität der Indoktrination eine Rolle. Je mehr Zeit ein Kind mit einem Elternteil verbringt und je stärker der Einfluss ausgeübt wird, desto eher nimmt meiner Ansicht nach das Kind die Überzeugung des jeweiligen Teils an. Mein Vater griff bei seiner Erziehung auf keine besondere Struktur zurück. Die *WTG* dagegen hatte ein immenses System aus Studium, Studienunterlagen und Wiederholungen zu bieten, dass es den Eltern erleichterte, ihren Kindern die eigene Überzeugung zu vermitteln.

Ich war mit der Zeit davon überzeugt, auf der richtigen Seite zu stehen. Ich übernahm die Ansichten meiner Mutter und meines Umfeldes und wurde Schritt für Schritt zum Zeugen Jehovas. Ich begann damit, kleinere Vorträge von der Bühne vor annähernd 100 Teilnehmern zu halten. Bei meinem ersten Auftritt muss ich etwa neun Jahre alt gewesen sein. Anfangs arbeitete ich die Kurzvorträge, die etwa fünf Minuten dauerten, zusammen mit meinem *geistigen Vater* aus. Am Ende einer solchen Aufgabe wurde man vor allen Zuschauern bewertet. Dieses Programm nannte sich *theokratische Predigtdienstschule*. Es war dazu gedacht, die Fähigkeiten des Kindes zu entwickeln, damit es später die Lehren der Zeugen Jehovas besser an den Türen der Menschen vermitteln konnte. Ich erhielt meinen persönlichen Bewertungsbogen, auf dem mehrere Disziplinen tabellarisch aufgelistet waren. Da ging es unter anderem um die richtige Pausentechnik und Modulation, um freies Reden und vieles mehr. Das ist tatsächlich eine Ausbildung gewesen, die mir half, auch in der Schule vor einem großen Publikum frei zu sprechen.

Für die Vorträge erhielt man neben einem Thema auch die jeweilige Disziplin, auf die der Schulungslehrer besonders achten würde. Es gab dafür Noten: »A« für »Arbeite dran«, »V« für »Verbessert« und »G« für »Gut«. Ich hatte fast ausschließlich »G«s. Ich liebte es, »G«s zu bekommen, und ich hatte große Freude an diesen Vorträgen. Das war mein Ding!

Ich fing an, kurze Kommentare in der Versammlung zu geben. Bei einigen Programmpunkten stellte der Leiter Fragen von der Bühne, die dann durch die Teilnehmer beantwortet wurden. Da war man dann sehr stolz auf mich, wenn ich ins Mikrofon »Jehova« oder »Jesus« sagte. Später wurden die Kommentare länger.

Das steigerte mit der Zeit mein Selbstwertgefühl. Vor allem gab es nach der Versammlung von den *Brüdern* und *Schwestern* eine Menge Lob – und Bonbons.

Einmal habe ich mir während eines Kommentars in die Hose gemacht. Das erzählte ich hinterher auch jedem. Ich habe ja bereits den

Kreisaufseher erwähnt, der jede Versammlung einmal im Jahr für eine Woche besuchte. Der Kreisaufseher war eine Art Promi unter den Zeugen Jehovas. Wenn er kam, wurden die Berichte und Zahlen sowie die Gebiete, in denen man predigte, auf Hochglanz poliert. Er traf sich unter der Woche mit den Ältesten, um die *Problemfälle* der Versammlung zu besprechen[11]. Außerdem gingen Listen herum, in die sich die Mitglieder eintragen konnten, um den Kreisaufseher zum Essen oder zur Bibelstunde mit den Kindern einzuladen. Letzteres war bei mir öfter der Fall, was ich sehr aufregend fand. Einem Kreisaufseher erzählte ich ganz stolz, dass ich die Bibelbücher des Neuen Testaments auswendig aufsagen könne. Das brachte ihn auf die Idee, dass ich das doch in der Zusammenkunft am Abend einmal tun könne. Er wollte das sehr geschickt machen, in dem er an die Kinder die Frage richtete, wer denn zu so etwas in der Lage sei. Ich meldete mich – als Einziger. Es hat wunderbar geklappt, bis auf die nasse Hose, aber das war es wert.

Ungefähr zur gleichen Zeit begann ich, selbst an den Türen zu klingeln und mit kurzen Einleitungen den Menschen den *Wachtturm* zu schenken. Ich war zwar schon vorher immer mal mitgegangen, hatte bis dahin die Publikationen aber nur still überreicht. Ich war etwas besorgt, wenn die *Wohnungsinhaber* mit Einwenden kommen würden, auf die ich nicht vorbereitet war. Mein *geistiger Vater* versicherte mir, dass er einspringen werde, ich müsse ihn dann nur anschauen.

Manchmal waren wir in Gebieten unterwegs, in denen wir luxuriöse Villen bestaunen konnten. Wir suchten uns im Spaß dann die eine oder andere Villa aus, die wir nach Harmagedon übernehmen würden, denn die Bewohner, die uns ablehnten, würde Gott ja vernichten.

Eine inoffizielle Regel unter den Zeugen besagt, dass man sich beim Klingeln immer abwechselt. Hatte man also jemanden an der Tür erreicht, dann war bei der nächsten Tür der andere dran. Bei Kindern war man allerdings nicht so streng. Wenn ich gerade nicht den Mut aufbrachte, um an einer Tür vorzusprechen, dann durfte ich auch länger aussetzen. Ich betätigte aber dennoch gerne die Klingel, denn meine

Mutter hatte mir erzählt, dass jedes Mal, wenn man eine Klingel drückte, dies ein Schlag auf Satans Nase sei. Das war ein recht verlockender Gedanke. Auch mit meiner Mutter ging ich ab und zu an die Türen. Allerdings musste ich dann auch vorsprechen, wenn ich klingelte, denn meine Mutter pflegte zu sagen: »Wer schellt, der bellt.«

Mit der Zeit unternahm ich mehrere Versuche, meinen Vater davon zu überzeugen, dass wir in der *Wahrheit* lebten.

Wahrheit – das ist ein Begriff, den die Zeugen gerne verwenden, nur nicht in dem Kontext, in dem man ihn sonst kennt. Die *Wahrheit* war ein Oberbegriff, für die Welt, in der man sich befand. Wie ein Produkt, dass die Zeugen vertrieben und konsumierten. Man hörte Fragen wie: »Wann hast du die Wahrheit kennengelernt?«, oder: »Wie lange bist du schon in der Wahrheit?« Damit wollte man in Erfahrung bringen, wie lange oder seit wann der Gegenüber schon Zeuge Jehovas war.

Mein Vater erkannte die *Wahrheit* nicht. Ich fragte mich, warum er nicht begriff, dass die Zeugen den »Heiligen Gral« gefunden hatten. Es war doch alles so klar und ersichtlich!

Ich hatte sogar Sorge, dass Harmagedon zu früh käme und er nicht überleben würde. Ich betete oft zu Gott, dass er doch meinen Vater bei Harmagedon verschonen solle, oder noch besser, dass er auch ein Zeuge Jehovas würde. Manchmal dachte ich darüber nach, dass es besser wäre, wenn Harmagedon noch so lange auf sich warten ließ, bis mein Vater starb. Dadurch hätte er die Möglichkeit bekommen, im Paradies auferweckt zu werden.

Mein Vater allerdings schien mehr und mehr daran zu verzweifeln, dass ich in die Welt der Zeugen hineingezogen wurde und er nichts dagegen unternehmen konnte.

Ich erinnere mich, dass er mich einmal abholen sollte und meine Mutter das aus mir unbekannten Gründen nicht wollte. Also versteckte sie mich bei meinem Freund, der um die Ecke wohnte. Wir sollten uns ganz still verhalten. Mein Vater brachte in Erfahrung, wo ich mich aufhielt, und gelangte in den Hausflur. Er schrie den ganzen Flur zusammen und hämmerte wie wild an der Haustür, hinter der ich mich befand. Meine Mutter solle seinen Sohn herausgeben, forderte er.

Ich verstand die Welt nicht mehr. Mein Vater kam mir in diesem Moment so fremd vor, und ich hatte Angst vor ihm. Das war das einzige Mal, dass ich ihn so erlebte.

Irgendwann resignierte er, was meine Überzeugung betraf. Vielleicht weil er dachte, er würde mich verlieren, wenn er sich gegen meinen Glauben stellt. Anstatt also weiter dagegen anzukämpfen, genoss er einfach die gemeinsame Zeit mit mir. Das war das Beste, was er hatte tun können.

»Was ist die Matrix?«

Matrix (1999)

DER WACHTTURM

Meine Mutter ließ sich 1994 auf einem Kongress der Zeugen Jehovas in Berlin-Gesundbrunnen taufen. Kongresse fanden dreimal im Jahr statt. An bis zu drei aufeinanderfolgenden Tagen wurden Ansprachen gehalten und Theateraufführungen dargeboten, außerdem fanden als Highlight der Kongresse die Massentaufen statt. Wer sich als Zeuge Jehovas taufen lassen wollte, konnte dies ausschließlich auf den Großveranstaltungen tun. In der Regel ließen sich drei bis zehn Personen taufen. Darunter waren Kinder und Jugendliche, die als Zeugen Jehovas aufgewachsen waren, aber auch Personen, die von außerhalb in die Gemeinschaft gefunden hatten – so wie meine Mutter.

Täuflinge – so nannte man die Personen, die in der ersten Reihe bei den Kongressen Platz nahmen und denen vor dem eigentlichen Ritual eine 30-minütige Ansprache gewidmet wurde. Die Täuflinge waren vergleichbar mit der deutschen Nationalelf. So wie Fans stolz darauf sind, wenn ihr Bundesliga-Team einen Spieler für die WM stellt, war auch jede Versammlung ganz aufgeregt, wenn sie mit einem oder mehreren Täuflingen vertreten war. Manchmal gab es Dürrezeiten von einigen Jahren, in denen entweder eine Generation innerhalb der Versammlung nicht allzu gebärfreudig war oder die Kaltakquise an den Türen gerade schlecht lief.

Ohnehin empfand ich es eher als eine Seltenheit, dass sich jemand von außen in die Gemeinschaft verirrte und sich tatsächlich auch taufen ließ. In den mehr als 20 Jahren, die ich bei den Zeugen Jehovas gewesen bin, kann ich diese Personen an meinen zwei Händen abzählen. Um ehrlich zu sein: Ich komme nur auf sieben Personen, aber ich habe vermutlich jemanden vergessen.

Um heute noch jemanden durch »Außenwerbung« in die Organisation zu bewegen, muss deutlich mehr Zeit investiert werden als noch vor 20 Jahren. Vor allem in Europa bleibt das Wachstum in vielen Ländern aus. Während in den 1990er-Jahren die Zeugen weltweit ein Wachstum von bis zu 6 Prozent pro Jahr verzeichnen konnten, waren es 2017 nur noch 1,4 Prozent. Damit lagen sie gerade einmal 0,2 Prozent über dem Bevölkerungswachstum.

1992 mussten gemäß der Statistik 3405 Stunden an den Türen der Menschen investiert werden, bis sich auch nur eine einzige Person taufen ließ. Im Jahr 2017 hat sich die Zahl auf rund 7198 Stunden pro Neuzugang verdoppelt[1].

Von 1980 bis 1997 gab es einen enormen Anstieg von Personen, die sich taufen ließen. 1980 haben sich insgesamt 113 779 Menschen taufen lassen. 1997 waren es ganze 375 923. Seit dem Jahr 2000 wurde die Marke von 300.00 durchgeführten Taufen nie mehr überschritten (Stand 2017). Dennoch stieg die Zahl der Zeugen Jehovas von 5,7 Millionen im Jahr 2000 auf 8,2 Millionen im Jahr 2017. Um zu den Anhängern der Religionsgemeinschaft dazugezählt zu werden, muss man allerdings kein getaufter Zeuge Jehovas sein. Es reicht, wenn die Stufe des *ungetauften Verkündigers* erreicht wurde, man sich also am Predigen beteiligt. Bis 2002 musste man mindestens eine Stunde im Monat predigen, um in der Statistik aufgeführt zu werden. 2002 wurde die Grenze für ältere und kranke Personen auf 15 Minuten reduziert.

Meiner Meinung nach war das nur ein Vorwand, um die Gesamtzahl künstlich anzuheben.

Während das prozentuale Wachstum in den vergangenen Jahren immer mehr abnahm, blieb die Zahl der jährlichen Taufen seit dem Jahr 2000 gerade einmal konstant. Allem Anschein nach ist es nur noch eine Frage der Zeit, bis der Turnaround eintritt und ein Anstieg der Mitgliederzahl nicht einmal mehr durch den eigenen Nachwuchs gesichert ist.

Ein Grund für diese Entwicklung scheint auf der Hand zu liegen: das Internet.

Die »Gefahren« des Internets

Vor der Verbreitung des Internets bezog man seine Informationen meist aus der Zeitung, dem Fernsehen oder aus Büchern. Um ein Zitat im *Wachtturm* zu verifizieren, musste man sich Zugang zu einer Bibliothek verschaffen oder gezielt in den vorhandenen Medien nach der entsprechenden Stelle suchen – aber wer hätte sich schon diese Mühe gemacht? Man vertraute darauf, dass die *leitende Körperschaft* die Wahrheit abdruckte.

Als sich das Internet seinen Weg in die Privathaushalte bahnte, schrieb auch die *WTG* ihre ersten Artikel über den Nutzen des World Wide Web – aber noch viel mehr über die Gefahren, die dort lauerten.

Die Aufklärung in *Wachtturm* und *Erwachet!* war zunächst gar nicht schlecht. Eltern wurden dafür sensibilisiert, dass ihre Kinder unbeaufsichtigt recht schnell mit pornografischem Material in Berührung kommen konnten. Außerdem wurden Hinweise gegeben, wie man seine Privatsphäre im Netz schützen könnte. Irgendwann allerdings verschärfte sich der Ton.

»Die Glieder der Versammlung werden durch die biblische Maßnahme des Ausschlusses von reuelosen Sündern und von Personen, die für das Gedankengut von Abtrünnigen eintreten, geschützt. Können wir mit denselben liebevollen Vorkehrungen rechnen, wenn wir im Internet mit anderen Gemeinschaft haben? Wie sich deutlich gezeigt hat, ist das Gegenteil der Fall. Manche Web-Sites dienen eindeutig zur Verbreitung der Propaganda von Abtrünnigen.«[2]

Mit anderen Worten: Die *WTG* begriff allmählich, dass das Internet ein Raum war, in dem jeder seine Meinung frei zugänglich in die Welt setzen konnte. Und diese Meinungen vertrugen sich oft nicht mit den Lehren der Zeugen Jehovas. Und noch schlimmer: Die Leute konnten vermeintliche Fakten, die die Organisation in ihren Publikationen veröffentlichte, nachprüfen und hin und wieder auch feststellen, dass falsch zitiert wurde oder Aussagen aus dem Kontext gerissen worden waren[3].

Die *WTG* reagierte. In einem *Wachtturm* von 2011 war zu lesen:

»Schon Satan versteckte sich hinter einer Schlange, um Eva zu ›kontaktieren‹ und ihr weiszumachen, sie könne so sein wie Gott. Heute kann sich jeder, der Internetzugang hat, als Fachmann präsentieren und Pseudowissen verbreiten, ohne auch nur seinen Namen verraten zu müssen. Es gibt keine Einschränkungen, wer dort seine Ideen, Informationen, Ansichten und Bilder veröffentlichen darf. Sei also keine ›Internet-Eva‹. Nimm nicht alles für bare Münze.«[4]

Der Absatz ist ziemlich gerissen. Es ist unbestreitbar, dass im Netz sehr viel Pseudowissen verbreitet wird. Trotzdem wird in dem Text arg pauschalisiert, und ein Zeuge Jehovas liest vermutlich nur, dass er Eva gleichen würde, die von der verbotenen Frucht nahm, sobald er sich im Internet mit kritischen Informationen beschäftigt.

Das alles erinnert mich an eine zweistufige Firewall, an eine sogenannte *Demilitarized Zone* (DMZ)[5].

Nehmen wir an, dass Intranet in der Abbildung ist die Versammlung, der Router die *WTG* – oder besser gesagt, die *leitende Körperschaft*. Das Intranet besitzt eine eigene Firewall (hellgrau unterlegt) und wird abgeschirmt vom Internet. Das Internet selbst wird durch eine zweite Firewall

(DMZ) abgeschirmt. Diese zweistufige Firewall sorgt dafür, dass eine einzelne Schwachstelle nicht sofort das interne Netz kompromittiert.

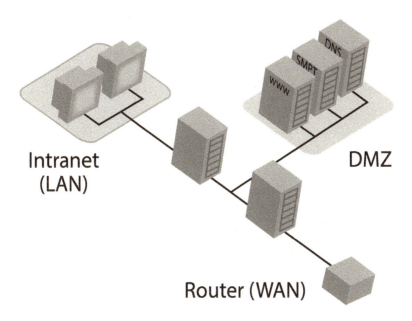

Im übertragenen Sinn werde ich von der *WTG* davor gewarnt, mir überhaupt Seiten anzusehen, die von *Abtrünnigen* stammen oder auf denen Kritik an den Zeugen Jehovas und ihren Lehren geäußert wird. Hat diese Firewall versagt und ich lande doch einmal auf einer solchen Seite, dann schützt meine indoktrinierte Denkweise mich davor, der Kritik überhaupt Glauben zu schenken. Voilà!

Wie die Statistiken zeigen, funktioniert die doppelte Firewall inzwischen immer weniger. Ich habe mir die Zahlen von 2016 und 2017, herausgegeben von den Zeugen Jehovas, näher angeschaut und mit einigen zusätzlichen Daten angereichert. Das weltweite Wachstum lag 2016 bei 1,8 Prozent und 2017 bei 1,4 Prozent. Trennt man die Zahlen in die einzelnen Kontinente, wird deutlich, woher das Wachstum kommt[6].

2016

Kontinent	Nord-amerika	Europa	Ozeanien	Süd-amerika	Asien	Afrika
Wachstum	0,57%	-0,01%	0,19%	2,31%	0,37%	5,86%
Zeugen Jehovas	2 363 588	1 446 004	98 247	1 791 190	410 336	1 537 940
Anteil	29%	18%	1%	22%	5%	19%

2017

Kontinent	Nord-amerika	Europa	Ozeanien	Süd-amerika	Asien	Afrika
Wachstum	0,52%	-0,27%	0,25%	2,52%	0,7%	3,64%
Zeugen Jehovas	2 391 855	1 444 950	99 100	1 841 773	243 188	1 581 510
Anteil	29%	18%	1%	22%	3%	19%

Asien und Ozeanien würde ich als Sonderfall bezeichnen, da zum einen die beiden Kontinente aktuell zusammen nur 4 Prozent aller Zeugen Jehovas weltweit ausmachen und zum anderen in Asien der christliche Glaube überhaupt nur sehr gering verbreitet ist – ein Schelm, wer hier einen Zusammenhang sieht. Auch dazu später mehr.

Legt man über das Wachstum nun die Internetabdeckung des Kontinents, kann man eine interessante Kausalität erkennen[7].
Die Verfügbarkeit des Internets scheint auf das Wachstum Einfluss zu nehmen – so zumindest die Hypothese. Natürlich spielen noch andere Faktoren eine Rolle. Beispielsweise die Infrastruktur der Länder sowie die Ausprägung des christlichen Glaubens innerhalb der Regionen.

Im Internet stoßen zweifelnde Zeugen Jehovas recht schnell auf Widersprüche in der Lehre – wie etwa die Generationslehre aus dem vorherigen Kapitel – und auf die kuriosen Ansichten, die man zu Beginn des 20. Jahrhunderts vertrat.

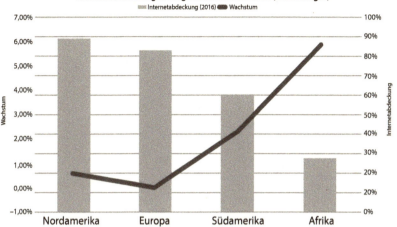

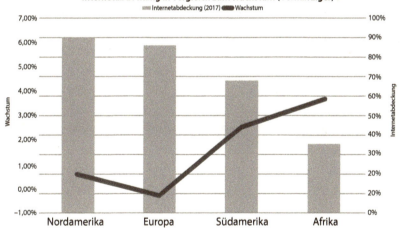

Gleichzeitig spielt die Verbreitung des Internets aber nicht nur bei bereits überzeugten Anhängern eine Rolle. Wer mit den Zeugen Jehovas das erste Mal in Kontakt kommt, der findet im Netz recht schnell alle nötigen Informationen und kann sich eine fundierte Meinung bilden, bevor er sich auf ein Techtelmechtel einlässt.

Zu der Zeit, als meine Mutter zu den Zeugen fand, gab es diese Hilfestellungen noch nicht. Meine Mutter hatte gerade eine Scheidung hinter sich gebracht und zog mit ihrem frechen Balg in eine ihr unbekannte Gegend. Freunde hatte sie dort noch nicht gefunden. Ich nehme an, ihr Leben war zu diesem Zeitpunkt etwas aus den Fugen geraten.

Wie man ein Zeuge Jehovas wird – Teil 1

Ich möchte nicht behaupten, dass Menschen, die sich in einer Lebenskrise befinden oder die einen Schicksalsschlag erlitten haben, generell leicht in die Gemeinschaft der Zeugen Jehovas finden. In meinem Umfeld war es aber genau das, was ich beobachtet habe. Viele derjenigen, die sich auf ein Heimbibelstudium einließen, befanden sich gerade in einer schwierigen Situation: Familiäre Probleme, der Verlust einer nahestehenden Person, Krankheiten, Nahtoderfahrungen oder andere bestürzende Erlebnisse. Die Zeugen Jehovas können in diesen Krisen wie ein Auffangbecken wirken, in dem man sich wohl und verstanden fühlt.

Genau darin werden Zeugen Jehovas auch geschult:

> »Nicht nur die Umstände können sich ändern, sondern auch die Einstellung der Menschen. Womöglich hat jemand plötzlich einen lieben Angehörigen durch den Tod verloren und ist deshalb jetzt eher bereit, sich die Königreichsbotschaft anzuhören. Wir hoffen, den Betreffenden trösten zu können, ihm sein geistiges Bedürfnis bewusst zu machen und ihm zu zeigen, wie er es stillen kann.«[8]

Stell dir vor, du bist allein, dein Leben befindet sich in einer tiefen Krise. Plötzlich tauchen einmal in der Woche zwei Frauen auf, die dir gegenüber Interesse bekunden. Im *Heimbibelstudium* wird genau das angesprochen, worüber du dir Gedanken machst. *Was passiert mit uns, wenn wir sterben? Warum gibt es so viel Ungerechtigkeit? Was ist der Sinn des Lebens?* Die beiden Frauen zeigen dir Bibeltexte, die perfekt in deine

Situation zu passen scheinen. Gleichzeitig zeigen sie dir in ihren Publikationen malerische Erzählungen vom Paradies, in dem alle glücklich sind, ein eigenes Haus mit Garten besitzen und mit Tigern und Pandas spielen. Die Bilder sind auf den ersten Blick als kitschiges Trostpflaster zu erkennen. Aber du bist so enttäuscht in deiner momentanen Lebenssituation, dass der Zauber wirkt.

Eines möchtest du dir allerdings nicht nachsagen lassen, nämlich dass du leichtgläubig wärst. Die Zeugen Jehovas möchten dir diese Sorge nehmen und weisen dich deshalb darauf hin, dass du alles, was sie dir erzählen sehr genau prüfen und dann eine wohlüberlegte Entscheidung treffen solltest. Mit *prüfen* ist gemeint, dass du die Publikationen der Zeugen Jehovas lesen sollst[9]. Kommst du mit Fakten an, die die Lehre in Frage stellen, würde der *Bibellehrer* dir wahrscheinlich empfehlen, einfach so lange weiterzustudieren, bis sich alle Probleme in Luft aufgelöst haben.

Es geht bei so einem Studium aber nicht ausschließlich darum, dich mit den Lehren vertraut zu machen. Mit der Zeit stellt sich zwischen den Zeugen Jehovas und dir eine platonische Freundschaft ein, die wahrscheinlich in dem Moment enden würde, in dem du das *Heimbibelstudium* abbrichst. Der Zeuge bringt nach und nach auch andere Anhänger zum *Studium* mit, und so lernst du immer mehr Menschen kennen, die, so wirkt es, ehrlich an dir interessiert sind. Das sind sie auch, aber ihr Interesse beruht einzig darauf, dich zu *retten* und zur Taufe zu führen.

Beginnst du dann die Versammlungen zu besuchen, bist du die Attraktion der Gemeinde. Denn bevor du als Gast erstmals im sogenannten *Königreichssaal* auftauchst, wird dein *Bibellehrer* eventuell schon die eine oder andere Geschichte über dich vor versammelter Mannschaft erzählt und stolz berichtet haben, welche Fortschritte du im *Heimbibelstudium* erreicht hast.

Betrittst du den *Königreichssaal* dann tatsächlich zum ersten Mal, wissen viele schon über dich Bescheid. Du wirst herzlich begrüßt, und einige suchen interessiert das Gespräch mit dir. Du erhältst neben einer Bibel auch dein persönliches Liederbuch.

Das mit dem Singen und Beten wird anfangs noch recht ungewohnt sein, aber sobald du die ersten Töne scheu aus dir herausquetschst und am Ende des Gebets sogar »Amen« gesagt hast, werden deine Bemühungen von allen wahrgenommen und vielleicht sogar mit einem Lob honoriert. Und dieses Lob kann irgendwann zur Sucht werden. Für jeden kleinen Fortschritt, ob in der Versammlung oder beim *Heimbibelstudium*, gibt es eine kleine Anerkennung, durch die du begreifst, dass du auf dem richtigen Weg bist. Vielleicht ist es gerade das, was dir auf der Arbeit oder im privaten Umfeld gefehlt hat.

Irgendwann werden die Lehren, die du durch den regelmäßigen, wöchentlichen Besuch der Versammlung regelrecht eingeimpft bekommst, zu deinen eigenen. Und du beginnst vielleicht damit, anderen in deinem Umfeld von deinen Erfahrungen mit den Zeugen zu erzählen. Netterweise hat der Bibellehrer dich bereits darauf vorbereitet, dass deine Verwandten und Freunde nicht ganz so erfreut reagieren könnten. Vielleicht hast du sogar einen Bibeltext vorgelesen bekommen, der erklärt, dass die meisten Menschen ein schwieriges Verhältnis zur *Wahrheit* haben. Sogar Jesus hat gesagt, dass seine Worte Familien entzweien würden!

Wenn dein Umfeld dann genau so reagiert, wie es die Zeugen vorhergesagt haben, bestätigt sich deine Erwartungshaltung und du bist noch mehr davon überzeugt, den »Heiligen Gral« gefunden zu haben.

Manchmal stimmt es dich dennoch traurig, dass die Überzeugungen, von denen du so euphorisch berichtest, nicht positiv aufgenommen werden. Aber vielleicht liest dir ein Ältester dann den Bibeltext aus Psalm 27:10 vor: »Falls mein eigener Vater und meine eigene Mutter mich verließen, würde ja Jehova selbst mich aufnehmen.«

Es ist alles ganz wunderbar, die Zeugen haben für jede Situation und jede Frage einen Bibeltext parat.

Du beginnst damit, dich auf die Zusammenkünfte vorzubereiten. Zu Hause liest du den Artikel im *Wachtturm*, der in der jeweiligen Woche behandelt werden soll. Du liest jeden Absatz, schlägst die Bibeltexte auf dem Tablet nach und unterstreichst die Antwort zur dazugehörigen Frage. In der Versammlung werden Fragen gestellt, und du antwortest erstmals vor allen Anwesenden. Dein Herz pocht wie verrückt. Aber als alles überstanden ist, bist du erleichtert. So etwas hast du noch nie zuvor gemacht. Vielleicht vernimmst du sogar ein Raunen im Zuhörerraum. Einige drehen sich zu dir um, nicken und lächeln. Deine *geistige Mutter* oder dein *geistiger Vater* drückt dir die Hand und möchte damit ausdrücken, wie stolz er oder sie auf dich ist.

Aber etwas ist anders. Alle anderen in der Versammlung werden mit *Bruder* und *Schwester* aufgerufen. Nur du nicht. Du wirst nur mit deinem Namen angesprochen.

Irgendwann wird dir klar, dass du zwar das Glück hattest, die *Wahrheit* zu erkennen, aber eben nur, weil jemand bei dir an der Haustür geklingelt hat. Davon abgesehen, dass die Missionierungstätigkeit eine Grundbedingung ist, um getauft werden zu können, möchtest du jetzt auch Menschen *retten*. Die Abneigung, die du mitunter bei deinen Verwandten und Freunden verspürt hast, erfährst du nun in regelmäßigen Abständen an den Türen der Menschen. So richtig scheint deine persönliche Überzeugung niemanden zu interessieren. Du kommst häufig nicht einmal dazu, die einstudierten Einleitungen an den Mann oder die Frau zu bringen. Vorher knallt dir schon jemand die Tür vor der Nase zu. Auch wenn du gelernt hast, dass Erfolg nicht in der Anzahl der übergebenen Publikationen oder vorgezeigten Videos gemessen wird, sondern dadurch – wie einst die Süddeutsche[10] schrieb – dass »man dich mustert«, macht dir diese Gleichgültigkeit doch zu schaffen.

Aber wenn dir alle zuhören würden, dann hätte Jesus unrecht gehabt, als er sagte, dass »nur wenige den schmalen Weg finden«. Wieder haben die Zeugen die perfekte Antwort für deine Situation parat.

Es dauert nicht lange, und du kletterst auf die erste Stufe innerhalb der Hierarchie der Zeugen Jehovas: du wirst *ungetaufter Verkündiger*. Als *ungetaufter Verkündiger* übergibst du jeden Monat einem Ältesten deinen

Bericht über die persönlichen Missionserfolge und deine Stundenanzahl. Doch bevor du offiziell zu einem solchen *Verkündiger* ernannt wirst, wird in Anwesenheit von zwei Ältesten geprüft, ob du dafür überhaupt geeignet bist. Du wirst mit verschiedenen Fragen konfrontiert, und es wird darauf geachtet, ob du »*in Übereinstimmung mit der Bibel und nicht gemäß eigenen Ideen oder religiösen Irrlehren*« antwortest[11].

Das ist natürlich nur die halbe Wahrheit. Richtig wäre, dass überprüft wird, ob du auch brav anhand der Bibel der Zeugen Jehovas antwortest und deine Antworten mit den Lehren der *WTG* übereinstimmen. Wenn du tatsächlich anhand der Bibel argumentieren und erklären würdest, dass Jesus an einem Kreuz starb und Jerusalem im Jahr 587 v. Chr. fiel und somit Jesus nicht im Jahr 1914 inthronisiert wurde, dann würde es wohl nichts werden mit deiner Ernennung.

Verläuft das Gespräch aber positiv, wirst du in der nächsten Zusammenkunft als *ungetaufter Verkündiger* aufgerufen. Man wird dich zwar immer noch nicht als *Bruder* oder *Schwester* bezeichnen, aber du fühlst dich wie im Glücksrausch! Die eigenen Verwandten und Freunde können deine Freude vermutlich nicht mit dir teilen. Sie verstehen nicht, was an dieser Beförderung so besonders ist. Dafür erhältst du enorm viel Zuspruch von den Mitgliedern der Versammlung. Sie verstehen im Gegensatz zu deinen Freunden und Verwandten auch, dass du nicht mehr Weihnachten, Ostern und keine Geburtstage mehr feiern möchtest. Eventuell ist deine Familie traurig, dass du dich zu den besonderen Anlässen in Zukunft nicht mehr blicken lässt. Vermutlich wird die Kluft zwischen dir und deiner alten Familie immer größer. Aber dafür fühlst du dich mehr und mehr zu deiner neuen *Familie* hingezogen.

Nachrichten konsumierst du jetzt anders als früher. Politische Großereignisse, Spannungen zwischen Ländern, Kriege, Anschläge und Erdbeben siehst du mit anderen Augen. Hinter jedem Ereignis witterst du die sich erfüllenden Prophezeiungen.

Du nimmst alles subjektiver wahr, wie durch einen Filter: den *Wachtturm-Filter*.

Im *Wachtturm* vom November 2017 war zu lesen:

»Gemäß der Weltbank stieg allein in Afrika die Zahl extrem armer Menschen von 280 Millionen im Jahr 1990 auf 330 Millionen im Jahr 2012.«[12]

Für einen Zeugen Jehovas ist dies ein weiterer Beweis, dass die Welt den Bach runtergeht. Auf Dinge wie diese macht die *WTG* seit über 100 Jahren aufmerksam. Nimmt man allerdings den *Wachtturm-Filter* ab, sieht das Bild ganz anders aus. 1990 lag die Bevölkerung in Afrika bei rund 635 Millionen; im Jahr 2012 bei 1,1 Milliarden. Das entspricht einem Bevölkerungswachstum von 75 Prozent[13]. 1990 lebten 44,1 Prozent aller Einwohner Afrikas in Armut; 2012 nur noch 29,8 Prozent. Während also in Afrika gemessen an der Bevölkerung immer weniger Menschen in Armut leben, präsentiert die *WTG* ihren Mitgliedern durch die Verwendung absoluter Zahlen ein Weltsystem, mit dem es zu Ende geht.

Für dich hat der *Wachtturm* inzwischen mehr Autorität als alle wissenschaftlichen Studien oder Enzyklopädien. Enzyklopädien enthalten Fehler, insbesondere an den Stellen, die nicht den Lehren der Zeugen Jehovas entsprechen – das ließ die *leitende Körperschaft* auf ihrem Internet-Sender verbreiten[14]. Man erklärte, dass die zeitliche Einordnung zum Bau der Pyramiden nicht korrekt sein könne, da gemäß der eigenen Chronologie kurz danach ja die Sintflut stattgefunden habe, und die hätten die Pyramiden und die Sphinx niemals überlebt.

Der *Wachtturm* hat für dich schließlich sogar mehr Autorität als die Bibel selbst. Wenn du eine Stelle in der Bibel anders interpretierst als der *Wachtturm*, dann entscheidest du dich jetzt im Zweifel für den *Wachtturm*.

Zeitungsberichte sind für dich nur so lange glaubwürdig, wie deine Erwartungshaltung bestätigt wird. Wenn über sensationelle Knochenfunde berichtet wird, die 6000 Jahre Menschheitsgeschichte in Frage stellen, oder wenn die Zeugen Jehovas kritisiert werden, dann glaubst du, dass die Redakteure auf *Fakenews* hereingefallen sind.

So langsam hat sich deine Denkweise an die Lehren der Zeugen angepasst. Du funktionierst jetzt so, wie es sein soll. Kritik prallt an dir ab, die *WTG* hat immer recht. So langsam spielst du mit dem Gedanken, dich taufen zu lassen. Immerhin hast du nun schon einige Monate lang deinen Bericht abgegeben, der beweist, dass du ein eifriger *Verkündiger der guten Botschaft* bist. Eventuell wird dich dein Bibellehrer darauf aufmerksam gemacht haben, dass dich vor deiner Taufe Probleme ereilen könnten, denn Satan greift zu dieser Zeit besonders gerne an.

Von jetzt an nimmst du »Stolpersteine« bewusster wahr, und du schreibst diese Probleme den Angriffen des Teufels zu. Deine Verwandten versuchen vielleicht noch energischer, dich von dem *Weg* abzubringen, weil sie merken, dass es nun ernst wird – ein Angriff des Teufels. Dein Arbeitgeber will dir den Freitag für einen Kongress der Zeugen Jehovas nicht freigeben – ein Angriff des Teufels. Ein naher Verwandter erhält eine schlimme Diagnose – ein Angriff des Teufels. Eine unerwartete Rechnung flattert ins Haus, die du schwer begleichen kannst – ein Angriff des Teufels. Sollte übrigens gar nichts eintreffen, dann liegt es daran, dass du infolge deiner Entscheidung von Gott gesegnet bist. Die Zeugen Jehovas haben immer eine Antwort. Bevor du zur Taufe zugelassen wirst, musst du in den Einzelgesprächen, die du mit verschiedenen Ältesten führst, noch 103 Fragen beantworten[15].

Da wäre beispielsweise Frage 19: »*Woher wissen wir, dass wir in der Zeit des Endes leben und dass Gottes Königreich herrscht?*« Der *Wachtturm-Filter* hilft dir, die Frage korrekt zu beantworten: »Kriege, Erdbeben und Lebensmittelknappheit werden weltweit vermehrt auftreten, und unser Predigtwerk erreicht alle Länder und Menschen, genau wie Jesus es voraussagte.«

Dass die Anhänger der Zeugen Jehovas zu mehr als 90 Prozent aus Ländern stammen, die christlich geprägt sind, wird dir wieder einmal nicht bewusst[16].

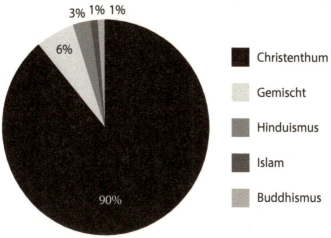

Wie sich Zeugen Jehovas verteilen
Aktivität nach Länder und deren religiöser Prägung

Aber letztendlich ist es dir auch egal. Hauptsache, die Zeugen Jehovas sind so gut wie in jedem Land aktiv – ungeachtet der Kausalität zwischen religiöser Prägung und Missionierungserfolgen.

Frage 27 ist ebenfalls interessant: »*Was solltest du tun, wenn du eine schwerwiegende Sünde begangen hast?*« Deine Antwort: »Ich wende mich vertrauensvoll an die Ältesten, damit sie mich symbolisch mit Öl einreiben.«

Wenn du einen schwerwiegenden »Fehltritt« begehst, sieht die »Ölung« tatsächlich so aus, dass du vor einem Tribunal von drei Männern intimste Details veröffentlichst und im Anschluss wird über deinen Verbleib in der Organisation beraten. Ganz so harmlos, wie du es in deiner Antwort gezwungenermaßen darstellst, geht die Sache also nicht über die Bühne.

Als Antwort auf Frage 79 möchten die Ältesten hören, wem du zukünftig dein uneingeschränktes Vertrauen schenkst: »*Was ist die leitende Körperschaft, und welche Funktion hat sie?*«

Du könntest antworten, »dass Jesus von einem ›treuen und verständigen Sklaven‹ sprach, welcher ›Speise zur rechten Zeit austeilt‹.« Das sei zwar metaphorisch gemeint gewesen, aber die *leitende Körperschaft* sehe darin ihre Legitimation, das Volk Jesu zu führen. Und wenn die *leitende Körperschaft* diese Stelle so interpretiere, dann müsse das auch stimmen, schließlich habe Jesus die *leitende Körperschaft* ja selbst berufen, wie die *leitende Körperschaft* immer wieder betone.

Tatsächlich antwortest du etwas diplomatischer. Du beantwortest alle Fragen mit Bravour. Du wirst zugelassen – auf dem nächsten Kongress wirst du getauft werden!

Du bist so aufgeregt. Endlich ist der große Tag gekommen. Du wirst ihn später als den glücklichsten Tag deines Lebens beschreiben. Niemand aus deiner Versammlung, ausgenommen deines Bibellehrers und den Ältesten, hat von deinen Absichten erfahren. Sie werden alle so erstaunt sein, wenn du auf dem Kongress in der ersten Reihe Platz nimmst.

Und schon ist es so weit. Du wirst aufgefordert, mit den anderen Täuflingen aufzustehen. Dir werden zwei Fragen gestellt, und insbesondere die zweite sollte dir aufzeigen, worauf du dich einlässt:

»Ist dir bewusst, dass deine Hingabe und Taufe dich als Zeugen Jehovas kennzeichnen und du zu der Organisation gehörst, die von Gottes Geist geleitet wird?«

Du beantwortest die Frage laut und deutlich mit »Ja«. Alle klatschen. Nach einem Lied und Gebet wirst du in die Umkleide geführt. Danach geht es zum Taufbecken. Deine neuen Freunde, deine Versammlung und viele andere Besucher sind bei dir. Nur deine Familie und deine alten Freunde werden höchstwahrscheinlich diesen besonderen Tag nicht mit dir teilen. Ein »erfahrener Bruder« wird dich bitten, mit der einen Hand deine Nase zuzuhalten und mit der anderen deinen Arm festzuhalten. Dann stützt er dich mit seiner Hand am Rücken und lässt dich rückwärts schwungvoll ins Wasser gleiten. Sobald er dich wieder hochhebt, ist es geschehen: Du bist ein Zeuge Jehovas – alle klatschen.

Ab jetzt wirst du in der Versammlung mit *Bruder* oder *Schwester* aufgerufen. Obwohl du so lange darauf hingearbeitet hast, wird es mit der Zeit zur Gewohnheit werden. Das Interesse an deiner Person nimmt langsam ab. Du wirst zu einem Zahnrad im System. Um wahrgenommen zu werden, musst du dich regelmäßig in der Versammlung beteiligen, eigene Programmpunkte ausarbeiten und diese auf der Bühne vortragen. Jeden Monat erwartet man von dir, dass du deinen Bericht abgibst. Gehst du einen Monat nicht in den Predigtdienst, zählst du als *Untätiger* und wirst in den Mitgliederzahlen nicht mehr aufgeführt[17].

Du merkst, dass du die Aufmerksamkeit, die du am Anfang erhalten hast, nur wiedererlangen kannst, wenn du besondere Ämter anstrebst. Diese Ämter sind jedoch den Männern vorbehalten. Doch auch Frauen können Aufmerksamkeit erhaschen, wenn sie den *Hilfspionierdienst* oder *Pionierdienst* durchführen. Beide Titel sind nur über eine gewisse Anzahl von Stunden im Predigtdienst zu erreichen. Wenn du dich dazu verpflichtest, wird dein Name in der Versammlung vor allen bekannt gegeben. Jeder ist stolz auf dich, alle klatschen. Da ist es wieder, dieses erhabene Gefühl.

Doch es verfliegt immer wieder, nach immer kürzerer Zeit. Im *Wachtturm* wird dir immer wieder die Frage gestellt, ob du noch mehr tun könntest. Kannst du ins Ausland ziehen, um dort zu Predigen? Kannst du bei Bauvorhaben mitmachen? Kannst du mehr Spenden? Mehr, mehr, mehr!

Als Morpheus Neo die Matrix erklärte, sagte er: »Was ist die Matrix? Kontrolle! Die Matrix ist eine computergenerierte Traumwelt, die geschaffen wurde, um uns unter Kontrolle zu halten. Für sie sind wir nicht viel mehr als das!«

Und er zeigte dabei auf eine Batterie.

*»Sagen Sie nichts gegen Masturbation.
Es ist Sex mit jemandem, den man wirklich mag.«*

Der Stadtneurotiker (1977)

VON GUTEN UND SCHLECHTEN ZEITEN

Meine Mutter war jetzt eine aufgeladene Batterie für die *Wachtturm-Gesellschaft*. Sie spendete ihre Zeit, ihre Energie und natürlich ihr Geld. Ganz stolz zeigte sie mir einmal einen Tausendmarkschein. So etwas hatte ich noch nie zuvor gesehen – und bis zur Einführung des Euros sah ich den großen Schein auch kein zweites Mal.

Der Tausender wurde direkt dem Sekretär der Versammlung übergeben. Damit hat meine Mutter uns, denke ich, eine Menge Segen erkauft. Wir hätten natürlich auch einen wunderbaren Urlaub verbringen oder mein Kinderzimmer bis zur Decke mit Spielzeug füllen können. Aber der Zeuge Jehovas sorgt sich lieber um das Konto im Himmel und darum, dass er im Paradies mit Pandas spielen darf, als dass er sein Geld in zeitraubende und vom Glauben ablenkende Dinge investiert.

Mit dem Geld erwirbt die *WTG* heute Grundstücke und finanziert den Bau von Immobilien für die regionalen Versammlungen. Damals konnten Gemeinden mit Zustimmung der *WTG* auch selbst Immobilien erwerben – wie zum Beispiel die Villa unserer Gemeinde in Berlin-Steglitz, nahe dem Bahnhof Lichterfelde-Ost, die aufwendig von freiwilligen Helfern restauriert wurde. Für ein solches Vorhaben konnte eine Versammlung ein Darlehen als Finanzierungshilfe bei der *WTG* beantragen. Darlehen vergab die *WTG* über einen sogenannten *Königreichssaalfonds*, welcher unter anderem durch die Spenden der Mitglieder getragen wurde. Die Darlehen wurden von der Versammlung – ebenfalls über Spenden – monatlich zurückgezahlt. Das Gebäude galt dann als Eigentum der Versammlung, genauer gesagt des eingetragenen Vereins.

Zumindest funktionierte es so, bis die Zeugen Jehovas 2006 in Deutschland als Körperschaft des öffentlichen Rechts anerkannt wurden. Die Immobilien sowie sonstige Vermögenswerte der Vereine wurden ab diesem Zeitpunkt der Körperschaft übertragen[1]. Die Rückzahlungen der Darlehen liefen allerdings weiter – bis 2014. Und im März 2014 erhielten alle Versammlungen einen Brief, in dem die *WTG* um Spenden für die weltweiten Baumaßnahmen bat[2]. Jeder aus unserer Versammlung wurde gebeten, anonym auf einen Zettel zu notieren, wie viel er monatlich aufbringen wollte. Der Brief enthielt noch einen Anhang, den der gemeine Zeuge aber nicht zu lesen bekam. Er wurde nur den Ältesten vorgelesen, worauf im Brief auch explizit hingewiesen wurde. Der Anhang besagte, dass die Rückzahlungen für die Darlehen entfallen würden und überprüft werden solle, ob Rücklagen der Versammlung für die Bauprojekte der *WTG* zur Verfügung gestellt werden könnten. Den Ältesten wurde zusätzlich empfohlen, dass die Versammlung für den neu eingerichteten, weltweiten Baufonds einen festen monatlichen Betrag spenden solle, der der Höhe des bisher monatlich zurückgezahlten Beitrags des Darlehens entspräche. Versammlungen, deren Darlehen bereits vollständig getilgt worden waren, empfahl man einen monatlichen Betrag zu spenden, der über eine Umfrage ermittelt werden sollte.

Zusammenfassend kann man sagen, dass die Darlehen mithilfe von Spenden vergeben werden konnten, die wiederum durch Spenden getilgt wurden, um Eigentum zu erwerben, welches durch die Anerkennung als Körperschaft des öffentlichen Rechts später an die *WTG* übertragen wurde. 78 dieser Gebäude wurden seit 2011 in Deutschland wieder verkauft (Stand November 2016). Das Geld sahen die ehemaligen Vereine niemals wieder.

Mich interessierte das damals alles nicht. Wir hatten einen schönen, sauberen Saal, den wir freiwillig instandhielten. Alle sechs Wochen wurde unsere Versammlung für das Reinigen des Gebäudes eingeteilt. Das Putzen hat Spaß gemacht – man hatte eine Ausrede, um samstags nicht in den Predigtdienst zu gehen. Stattdessen schrubbte man mit Freunden die Fensterbänke oder rückte für das *Wischmop-Komitee* die Stuhlreihen beiseite.

Auch wenn mir der Predigtdienst nicht sonderlich Spaß bereitete, stieg ich mit der Zeit zum *ungetauften Verkündiger* auf. Von da an ging ich nicht mehr nur mit meiner Mutter oder meinem *geistigen Vater* in den Predigtdienst, sondern mir stand zusätzlich die gesamte Versammlung zur Verfügung.

Der Samstagvormittag war meist für den morgendlichen Treffpunkt reserviert, um sich dort für den Predigtdienst einteilen zu lassen. In der Regel ging ich zwei Stunden mit einem Mitglied unserer Gemeinde von Tür zu Tür, um den Menschen den *Wachtturm* und *Erwachet!* aufzuschwatzen. Auch wenn wir den Erfolg offiziell nicht von Abgaben abhängig machten, war ich völlig aus dem Häuschen, wenn tatsächlich jemand meine Magazine abnahm – selbst wenn es nur aus Mitleid geschah. Teilweise wurde es, besonders wenn ich mit Gleichaltrigen unterwegs war, zu einem Wettkampf, wer in zwei Stunden die meisten Zeitschriften abgab. Das waren die Tage, an denen mir der Predigtdienst sogar echte Freude bereitete. Am Ende des Monats konnte ich dann voller Stolz einem Ältesten meinen Bericht in die Hand drücken.

Es gab aber auch Tage, da ging gar nichts. Und diese Tage waren leider eher die Regel. Die zwei Stunden konnten sich arg hinziehen, insbesondere wenn ich mit jemanden zum Predigen eingeteilt wurde, der nicht so gut mit Kindern konnte. Da hieß es dann stur die Klingel betätigen, und jedes Mal hoffte ich, dass hinter der Tür niemand aufmachte. Oftmals klingelte ich so zaghaft, dass es zu keinem Kontakt mit der Klingel kam und ich dann vorgaukeln konnte, der Wohnungsinhaber habe wahrscheinlich seine Klingel abgestellt. Wenn es schlecht lief, hielt das meinen Partner leider nicht davon ab, mit der Faust fast die Tür einzuschlagen. Unangenehm waren mir unsere Besuche auch dann, wenn vor dem Klingeln hörbar gestritten wurde oder ein Hund nach dem Klingeln bedrohlich zu Bellen begann. Grundsätzlich waren die Wohnungsinhaber aber friedlich. Die Wenigsten wurden aggressiv oder verwiesen uns lauthals des Hauses.

Dass der Predigtdienst von Jehova gesegnet sei, begründete man damit, dass man dabei ein enormes Glücksgefühl verspüre. Das Gefühl vernahm ich tatsächlich – vor allem wenn es vorbei war. Außerdem hatte ich wieder ein paar Stunden gesammelt, wodurch mein Bericht besser aussah, was gleichzeitig mein Gewissen beruhigte, denn der Predigtdienst, so lernte ich, diente nicht nur der Rettung der Menschen, sondern entlastete mich auch von der Blutschuld, die ich mir aufgeladen hätte, wenn ich andere nicht vor dem nahenden Ende warnte.

Auch wenn ich mehrere Stunden im Monat – vielleicht zehn – im Predigtdienst verbrachte, so entsprach dies nicht der effektiven Zeit. Ich lernte von erfahrenen Verkündigern, wie man mogelte und die Zeiten zwischen dem Klingeln in die Länge zog. Beispielsweise sprach man, direkt nachdem man sich am *Königreichssaal* getroffen hatte, die erste Person an. Von da an lief die Zeit. Dann fuhr man teilweise eine halbe Stunde oder länger ins Zielgebiet. Zwischen den Türen unterhielt man sich oft angeregt auf dem Treppenabsatz über die Samstagsspiele der Bundesliga. Mit etwas Glück, fiel dem Partner ein, dass er noch einen Rückbesuch am anderen Ende des Bezirks machen musste, und immer lief die Zeit weiter. Wenn wir drei Stunden oder länger in den Predigtdienst gingen, machten wir die eine oder andere Kaffeepause und zählten diese munter mit. Die richtigen Leute für derartige Mogeleien lernte man mit der Zeit kennen und sammelte so eine Kartei an entspannten Predigtdienstpartnern. Mit diesen konnte man sich schon in der Woche im Voraus verabreden, sodass man der willkürlichen Einteilung beim Treffpunkt zuvorkam. Wenn es richtig gut lief, dann gab es Partner, die mit einem nach Hause fuhren und einem das neueste Computerspiel vorführten. Mit der Zeit legten sich auch meine Gewissensbisse, sodass es schließlich für mich dazugehörte, hier und da nach Gelegenheiten zu suchen, um der Kaltakquise zu entkommen.

In meiner Versammlung gab es recht viele junge Menschen. Zwar wenige, die in meinem Alter waren, dafür wurden eine Menge Aktivitäten angeboten, die für alle Altersgruppen in Frage kamen. Das ist nicht die Regel, sondern eher davon abhängig, ob sich jemand dafür einsetzt, die gesamte Jungmannschaft zusammenzuhalten – was bei uns immer der Fall war.

Wir veranstalteten zweimal im Jahr ein Versammlungsfest – einmal im Sommer und einmal im Winter. Im Sommer unternahmen wir oft ein großes Picknick, spielten Fußball und sangen Lieder. Für die Kinder wurde ein Bibelquiz veranstaltet, bei dem einfache Fragen im Tausch für eine Tüte Süßigkeiten beantwortet werden konnten. Meist waren es Fragen aus meinem Kinderbuch, das ich mehr als nur einmal durchgelesen hatte, weshalb ich schon als kleiner Junge mit meinem Bibelwissen glänzen konnte. Im Winter haben wir als Kinder und Jugendliche gemeinsam ein biblisches Theaterstück einstudiert, welches dann auf dem Versammlungsfest vor allen aufgeführt wurde. Ältere *Schwestern* nähten uns sehr aufwendige Kostüme, die uns in König David, Goliath oder Moses verwandelten. Auf meine erste Teilnahme bei einem solchen Drama freute ich mich riesig! Allein das gemeinsame Proben machte mir unheimlichen Spaß. Wir alberten sehr viel herum, und es gab trotz der Altersunterschiede einen wirklich tollen Zusammenhalt.

Leider durfte ich bei meiner ersten Aufführung noch nicht selbst teilnehmen. Bei einer der Proben, die meist ohne Eltern stattfanden, hatte ich einen ziemlich frechen Kommentar über meine Mutter abgelassen, der mir später nicht nur den Hausschuh meiner Mutter auf meinen blanken Hintern einbrachte, sondern auch das Verbot der weiteren Teilnahme an den Proben sowie an der Aufführung. Irgendwer hatte da gepetzt! Aber sonst hielten wir echt gut zusammen.

Als Versammlung unternahmen wir Fahrradtouren, fuhren an den See und verreisten einmal sogar gemeinsam zur Zentrale der Zeugen Jehovas nach Selters/Taunus. Wir mieteten einen Reisebus und fuhren acht Stunden zur *WTG*, um uns dort die Herstellung der *Wachttürme* anzusehen. Die Nebenaktivitäten auf dieser Reise verdrängten allerdings die langweilige Besichtigung. Wir unternahmen eine Dampferfahrt auf der Lahn oder spielten mit den Erwachsenen auf dem Gelände unserer Unterkunft Fußball.

Fußball war ohnehin mein Ding. Ein Verein wäre zwar nicht drin gewesen, weil die *WTG* den Vereinssport als Gefahr und Zelle der Unmoral betrachtete[3], aber dafür hatte ich ja meine Klassenkameraden, mit denen ich oft nach der Schule kickte.

Noch mehr Fußball trat in mein Leben, als meine Mutter ihren zukünftigen Ehemann kennenlernte, natürlich auch ein Zeuge Jehovas. Er hatte genau wie sie erst als Erwachsener in die Gemeinschaft gefunden und hat sich im selben Jahr taufen lassen. Sie hatten sich auf einem Kongress der Zeugen Jehovas erstmals gesehen. Kongresse waren so etwas wie Verkupplungszentren. Während man in den Versammlungen jede Woche nur die gleichen Gesichter zu sehen bekam, tauchten auf Kongressen teilweise mehrere tausend Zeugen aus ganz Berlin und der Umgebung auf. Da war die Auswahl dann deutlich größer. Allerdings hatte man nur drei Tage Zeit, um den Traumprinzen oder die Frau fürs Leben zu finden – was meiner Mutter eben gelang.

Ihr »Traumprinz« wurde sich seines Glückes jedoch erst später bewusst. Nach einigen Monaten des Umwerbens wartete eines Tages eine Nachricht von ihm auf unserem Anrufbeantworter. Er fragte, ob wir nicht gemeinsam das Dschungelbuch in der Waldbühne ansehen wollen. Meine Mutter war so happy, dass er endlich anbiss, und für mich sprang auch etwas dabei raus.

Und mit dem Besuch des Dschungelbuches waren die Überzeugungsversuche, den Sohn auf seine Seite zu ziehen, noch längst nicht vorbei. Er nahm mich regelmäßig mit zum gemeinsamen Zeugen-Fußball.

So eine Zeugen-Gemeinschaft hat auch gute Seiten, man bekommt zum Beispiel recht einfach ein Fußballfeld voll. Vor allem spielten Jung und Alt zusammen – echte Spitzenspieler, die voll im Saft stehen, Ältere, die sich kurz vor der Rente befinden, und Halbstarke wie mich, die, wenn sie mal den Ball bekommen, diesen hektisch wieder loszuwerden versuchen – entweder in Richtung des nächstgelegenen Tores oder zu einem Mitspieler.

Ich erinnere mich, wie ich das erste Mal ein Tor schoss. Kein Wir-lassen-ihn-mal-durchlaufen-und-der-Torwart-nimmt-die-Hände-weg-Tor, sondern ein richtig herausgespieltes, für den Torwart unmöglich zu halten, ins obere Eck platziert! Mein zukünftiger Stiefvater kam angerannt, nahm mich hoch und hielt mich gefühlte Minuten in die Luft. Von da an war mir klar, er ist es! Mein *geistiger Vater* hatte abgedankt! Zudem fuhr mein neuer Vater ebenfalls einen Mercedes, zwar einen alten, aber das Detail konnte ich vor meinen Freunden vernachlässigen.

Er setzte noch einen drauf und nahm mich mit zu meinem ersten Fußballspiel ins Berliner Olympiastadion: Hertha gegen Mainz. Beide spielten in der zweiten Bundesliga – es waren nur 3000 Besucher anwesend, und Mainz war mit lediglich fünf Fans vertreten. Hertha gewann mit 2:0. Besser hätte es für den Elfjährigen, der ich damals war, nicht kommen können. Ich war bereit für die Ehe!

1996 heiratete meine Mutter ihren Traumprinzen. Neben meinem Vater sowie meinem *geistigen Vater*, hatte ich nun auch einen Stiefvater. Meine Mutter und ich zogen von Berlin-Lankwitz in den Ortsteil Lichterfelde, zu ihm in seine Zweizimmerwohnung. Mein Kinderzimmer und späteres Jugendzimmer war zum Teil das Ankleidezimmer meiner Eltern sowie das Büro meines Stiefvaters. Meine Privatsphäre war also von den Büro- und Umkleidezeiten meiner Eltern abhängig.

Wir wechselten in die Versammlung meines Stiefvaters, was bedeutete, dass wir zwar noch in dasselbe Gebäude gingen, aber zu anderen Zeiten. Durch den Wechsel verschob sich auch mein Freundeskreis. So wirklich hatte ich in meiner ursprünglichen Versammlung allerdings nie Freunde gefunden. In der neuen Gruppe hingegen gab es einige Jungs, die in meinem Alter waren, und es entwickelten sich recht enge Freundschaften. Wir saßen oft stundenlang vor dem PC, der Playstation, unternahmen Klingelstreiche (wir fanden es anscheinend klasse, an fremdem Türen zu klingeln und mal nicht über Gott reden zu müssen), steckten irgendetwas in Brand oder spielten »Indiana Jones und der letzte Kreuzzug« auf dem nahe gelegenen Spielplatz.

Oft übernachtete ich auch bei dem einen oder anderen Freund, wodurch ich Unterschiede in den Familien beobachten konnte, die das Ausleben des Glaubens betrafen. Was alle gemeinsam hatten, war die morgendliche Betrachtung des Tagestextes – eine Art Kalender-Broschüre, in der es für jeden Tag einen Bibeltext samt dazugehöriger Erklärung aus dem *Wachtturm* gab. Der Tagestext erinnerte mich an die Glückskekse im Chinarestaurant oder an ein Horoskop. Ich war gespannt, inwieweit der Spruch des Tages mit dem weiteren Verlauf desselben übereinstimmte und mich vielleicht vor einer »Verfehlung« bewahren würde. Es war ratsam, den Tagestext schon morgens gelesen zu haben, insbesondere wenn man mit einem übereifrigen Zeugen zusammenstieß. Denn da kam mit an Sicherheit grenzender Wahrscheinlichkeit die Frage: »Der Tagestext war heute besonders interessant, oder?«

Jedenfalls gab es Familien, die aus der morgendlichen Betrachtung eine regelrechte Zeremonie machten. Vor dem Frühstück ließ das *Haupt der Familie* erst den Spruch, dann den *Wachtturm*-Artikel vorlesen, und im Anschluss wurde der Text in seine Einzelteile zerlegt und auf jedes Familienmitglied anzuwenden versucht.

Ich wollte eigentlich nur frühstücken. Wenn es schlecht lief, war Sonntag. Dann musste zusätzlich zum Tagestext auch der *Wachtturm* vorbereitet werden, der später in der Versammlung mit dem Publikum besprochen würde. Und umso größer die Familie, desto länger dauerte die Prozedur – teilweise zwei Stunden. War das geschafft, war es bald an der Zeit, sich Hemd und Krawatte anzulegen.

Das Familienstudium ist langweilig, egal, wie sehr sich die Eltern Mühe geben, es spannend zu gestalten. Als Kind wollte ich lieber draußen spielen oder den letzten Spielstand von »Anno« fortführen. Bei uns zu Hause wurde der Tagestext nur vorgelesen, mehr nicht. Maximal drei Minuten – so geht's doch auch.

Das große Familienstudium fand bei uns eher sporadisch statt. Manchmal waren meine Eltern gründlich, wahrscheinlich weil es während einer Zusammenkunft ermahnende Worte gegeben hatte. Aber meist verlief sich diese Gewissenhaftigkeit bald wieder im Sande. Hin und wieder brachen wir mitten in den Vorbereitungen die Lektüre des *Wachtturms* ab, weil ich nicht so recht Lust hatte und das meine Eltern auch spüren ließ. Mein Stiefvater fand, was meine *geistigen Bedürfnisse* betraf, ohnehin nicht so recht in die Rolle des vorbildlichen Zeugen-Vaters hinein.

Geistige Bedürfnisse – eines der vielen Wörter, die unter Zeugen Jehovas gang und gäbe sind und mit denen Außenstehende nur wenig anfangen können, da sie etwas anderes bezeichnen, als umgangssprachlich sonst üblich. Meine *geistigen Bedürfnisse* sollten in der Versammlung und beim Familienbibelstudium befriedigt werden. Die *WTG* empfahl den Eltern – und gegen Ende meiner Laufbahn als Zeuge wurde darauf im noch stärkeren Maße hingewiesen als zu Beginn – jede Woche mit den eigenen Kindern die Publikationen der Zeugen Jehovas zu studieren. Lange Zeit wurde dies von meinem *geistigen Vater* übernommen, jedoch warf es auf die Familie kein gutes Licht, wenn der Familienvater diese »Verantwortung« abgab. Hinzu kam, dass mein *geistiger Vater,* als wäre es ein Zeichen, die Zeugen

Jehovas verließ und zu den *Abtrünnigen* überlief, also ein Gegner der *Wahrheit* wurde. Das war das erste Mal, dass ich bewusst wahrnahm, dass es Menschen gab, die nicht nur die Organisation verließen, sondern auch die Lehren der Zeugen in Frage stellten und schlecht über die Organisation Gottes sprachen. *Abtrünnige*, so wurde mir erklärt, wurden von Satan geleitet und auf den großen Kongressen sogar als seine Küchenhelfer bezeichnet[4].

Da immer wieder vor ihm gewarnt wurde, entwickelte sich der *Abtrünnige* für mich zur übelsten Kreatur auf Erden, die mit Satan oder den Dämonen auf einer Stufe stand, im Gegensatz zu ihnen aber sichtbar war. Einmal traf ich meinen *geistigen Vater* beim Einkaufen wieder. Jahrelang hatten wir ein gutes Verhältnis gehabt, aber in diesem Moment überkam mich die Sorge, dass er mich ansprechen und »infizieren« könnte. Ich war froh, als er in sein Auto stieg und ich einer Konfrontation mit dem »Satan« entkommen konnte.

Mein Stiefvater jedenfalls war kein wirklicher Ersatz für meinen *geistigen Vater*. Daher übernahm oft meine Mutter das Studium mit mir. Besonders kritisch wurde es für mich, als wir irgendwann das Buch »Fragen junger Leute – praktische Antworten« durchblätterten. Die Kapitel 24 bis 32 widmeten sich dem Thema »Liebe, Sex und Moral«. Wir sprachen nicht oft über solche Themen – Sex kam für einen Zeugen Jehovas ohnehin erst nach der Hochzeit in Frage. Aufgeklärt worden war ich dennoch, größtenteils durch meine Klassenkameraden. Meinen ersten Kuss erlebte ich bereits in der Grundschule. Ich hatte zu dieser Zeit einen enormen Verschleiß, was Freundinnen betraf. Teilweise schaffte ich es sogar, mehrere Partnerinnen parallel zu halten. Meinen Eltern erzählte ich davon nichts, denn ich hatte gelernt, dass man eine Beziehung nur mit Heiratsabsichten eingehen sollte und selbst dann nur mit einer Zeugin Jehovas.

Da ich mit zwölf Jahren gerade meinen Körper und die Sexualität für mich entdeckte, war es absehbar, dass ein einstündiges Studium zum

Thema Sex und Masturbation mit meiner Mutter nicht angenehm sein würde. Und so gelangten wir zu dem Kapitel: »Selbstbefriedigung: Wie kann ich damit aufhören?«

Nach einer quälenden Einleitung, bei der sie mir erklärte, wie wichtig es sei, sich mit dem Thema auseinanderzusetzen, ging sie über zum Stoff der *WTG*. Das Kapitel wurde mit der Erfahrung von Luiz eingeleitet:

> »Ich war acht, als ich mich zum ersten Mal selbst befriedigte. Später habe ich dann erfahren, wie Gott darüber denkt. Immer wenn ich dem Drang nachgegeben hatte, fühlte ich mich schrecklich. ›Wie kann Gott jemanden wie mich lieben?‹, fragte ich mich«[5]

»Wow, mit acht Jahren!«, dachte ich und erfuhr, dass ich mich »beherrschen [müsse], statt Selbstbefriedigung als Ventil für sexuelles Verlangen zu benutzen. [...] Viele denken sich nichts dabei und sagen: ›Das schadet doch keinem.‹ Tatsächlich spricht aber allerhand dagegen.« Ich erhielt den Tipp, zu beten »bevor das Verlangen übermächtig wird.«

Es half nichts. Die Pubertät, die anscheinend Gott gegeben war, führte nun erst recht dazu, dass ich mich bei der *Reise nach Jerusalem* unentwegt am Bereich ohne Stuhl bewegte. Ich war sicher, dass ich Harmagedon nicht überleben würde. Das Buch der *WTG* wies darauf hin, dass Selbstbefriedigung oft Schuldgefühle auslöse, und tatsächlich passierte genau das, was schade war, da ich vorher, bevor ich wusste, das Gott mir dabei zusah, eher Glücksgefühle empfunden hatte. Das schlechte Gewissen war erst aufgekommen, als man mich auf meine »Verfehlung« aufmerksam machte. Von da an war es ein Kampf!

Ich dachte, ich wäre einer der Wenigen, die mit diesem Problem zu tun hätten. Ich fragte mich, wie kamen die anderen zurecht? Hatte ich ein Problem, mich wegen meines Verlangen zu beherrschen? War ich ein sexbesessenes Monster?

Beten half nichts. Allmählich entwickelte sich bei mir ein Ritual: Zuerst betete ich, dass ich stark bliebe, dann betete ich um Vergebung. Das Gute daran war, dass sich mein Gebetsleben enorm verbesserte. Ich betete nun regelmäßig.

In den 1970er-Jahren schrieb die *WTG* zwar, dass Selbstbefriedigung zu Homosexualität führen könne[6], doch den Höhepunkt an Peinlichkeiten erreichte die Organisation durch zwei Videos, welche im Frühjahr 2018 von Lloyd Evans, einem aus Großbritannien stammenden Aktivist, veröffentlicht wurden. In diesen zwei Videos, die von Helfern der *leitenden Körperschaft* präsentiert wurden, richtete sich die Organisation an ihre Mitarbeiter, die in der Zentrale der *WTG* tätig sind[7]. Im ersten Video wurde eine lange Liste von verschiedenen Szenarien vorgestellt und in einer Art Frage-und-Antwort-Spiel erörtert, ob es sich hierbei um Masturbation handele oder nicht.

Es wurde zum Beispiel gefragt:

»Muss eine Person ihre Hände benutzen, um zu masturbieren? Nehmen wir an, dass ein Bruder eine Unterhose trägt, die so eng anliegt, dass sein Penis sich daran reibt, während er sich bewegt. Er wird erregt und ejakuliert sogar. Masturbiert er?«

Irgendwelche Vermutungen? Nun, die Antwort lautete:

»Ja, tut wer, weil er bewusst seine Genitalien stimuliert, auch wenn er seine Hände nicht benutzt.«

Und ein anderes Beispiel:»Muss es einen Orgasmus geben, damit es als Masturbation betrachtet werden kann? Angenommen, ein Bruder fängt an, seine Genitalien an einem Kissen zu reiben. Er bekommt eine Erektion, hört aber auf, bevor er einen Orgasmus bekommt. Masturbiert er?«

Mir fällt es schwer, diese Dinge ernsthaft zu kommentieren, so absurd ist der Gedanke, dass sich erwachsene Männer zusammengesetzt haben könnten, um das Drehbuch zu diesen Videos zu schreiben.

Womöglich könnte es so abgelaufen sein:

Bruder 1: »Wir können nicht einfach im Video sagen, dass Selbstbefriedigung verkehrt ist. Die Erfahrungen der Mitarbeiter haben gezeigt, dass sich viele der Brüder in Grauzonen bewegen und unsicher sind, ab wann es sich um Masturbation handelt. Wir müssen spezifischer werden!«

Bruder 2: »Du hast die Brüder erwähnt. Wir sollten auch die Schwestern miteinbeziehen.«

Bruder 1: »Schwestern machen so etwas nicht. Das ist reine Männersache.«

Bruder 3: »Okay, wie gehen wir vor?«

Bruder 1: »Wir müssen Beispiele nennen. Ich habe im Archiv nachgeschaut und eine Excel-Tabelle erstellt. Schaut mal, ich habe thematisch nach den meisten Meldungen sortiert.«

Bruder 3: »Kissen und zu enge Unterhosen. Interessant!«

Bruder 1, 2 und 3: »...«

Bruder 2: »Aber darüber können wir Gary doch nicht sprechen lassen! Der lacht sich vor laufender Kamera kaputt.«

Bruder 1: »Wir können das Video schneiden. Die Outtakes heben wir uns auf, falls er uns mal was anhängen will.«

Bruder 3: »Ein Bekannter von mir ist mal mit einem Kissen zwischen den Beinen eingeschlafen und hatte einen Samenerguss in der Nacht. Ist das auch schon Masturbation?«

Bruder 1: »Ein Bekannter von dir?«

Bruder 3: »Äh ...«

Bruder 2: »Gute Frage jedenfalls!«

Bruder 1: »Na ja, nicht unbedingt. Aber wir sollten die Brüder ermuntern, vor dem Einschlafen darauf zu achten, in welcher Position sie liegen. Dadurch können sie im Voraus das Schlimmste vermeiden.«

Bruder 3: »Ok, das klingt gut. So machen wir es: Kissen, Unterhosen und unreine Schlafpositionen.«

Ältere Männer, so muss man die Akteure der Videos bezeichnen, greifen in die intimste Privatsphäre ihrer Anhänger ein – sogar vor dem Ehebett machten sie nicht halt. In den 1970er-Jahren wurde der Oralverkehr, auch innerhalb der Ehe, als perverse Handlung beschrieben, die den Gemeinschaftsentzug nach sich ziehen konnte[8]. Raymond Franz, ein ehemaliges Mitglied der *leitenden Körperschaft*, der sich 1981 von der Organisation trennte, berichtete in seinem Buch »Der Gewissenskonflikt« darüber, dass die Weltzentrale in Brooklyn häufig Zuschriften von Versammlungen erhielt, weil unter den Anhängern Unsicherheit herrschte, ob sich ihr Sexualverhalten mit den Grundsätzen Jehovas vereinbaren lasse[9]. Franz berichtet davon, dass Männer ihre Ämter verloren, weil sie den falschen Sexualpraktiken nachgingen. Ein Ehemann bat laut Franz flehentlich darum, dass man ihm ein »Schlupfloch« lasse, da er unter Impotenz leide und seine Frau nur noch oral beglücken könne.

»Zwar wisse er, dass er noch immer derselbe Mensch sei, doch seelisch gehe er vor die Hunde, da er ernsten Schaden für seine Ehe befürchtete.«[10]

Die Organisation blieb, so machen es die internen Briefe deutlich, weiterhin hart. Einige Jahre später zog sich die *leitende Körperschaft* aus dem Intimleben ihrer Anhänger zurück, zumindest in dieser einen Sache. Die neueren Videos, die neben der Selbstbefriedigung erklären, dass es eine grobe Missachtung der Gesetze Jehovas sei, wenn sich zwei Männer voreinander selbst befriedigten, oder dass ein Mann in zu engen Hosen kaum noch von einem Homosexuellen zu unterscheiden sei, machen dennoch deutlich, dass sich die *WTG* überdurchschnittlich häufig mit dem Sexleben ihrer Anhänger beschäftigt – obwohl die Bibel kein einziges Wort über Oralverkehr oder Selbstbefriedigung verliert.

Auch ich durfte mir in den Versammlungen bereits als Kind anhören, dass Anal- und Oralverkehr sowie Petting außerhalb der Ehe eine grobe Sünde darstellen und Masturbation das ichbezogene Denken fördere. Während ich mich mit roten Ohren und peinlich berührt auf meinen Stuhl presste, hatte ich das deutliche Gefühl, die ganze Versammlung starre mich an und denkt sich: »Der kleine Oli wird ganz rot, der hat sicher ein Problem mit diesen Dingen.«

In den Versammlungen bezog ich oft die Ansprachen auf mich. Je weiter ich heranwuchs und zum Teenager wurde, desto mehr traf meine Neugier mit den von der Organisation als sündhaft dargestellten Handlungen zusammen. Das Paradies rückte für mich mehr und mehr in weite Ferne.

Unser anfängliches Familienglück wurde durch den Alltag allmählich entzaubert. Das Verhältnis zu meinem Stiefvater wurde mit der Zeit immer instabiler. Wenn es zwischen uns knallte, warf ich ihm zwar nie vor, er sei nicht mein richtiger Vater, dennoch stellte sich kein richtiges Vater-Kind-Verhältnis ein. Dafür war ich mit meinen inzwischen zwölf Jahren wohl zu alt.

Oft lagen wir uns in den Haaren, zum Leidwesen meiner Mutter. Sie hatte sich das vermutlich anders vorgestellt und versuchte zu vermitteln. Mein Stiefvater hatte, wie er mir gegenüber häufig zum Ausdruck brachte, ein dünnes Nervenkostüm, dass ich regelmäßig beanspruchte. Ich war nicht der Typ, der sich zurücknahm oder klein beigab, wenn ich meinte, ungerecht behandelt worden zu sein. Ich ging meist auf Konfrontation. Das letzte Wort war grundsätzlich für mich reserviert.

Besondere Probleme bereiteten mir seine peniblen Regeln, mit denen ich einfach nicht klarkam. Er kontrollierte meinen Waschlappen, ob der auch bis auf den letzten Tropfen ausgewrungen war. Nach dem Duschen prüfte er, ob ich im Nachgang auch jeden Wassertropfen mit dem Abzieher entfernt hatte. Ließ ich irgendwo Licht brennen, durfte ich mir anhören, wieviel Geld ich verschwende. Die Lichtschalter mussten beim

An- und Ausschalten exakt getroffen werden. Meist betätigte ich diese blind, wodurch meine Hände Teile der Tapete berührten. Das war ebenfalls verboten, denn dadurch entstanden Flecken.

Hätte ich mich angepasst, wäre es vermutlich harmonischer zugegangen. Dennoch wäre es wünschenswert gewesen, wenn *er* den Erwachsenen gespielt hätte – stattdessen pöbelten wir uns an wie Kinder, und er entschied die Duelle allein aufgrund der Machtverhältnisse und körperlichen Proportionen für sich. Ich hätte ihm sicher mehr Respekt entgegengebracht, wenn er sich gelegentlich zurückgenommen hätte.

Heute betrachte ich unser Verhältnis etwas differenzierter. Mein Stiefvater ist in die Vaterrolle ohne vorherige Erfahrungen hineingeschubst worden, während ich bereits ein halbstarker, wild gewordener Teenager war, der sich auf Erkundungstour befand.

Mein Hintern, der Teppich

Als ich klein war, hatte mein Vater mir vor dem Einschlafen häufig die Märchen der Brüder Grimm vorgelesen. Meine Lieblingsgeschichte war »Tischlein deck dich«. Der jüngste der drei Söhne des Schneiders hatte einen Sack mit einem Knüppel geschenkt bekommen, der jedem, der ihm übel gesinnt war, beim Ruf »Knüppel aus dem Sack!« sofort das Fürchten lehrte. Der Knüppel tanzte gegen Ende der Geschichte auf dem Hintern des bösen Wirts, bis dieser das Weite suchte.

Mein Vater und ich schnitzten uns im Wald mal so einen Knüppel. Den Griff bearbeitete er aufwendig zu einem Gesicht, und mit dem Messer trug er rundherum die Rinde ab, was den Knüppel nur noch härter aussehen ließ, fast wie geschmiedetes Eisen. Zu meinem Leidwesen ließ ich den Stock nicht in der Obhut meines Vaters, sondern nahm ihn mit nach Hause. Von da an tanzte der Knüppel regelmäßig auf meinem blanken Hintern. Oft nahm ich im Reflex meinen Arm zu Hilfe, um zu signalisieren, dass ich genug hätte, aber so ein Knüppel auf der Elle – das ist noch weit unangenehmer.

Bevor meine Mutter heiratete, fuhr sie sehr selten so sehr aus der Haut, dass sie ihre Wut über mich an meinem Hintern ausließ. Das änderte sich in den Teenagerjahren. Irgendwann hatte der Knüppel jedoch ausgedient. Keine Ahnung, ob ich ihn heimlich entsorgte, um mich einer Tracht Prügel zu entziehen. Meine Mutter brachte daraufhin einen Teppichausklopfer mit nach Hause, obwohl unsere Wohnung gänzlich mit Parkett ausgestattet war. Wir hatten zwar auch einen Läufer, dieser wurde aber ausschließlich mit dem Staubsauger bearbeitet. Der Ausklopfer entpuppte sich als Nachfolger für den Knüppel. Das Gute war, dass so ein Ausklopfer im Gegensatz zu einem Knüppel nachgibt.

Auch hier versuche ich im Nachhinein zu verstehen, warum meine Mutter so handelte. In der westlichen Welt war die körperliche Züchtigung als Strafmethode in der Kindererziehung bis in die 1970er-Jahre das wohl häufigste Erziehungsmittel[11]. Auch meine Mutter berichtete davon, dass sie auf diese Weise erzogen worden sei. Anscheinend waren die Prügel einfach ein Überbleibsel der vorangegangenen Generationen.

Ich möchte die körperliche Züchtigung daher nicht allein auf die Tatsache schieben, dass ich bei den Zeugen Jehovas aufgewachsen bin. Dennoch, insbesondere im christlichen Kontext, sah man in der körperlichen Bestrafung lange ein »göttliches Mittel«, um Kinder zu erziehen. Einige religiöse Sondergemeinschaften propagieren die Prügelstrafe auch heute noch. Die *WTG* hob vor allem in den 1970er-Jahren hervor, wie gut es sich auswirke, wenn Kinder die »Rute der Zucht« verspürten. Beispielhafte Eltern wurden in den Zeitschriften für ihre Erziehungsmethoden gelobt:

> »Wenn Vater zur Arbeit war, sorgte Mutter mit den notwendigen Maßnahmen dafür, dass wir nicht aus der Reihe tanzten. Vor ihrer rechten Hand hatten wir großen Respekt, denn sie zielte mit dem Riemen immer richtig, noch bevor wir uns unter dem Bett verkriechen konnten.«[12]

Oder die *WTG* gab Erziehungstipps in der Rubrik »Fragen von Lesern«:

»Damit ein Kind lernt, eine falsche Handlungsweise zu meiden, bedarf es mitunter einer strengen Züchtigung (zum Beispiel Schläge), die es entweder bei anderen beobachtet oder die ihm selbst zuteil wird. Obwohl eine solche Züchtigung zunächst sowohl für das Kind als auch für die Eltern unerfreulich sein mag, wird es sich schließlich zeigen, dass sie sich gelohnt hat.«[13]

Nicht nur in den 1970er-Jahren betonte die *WTG*, wie nützlich Schläge seien, sondern noch bis in das 21. Jahrhundert hinein:

»In Bezug auf Bestrafung heißt es in Sprüche 29:15: ›Die Rute und Zurechtweisung sind das, was Weisheit gibt.‹ Doch nicht alle Kinder brauchen körperliche Bestrafung. In Sprüche 17:10 heißt es: ›Ein Scheltwort dringt tiefer ein bei einem Verständigen als hundert Schläge bei einem Unvernünftigen.‹«[14]

Man wurde zwar in den Aussagen etwas gemäßigter, aber man verstand die »Rute« bei besonders schwierigen Kindern weiterhin als Erfolgsgarant. Anscheinend war ich so ein Sonderfall.

Die körperliche Züchtigung ging weit bis in die späten Teenagerjahre hinein. Es war demütigend, als junger Erwachsener noch geschlagen zu werden. In der Oberschule machten sich einige darüber lustig, dass die Zeugen Jehovas ihre Kinder schlagen würden. Sie hatten das in den Medien aufgeschnappt und zitierten die Bibelstelle, in der die *Rute der Zucht* erwähnt wird. Ich verteidigte in solchen Situationen meinen Glauben und erzählte, dass das alles Lügen seien und keine buchstäbliche Rute gemeint sei. Nach außen musste die Organisation gut dastehen, denn es sollte ja keine Schmach auf den Namen Jehovas kommen. Nach innen entschuldigte ich wiederum die Erziehung meiner Eltern, schließlich erhielten die ja die Absolution durch Gott – oder die *WTG*.

Heute glaube ich, dass meine Mutter und mein Stiefvater nur den Wunsch hatten, dass ihr Kind ein fest gläubiger Zeuge Jehovas würde. Sie wollten, dass ich Harmagedon überlebte und mit ihnen zusammen ewig im Paradies auf der Erde lebte. Weil Jugendliche aber von Natur aus neugierig sind und die Interessen eines Teenagers nun einmal mit denen der *WTG* kollidieren, gerieten meine Eltern in Sorge, dass ihr Kind die vorgegebene Spur verlassen könnte.

Zudem hatten meine Eltern verantwortliche Stellungen in der Versammlung. Meine Mutter war ein sogenannter *Allgemeiner Pionier* und verbrachte jeden Monat 70 Stunden im Predigtdienst. Damit stand sie auf der höchsten Stufe, die eine Frau innerhalb einer Versammlung erreichen kann. Mein Stiefvater war ein *Dienstamtgehilfe* – und stand damit eine Stufe unter dem Ältesten. Ganz allgemein sieht es nicht gut aus, wenn Kinder den wöchentlichen Versammlungen fernbleiben oder nicht zum Predigtdienst erscheinen. Je tiefer die Kinder in die Aktivitäten der Versammlung einbezogen waren, desto vorbildlicher gilt die dazugehörige Familie. Die Kinder sollen idealerweise kurze Vorträge auf der Bühne halten, Kommentare zu den Programmpunkten abgeben und sich im besten Fall bei der Reinigung des Saals beteiligen. Meiner Ansicht nach stehen die Eltern in Konkurrenz zu den anderen Familien, deren Kinder ungefähr im gleichen Alter sind. Es lastet ein enormer Druck auf ihnen.

Die Kinder müssen das Spiel mitmachen und als Teil der vorbildlichen Familie funktionieren. Es gibt Kinder, die funktionieren besser, und es gibt Kinder, wie ich eines war.

Auch wenn ich die Erziehung meiner Eltern in einigen Punkten und vor allem die körperliche Züchtigung nicht gutheiße, so kann ich nachvollziehen, wenn Eltern in einer solchen Drucksituation oft nicht gelassen reagieren, weil ihre Kinder sich einfach nicht nach den Empfehlungen der *WTG* verbiegen lassen wollen. Unbewusst geben diese Eltern dann den Druck weiter, unter dem sie stehen. Als ich selbst Vater wurde, lernte ich diesen Druck von der anderen Seite aus kennen.

Ich denke, dass es meiner Mutter im Nachhinein sehr leidtat, dass sie ab und an auf die *Rute der Zucht* zurückgriff. Später hat sie gegenüber meiner Frau einmal geäußert, Fehler gemacht zu haben, was meine Erziehung betraf. Ich meine, dass diese Dinge sie sehr belasten, dennoch würde sie den Fehler ausschließlich bei sich suchen, anstatt zu erkennen, dass sie lediglich in Übereinstimmung mit den Empfehlungen der *WTG* handeln wollte.

Wenn der Glauben keine Rolle spielte, erlebte ich mit meinen Eltern auch viele schöne Momente. Wir gingen auf Konzerte und gemeinsam als Familie ins Olympiastadion zur Hertha, oder wir reizten uns bis spät in die Nacht bei unzähligen Skatrunden. Wir unternahmen spannende Urlaube, in denen meine Eltern meist viel relaxter waren. Und ich auch. Urlaub bedeutete auch Urlaub von Jehova – es gab keine Versammlungen, keinen Predigtdienst, nur das normale Leben.

Meine Mutter und mein Stiefvater schwelgten oft in Erinnerungen an ihre Jugendzeit, vor allem, wenn es um Musik ging. Sie zeigten mir sämtliche Musiksendungen aus den 1970er- und 1980er-Jahren. Ich war irgendwann ein Experte: Sweet, Rolling Stones, T-Rex, ZZ-Top, ich kannte sie alle. Ich habe meinen Eltern gerne zugehört, wenn sie über ihre Teenagerzeit sprachen, wie sie in Diskotheken unterwegs waren und keine Modeerscheinung ausließen – alles Dinge, die die *WTG* nicht guthieß.

Es klang, als wären sie frei gewesen. In der Retrospektive war das für sie natürlich nicht so. Sie sahen sich als ehemalige Sklaven der Welt, die erst jetzt wirklich frei seien. »Die Wahrheit hat uns frei gemacht«, so zitierten sie oft einen Bibeltext.

Ich würde beide gerne einmal kennenlernen, wie sie wirklich sind – hinter der Fassade der *veränderten Persönlichkeit*. Ich würde gerne ihre echte Persönlichkeit kennenlernen, die aus meiner Sicht durch die *WTG* unterdrückt wird.

»Unwissenheit ist Stärke!«

1984 (1949)

ROAD TO PARADISE

Meine Eltern und ich gehörten der Versammlung Steglitz-Süd-West an. Diese existiert heute nicht mehr. Die Versammlung wurde aufgelöst, die Mitglieder wurden auf die Gemeinden der Umgebung verteilt. Von 2006 bis 2017 wurden in Deutschland insgesamt 598 Versammlungen zusammengelegt, wodurch 299 Versammlungen ganz verschwanden. Mit den 185 Neugründungen – von denen nur 18 deutschsprachig waren – ergibt sich ein Saldo von minus 112 Versammlungen, trotz der in etwa gleich bleibenden Mitgliederzahlen[1].

Einige Zweigstellen der *WTG* wurden ebenfalls geschlossen. Während es 2009 noch 118 Landeszentralen gab, reduzierte sich die Zahl bis 2017 auf 90[2]. Dass der Verkauf von Immobilien ein einträgliches Geschäft ist, hat sich besonders durch den Standortwechsel der Hauptzentrale gezeigt. Während der Neubau 2015 in Warwick (New York) laut der New York Post[3] rund 11,5 Millionen US-Dollar kostete, konnte man durch den Verkauf der Zentrale in Brooklyn mehr als 1 Milliarde US-Dollar erwirtschaften[4].

Die Weltzentrale in Warwick im Bundestaat New York ist der Hauptsitz der Zeugen Jehovas, in der rund 800 Personen beheimatet sind. Von dort aus wird die weltweite Tätigkeit organisiert und beaufsichtigt und es wird sichergestellt, dass das Lehrprogramm in allen Versammlungen einheitlich stattfindet. Die Lehren der Zeugen Jehovas und damit einhergehend auch die Auslegung der Bibel werden von der *leitenden Körperschaft* festgelegt, die aktuell aus acht Männern besteht, die in der Weltzentrale residieren. Sie sehen sich selbst von Jesus zu dieser Stellung berufen und verstehen ihre Unterweisung durch Gottes Geist geleitet, obwohl sie, wie sie selbst angeben, sich in Lehrfragen irren können[5]. Veränderungen in der Lehre führen sie auf »helleres Licht« zurück, neues Verständnis, dass Gott ihnen mit der Zeit offenbart. Dennoch erwarten sie von ihren Anhängern ein uneingeschränktes Vertrauen[6]. Die Ernennung einzelner Mitglieder zur *leitenden Körperschaft* erfolgt nach eigener Aussage durch Jesus Christus persönlich[7]. Sie werden durch einzelne Komitees bei ihrer Arbeit unterstützt und überwachen zudem die Verwendung der Spenden. Während zu meiner Zeit die *leitende Körperschaft* eher ein Mysterium war, deren Mitglieder man nur sehr selten zu Gesicht bekam, präsentieren sie sich heute ihren Anhängern in ihrem hauseigenen Online-TV-Sender.

2015 bat ein Mitglied der *leitenden Körperschaft* während einer dieser Sendungen um Spenden, weil »wesentlich mehr Ausgaben auf uns zukommen, als wir durch Spenden einnehmen werden«[8]. Der Grund für die steigenden Kosten sei der wachsende Bedarf an Immobilien.

Neben dem Umzug der Weltzentrale von Brooklyn nach Warwick wurden auch neue Gebäude für lokale Gemeinden gebaut, was Kosten verursachte. Doch der Grundstücks- und Immobilienwert steigt in der Regel mit den Jahren, zumal die Gebäude mithilfe von freiwilligen Helfern aus den Reihen der Zeugen Jehovas kostenfrei instandgehalten werden. Durch die Zusammenführung und Auflösung von Versammlungen konnten nicht länger genutzte Gebäude verkauft werden. Von 2011 bis 2016 hat sich gemäß der Webseite der *Jehovas Zeugen Deutschland* die Zahl der Immobilien deutschlandweit um 78 verringert. Wie viele Gebäude insgesamt veräußert oder neu gebaut wurden, ist mir nicht bekannt. Allerdings scheint mir diese Vorgehensweise ein lohnendes Geschäft zu sein.

Weshalb man unsere Versammlung damals auflöste, wusste ich nicht. Mir war das auch egal, allerdings wechselte mein soziales Umfeld erneut. Während ich in der Grundschule noch feste Freundschaften mit meinen normalen Klassenkameraden gepflegt hatte, wurden die freundschaftlichen Kontakte außerhalb der Zeugen-Welt nach dem Schulwechsel nun weniger. Auf der Oberschule fiel ich aufgrund meiner Überzeugung mehr und mehr aus dem Rahmen. Während die anderen zu rauchen begannen, gern auch mal einen Joint herumgaben, Partys organisierten und ihr erstes Mal hinter sich brachten, blieb ich keusch und unbefleckt. Die Kluft zu den Klassenkameraden wurde immer größer. Ich lehnte Geburtstagspartys ab und wünschte nicht »Gesundheit«, wenn jemand nieste, da das schließlich ein heidnischer Brauch war, den die Zeugen ablehnten.

Die meisten meiner Schulkameraden konnten die Zeugen Jehovas einordnen, da entweder ihre Eltern sie aufgeklärt hatten oder sie irgendwo einen kritischen Bericht gesehen hatten. Rückblickend würde ich sagen, dass ich in der Oberschule eher ein Außenseiter war – zumindest war ich sehr andersartig. Bei den Kindern der Zeugen Jehovas entsprach das meiner Erfahrung nach allerdings der Regel.

In den Zusammenkünften wurde regelmäßig darauf hingewiesen, wie gefährlich enge Freundschaften mit Personen sein könnten, die keine Zeugen Jehovas waren. Selbst wenn sie nett seien, liebten sie ja Jehova nicht, wurde argumentiert.

»Ein gewisser Kontakt zu Ungläubigen — etwa in der Schule, am Arbeitsplatz oder im Predigtdienst — ist unumgänglich. Aber etwas ganz anderes ist es, geselligen Umgang mit ihnen zu haben oder sogar enge Freundschaften aufzubauen.«[9]

Deshalb stimmten meine Eltern auch meiner Teilnahme an der Klassenfahrt nicht zu. Über Jugendliche, die keine Zeugen Jehovas waren, kursierten schließlich die verschiedensten Gerüchte. Im Grunde stellten sie für mich und meinen Glauben, so hatte ich es gelernt, eine Gefahr dar. Gleichaltrige hätten nichts als Party, Drogen und Sex im Kopf. Ich hatte dasselbe im Kopf, aber unterdrückte meine Wünsche vorerst aus Überzeugung. Einige, so hörte man, kämen von Klassenfahrten ungewollt schwanger zurück oder hätten sich eine Sexualkrankheit eingefangen. Auf Klassenfahrten hätte ich mich also »anstecken« können.

Ich wurde in der Woche, als meine Klassenkameraden an einem italienischen Strand der Sonne ausgesetzt waren, in die Nebenklasse verfrachtet. Nicht nur meine Klassenkameraden wunderten sich, warum ich nicht an der Fahrt teilnahm, sondern auch die der Nachbarklasse. Geldmangel wollte ich nicht vorschieben, aber auch nicht die Zeugen, obwohl Letztere der tatsächliche Grund waren. Ich schob das Verbot schließlich auf die Strenge meiner Eltern, was mir mit meinen 14 Jahren höchst unangenehm war.

Durch den Wechsel in die nächste Versammlung fand ich neue Freunde, und wir wurden bald eine eingeschworene Gemeinschaft, eine Clique. Einige von ihnen gingen sogar auf meine Schule, wodurch ich etwas Rückendeckung erhielt. Ich war nicht mehr der einzige Zeuge. Das machte es leichter.

Wer hätte gedacht, dass Drogen, Sex und Partys doch noch auf mich warteten – nicht in Gesellschaft der »ansteckenden« Klassenkameraden, der sogenannten *Weltlichen*. All das erlebte ich im Kreise meiner keuschen und unbefleckten Zeugen-Freunde.

Als Erstes probierten wir das Rauchen. Natürlich heimlich. Wir besorgten uns neben den Zigaretten auch Deos und Kaugummis, damit niemand etwas roch. Eine Zeit lang hat das wunderbar funktioniert. Aber meiner Mutter, einer ehemaligen Raucherin, konnte ich auf Dauer nichts vormachen. Als ich eines Tages nach Hause kam, fragte sie mich, ob ich in einer Kneipe gewesen sei. Das war recht typisch für meine Mutter, sie dachte nie sofort an das Schlimmste.

»Hmmm«, dachte ich, »wenn ich jetzt einfach zustimme, bin ich raus aus der Nummer.« Doch aufgrund meines nun angeschlagenen Gewissens, beichtete ich ihr alles. Das waren die Situationen, in denen meine Mutter oft die Bemerkung fallen ließ: »Na, du weißt ja, wem ein solches Verhalten gefällt.« Womit sie natürlich den Teufel meinte.

Ebenfalls typisch war es, dass sie mich vor die Ältesten schleppte. Obwohl ich noch nicht getauft war, musste ich mich vor diesen Männern verantworten und durfte mir anhören, warum das Rauchen mein Verhältnis zu Jehova beschädigen konnte. Vielleicht wäre es sinnvoller gewesen, die Sache auf sich beruhen zu lassen und mir nur zu erklären, wie schädlich das Rauchen für meine Lunge war. Aber in erster Linie war es wichtig, dass die Versammlung rein blieb, daher durften »Sünden« nicht geheim bleiben – Jehova würde sonst womöglich der gesamten Versammlung den Geist entziehen.

> »In der Versammlung Gottes dient diese Maßnahme [die Exkommunikation] der Reinerhaltung der Organisation im Hinblick auf Lehre und Moral. Sie ist notwendig, um den Fortbestand einer Organisation zu gewährleisten. Das trifft vor allem auf die Christenversammlung zu. Sie muss rein bleiben und sich Gottes Gunst erhalten, wenn sie sein Werkzeug bleiben und ihn weiter vertreten möchte. Andernfalls würde er die ganze Versammlung verstoßen oder abschneiden.«[10]

Wenn ich meine »Sünden« eine Zeit lang geheim hielt und daraufhin in der Versammlung irgendetwas nicht rundlief – zu wenige Anwesende oder eine geringe Beteiligung bei den Programmpunkten – dann bezog ich das auf mich. Aber es half nichts, nur *meine* Sünden zu beichten, sondern ich lernte, dass ich auch Meldung machen musste, wenn ich von den Sünden der anderen wusste oder dass jemand kurz davorstand, eine Sünde zu begehen.

> »Ähnlich ist es, wenn ein Freund ›stolpert‹ und vom christlichen Weg abkommt. Vielleicht meint er, er kommt schon alleine wieder auf die Beine. Doch so zu denken, ist einfach dumm. Sicher, das Ganze ist deinem Freund wahrscheinlich irgendwie peinlich. Aber dadurch, dass du ›Hilfe holst‹, könntest du ihm sogar das Leben retten […] Hab also keine Angst davor, etwas zu sagen, falls dein Freund in Schwierigkeiten steckt. Wenn du dafür sorgst, dass ihm geholfen wird, dann zeigst du, dass du treu zu Jehova Gott hältst — und auch treu zu deinem Freund. Vielleicht wird er dir eines Tages sogar dankbar dafür sein, dass du ein echter Freund bist und etwas unternommen hast.«[11]

In den Publikationen der *WTG* wird genau erklärt, wie man sich verhalten soll, wenn man von der *Sünde* eines Freundes erfährt. Zunächst soll man ihn darauf ansprechen und ihm eine oder zwei Wochen Zeit geben, damit er sich den Ältesten stellen kann. Geht er nicht zu den Ältesten, sollte man die Sache selbst in die Hand nehmen. Und genau das tat ich, als meine Mutter herausbekam, dass ich geraucht hatte. Ich wollte ein guter Freund für die anderen sein, also gab ich meinen Mitrauchern Bescheid, dass sie ihre Eltern über unseren Fehltritt informieren sollten, ansonsten würde ich zu den Ältesten gehen. Man, war ich stolz! Auch meine Mutter war zufrieden und sehr beeindruckt, weil ich so mutig war. Meinen Freunden gefiel die Idee ganz und gar nicht, aber ich dachte mir tatsächlich, dass sie mir eines Tages danken würden.

Mit der Zeit hatte ich jedoch trotz meiner Beichte Probleme mit dem sogenannten *Abfall*. Meinen ersten Porno brannte mir ein guter Zeugen-Freund auf CD. Nach einmaligem Ansehen auf dem Laptop meiner Eltern entschied sich mein Gewissen dafür, die CD zu zerbrechen. Diese spezielle Sünde habe ich mit mir allein ausgemacht – ich beschloss, die Ältesten müssten nicht unbedingt informiert werden, immerhin hatte ich mich linientreu verhalten – zumindest nach dem Ansehen der CD.

Im Grunde war es doch so: Ich hielt es nicht für nötig, jemandem von meinen Sünden zu berichten, es sei denn, meine Eltern hatten mich ohnehin ertappt.

So war es auch bei meinem ersten größeren Diebstahl. Mit meinem besten Freund, natürlich ebenfalls ein Zeuge, teilte ich die Liebe zur Musik. Wenn das Taschengeld reichte, kauften wir uns meist eine Maxi-CD oder ein Album im Musikladen in der Stadt. Dorthin fuhren wir oft, um uns die Zeit zu vertreiben. Wir wollten einfach unter Leute gehen. Wenn das Kleingeld nicht reichte, dann suchten wir uns im Musikgeschäft einfach eine CD aus und gingen zum Tresen, wo ein Mitarbeiter die CD einlegte und uns einen Kopfhörer reichte. Und dabei bemerkten wir eine Schwachstelle. Nachdem wir uns die CD angehört hatten, gab uns der Mitarbeiter die vorher eingeschweißte Hülle nun ohne Schutz zurück, damit wir sie ins Regal zurückverfrachten konnten. Tja, und dabei nahmen wir die CD aus der Hülle und ließen sie in einem unbeobachteten Moment in der Gesäßtasche verschwinden. So einfach war das.

Wir sammelten einen ordentlichen Stapel an, was bei unseren Eltern irgendwann für Aufsehen sorgte. Und so flog das Ganze auf. Sie verdonnerten uns, die CDs zum Händler zurückzubringen und zu beichten. Das war deutlich entspannter, als den Ältesten von der Sache zu berichten.

Wir wurden in das Büro des Geschäftsführers zitiert und beschrieben ihm unser Vorgehen. Völlig verwundert fragte er uns, warum wir die CDs zurückgebracht hätten. Und uns beiden fiel natürlich nichts Besseres ein, als *Zeugnis* abzulegen. Wir verwiesen auf unseren Glauben und dass uns unser Gewissen geplagt hätte. Was natürlich totaler Unsinn war. Unser Gewissen war uns ziemlich egal gewesen – bis zu dem Zeitpunkt, als wir aufflogen.

Der nette Herr hatte mit einer solchen Antwort nicht gerechnet. Er verzichtete auf weitere Maßnahmen und war wahrscheinlich froh, dass wir ihn unbeabsichtigt auf eine Lücke im System aufmerksam gemacht hatten.

Wenn ich mir nicht gerade CDs vom Händler um die Ecke »besorgte«, dann nahm ich mir meine Musik aus dem Radio auf Kassetten auf. Ja, damit bin ich tatsächlich noch aufgewachsen. Ich hörte Radio und musste im entscheidenden Moment die Aufnahme-Taste drücken und anschließend wieder die Stopp-Taste, um die störenden Sprecher nicht auf der Kassette zu haben. In Zeiten von Spotify und Co ist so etwas kaum noch vorstellbar. Meine Kassetten hörte ich mir dann heimlich auf meinem Walkman an, denn wenn es um die Auswahl der Musik ging, warnte die *WTG* davor, dass sie negative Wünsche fördern könne, die Lust auf Sex oder die allgemeine Unmoral entfache. Außerdem könne Musik schlechte Emotionen hervorrufen und mich negativ im Denken beeinflussen[12].

Deshalb kontrollierten meine Eltern auch meinen Musikgeschmack. Als ich eines Tages nach Hause kam, zitierten sie mich in mein Zimmer und spielten kommentarlos ein Lied auf meiner Kassette ab – LL Cool J, *Doin' It* –, in dem eine Frau im Hintergrund stöhnt. Zum Glück war das Englisch meiner Eltern nicht das Beste, sonst hätten sie mich wohl nicht allein wegen des Gestöhnes, sondern vor allem auch wegen des versauten Textes getadelt.

Die *WTG* empfiehlt, sich »die schönen Melodien in ihrem Liederbuch ›Singt Lieder für Jehova‹« anzuhören, sie würden »motivieren und [...] die Bindung an Gott« stärken. Da gab es dann so Texte wie:

»Gedanken weisen wir zurück, die nur zum Schlechten führ'n. Wir lassen unser Herz vielmehr von Gottes Wort berühr'n. Jehova liebt Loyale sehr. Wir dienen ihm so gern.«[13]

Das war Lied 36 im neuen Liederbuch der Zeugen Jehovas, betitelt als »Behüte dein Herz«. Etwas harmloser als LL Cool J, wenn auch für Jugendliche vielleicht nicht ganz so attraktiv. Den Titel änderte man irgendwann um in »*Wir beschützen unser Herz*«. Die Begründung stand in einem *Wachtturm* aus dem Jahr 2017:

»Bei Zusammenkünften und Kongressen sind viele Schwestern sowie interessierte Personen, junge Leute und Neue anwesend. Die Worte ›Behüte dein Herz‹ zu singen, würde sie in die unangenehme Situation bringen, anderen zu sagen, was sie tun sollen. Aus Rücksicht darauf wurden Titel und Liedtext verändert.«[14]

Die *WTG* ist anscheinend sehr darauf bedacht, die *Schwestern* nicht in die unangenehme Situation zu bringen, Männern sagen zu müssen, was sie tun sollen.

Selbst auf unseren Versammlungsfeiern spielte man lieber modernere Musik als die Lieder der *WTG*. Es wurde ausgelassen getanzt und darauf geachtet, dass die Musik zumindest beim ersten Hinhören nicht schon aggressiv oder unmoralisch klang. Ich musste schmunzeln, als auf der letzten Feier, die ich besuchte, sich die älteren *Schwestern* zu Milow und *Ayo Technology* rhythmisch bewegten, während der Sänger auf Englisch sang: »Lass uns loslegen, Kleine. Wir können die Stellung wechseln. Vom Sofa bis zu der Theke in meiner Küche«.
    Amüsiert sprach ich einen Freund darauf an, was letztendlich dazu führte, dass der Song abgebrochen wurde.

Trotz meiner zahlreichen »Missetaten« spielte ich mit dem Gedanken, mich taufen zu lassen. Die Frage »ob oder ob nicht?«, stand nie im Raum. Es war für mich selbstverständlich, diesen Schritt irgendwann zu unternehmen. Für meine Mutter war ohnehin klar, dass es keine Alternative gab. Sie ließ nie durchblicken, dass es für sie auch in Ordnung wäre, wenn ich kein Zeuge Jehovas würde und einfach eine andere Richtung einschlug.
    Ich hatte mich zu diesem Zeitpunkt – ich war bereits 16 Jahre alt – nie kritisch mit den Zeugen Jehovas auseinandergesetzt. Ich stellte auch nie in Frage, ob dies vielleicht nicht der wahre Glauben wäre. Für mich stand fest, die Evolutionstheorie war Schwachsinn, weswegen ich mich

sogar mit meinem Biologielehrer anlegte. Außerdem war ich fest davon überzeugt, dass die Zeugen Jehovas Gottes auserwähltes Volk wären, von seinem Sohn Jesus im Jahr 1919 persönlich aus den unterschiedlichsten Konfessionen auserwählt. Über die Geschichte der Zeugen las ich in den Publikationen der *WTG*. Und das hörte sich alles ganz nett an. Andere Bücher las ich selten.

Wie man ein Zeuge Jehovas wird – Teil 2

Zeugen Jehovas heben oft hervor, dass es bei ihnen keine Kindstaufe gibt – wie beispielsweise bei den Katholiken. In meinem weltlichen Umfeld gab es einige, die als Babys kirchlich getauft wurden und später ihre Erstkommunion erhielten. Das war es dann aber auch mit ihrer Religiosität. In die Kirche waren sie nie gegangen. Später als sie volljährig wurden, gingen sie zum Amtsgericht und traten aus. Das war's! Die Eltern wurden teilweise nicht einmal informiert. Es gab keine Konsequenzen, und an die Hölle glaubte ohnehin niemand. Die Entscheidung brachte keine Ängste mit sich, keinen Verlust des sozialen Umfelds.

Bei den Zeugen Jehovas sollte die Taufe, im Gegensatz zur Taufe in der katholischen Kirche, erst stattfinden, wenn der Täufling wirklich wusste, was er tat. Natürlich sollte niemand sich so spät taufen lassen wie Jesus – mit 30 Jahren –, das wäre ziemlich auffällig gewesen, im negativen Sinne. Die *WTG* empfiehlt, die Taufe nicht zu lange hinauszuzögern:

> »Die Taufe unnötig hinauszuschieben, könnte das Verhältnis ihrer Kinder zu Jehova beeinträchtigen. […] Einige Kreisaufseher berichten besorgt von jungen Leuten um die 20, die in der Wahrheit erzogen wurden, sich aber noch nicht haben taufen lassen.«[15]

In Umfragen auf Netzwerken von ehemaligen Zeugen Jehovas ergab sich ein durchschnittliches Alter von 14 bis 16 Jahren, in dem sich die meisten Jugendlichen taufen ließen, die bei den Zeugen Jehovas aufwuchsen. Das deckt sich auch mit den Erfahrungen aus meinem Umfeld.

In den Publikationen der Zeugen Jehovas wurden oftmals auch Beispiele von Kindern gezeigt, die deutlich jünger waren. Besonders in den vergangenen Jahren legte die *WTG* meinem Eindruck nach besonderen Wert darauf, die Kinder frühestmöglich zur Taufe zu führen, was nun den Druck auf die Eltern mehr und mehr verstärkt. Ich denke, dass mit Blick auf die Wachstumszahlen versucht wird, die Kinder möglichst schnell an die Organisation zu binden. Denn wenn man erst einmal getauft ist, ist der Ausstieg aus der Organisation in der Regel mit dem Verlust des sozialen und familiären Umfeldes verbunden.

Während eines Besuches in Malmö im Jahr 2013 hielt David Splane, Mitglied der *leitenden Körperschaft*, eine Ansprache zu dem Thema: »Ist es ratsam, Kinder *nicht* zu zwingen?«[16]

Nach fünf bis sieben Jahren sollte ein Fortschritt bei Kindern in Bezug auf die Lehren der *WTG* erkennbar sein, erzählte Splane. Er beklagte, dass so viele Kinder zwischen 13 und 15 Jahren noch nicht getauft seien, obwohl ihre Eltern seit der Kindheit mit ihnen studierten. Er erklärte, dass Kinder manchmal nicht so gerne der Wahrheit folgen wollten und es ihnen nicht so sehr liege, am Samstagmorgen aufzustehen, um zu predigen oder die Zusammenkünfte zu besuchen. Und manche Eltern meinten, es sei vernünftig ihre Kinder nicht zu zwingen. »Doch ist das wirklich weise?«, fragte Splane.

»Lasst uns ehrlich sein, unter uns sozusagen«, fuhr er fort. »Samstagmorgen würde ich mich am liebsten umdrehen und noch drei Stunden weiterschlafen.« Der Grund, warum er aufstehe? »Man hat den Predigtdienst nicht zu versäumen.«

Splane erklärte seine Sichtweise anhand eines Beispieles: Der jugendliche Christopher habe einen Ferienjob bei McDonalds, aber er habe keine Lust, aufzustehen und zu arbeiten. Splane fragte, ob wir als Eltern den Filialleiter nun anrufen würden, um zu erklären, dass man nichts davon halte, seine Kinder zu etwas zu zwingen. »Ich glaube nicht, dass du das tun würdest. Du würdest sagen: ›Los jetzt, steh auf! Du wirst lernen, dass es Dinge im Leben gibt, die wir tun müssen, ob es uns passt oder nicht!‹«

Danach zog er den ultimativen Vergleich: »Wenn du das für einen *Big Mac* tun würdest, warum dann nicht, wenn es um das ewige Leben deines Kindes geht?«

Vom *Big Mac* ging er über zur Bibel und zeigte anhand der Geschichte über Jona, der von einem Fisch verschluckt wurde, dass Gott auch gelegentlich Zwang ausübte, um seine Anhänger in die richtige Richtung zu stoßen. Mit diesem Beispiel im Sinn kam er zu dem Schluss: »Tatsächlich zeigt das Ausmaß des Fortschritts, den eure Kinder machen, was für eine Art Lehrer ihr seid.«

Und so werden die Eltern als Versager hingestellt, wenn sich ihre Kinder nicht mit spätestens 15 Jahren haben taufen lassen.

In einem *Wachtturm* vom März 2018 ging es um das Thema: »Helft euren Kindern auf die Taufe hinzuarbeiten«. Dort wurden die Erfahrungen einer Mutter beschrieben:

> »Eine Mutter erklärte, warum sie ihrer Tochter davon abriet, sich taufen zu lassen: ›Ich schäme mich, es zu sagen, aber der Hauptgrund war die Angst vor einem Gemeinschaftsentzug.‹ So denken einige Eltern. Das Kind solle erst einmal aus dem Alter herauswachsen, wo es noch Dummheiten im Kopf hat. Sie sagen sich vielleicht: ›Solange mein Kind nicht getauft ist, kann es auch nicht ausgeschlossen werden.‹ Warum ist das ein Trugschluss?«[17]

Ein Kind trifft mit der Taufe eine Entscheidung, dessen Ausmaß es sich meiner Einschätzung nach nicht bewusst ist. Bei Missachtung der Richtlinien, die die Organisation aufstellt, kann das Kind, sofern es getauft ist, vor interne Gerichte geladen werden, und sein Verbleib in der Organisation hängt von der *Reue* ab, die drei Älteste einzuschätzen versuchen. Kommt es hart auf hart, kann das Kind ausgeschlossen werden, was wiederum zum Verlust des sozialen Umfeldes und unter Umständen gar zum Verlust der Familie führt[18].

Aus meiner persönlichen Erfahrung heraus kann ich sagen: Kinder werden durch die Erziehung der Zeugen Jehovas nicht nur zur Taufe gedrängt, sie lernen auch bizarre Ansichten über das Leben. Zum Beispiel, dass Freundschaften außerhalb des Zeugen-Kosmos gefährlich sind und dass *Weltmenschen* aufgrund ihrer Verfehlungen zum Tode verurteilt sind[19]. Sie lernen die sehr eigene Sprache der Zeugen Jehovas, verwenden Wörter, die umgedeutet wurden oder in unserem täglichen Sprachgebrauch kaum noch Erwähnung finden. Außerdem sind Satan und seine Dämonen daran interessiert, sie von der *Wahrheit* wegzuziehen – die Kinder leben in ständiger Angst.

Höhere Bildung zu erwerben, beispielsweise an einer Hochschule, wäre eine »Verschwendung wertvoller Jugendjahre, die man am besten im Dienst für Jehova hätte einsetzen können«. Das Ausleben der eigenen Sexualität wird durch unsinnige Ansichten verhindert, und falls man sich zu gleichgeschlechtlichen Menschen hingezogen fühlt, sollte man seine Neigung ganz unterdrücken und warten, bis Gott im Paradies alles wieder »richtet«[20].

Wird man in eine Zeugen-Familie hineingeboren, fällt es einem vielleicht nicht schwer, auf Geburtstage oder Weihnachten zu verzichten. Man hat es schließlich nie anders kennengelernt. Eltern von Zeugen bieten ihren Kindern meist Alternativen. Beispielsweise werden Feiern für die Kinder organisiert, bei denen viele Freunde aus der eigenen und den umliegenden Versammlungen eingeladen werden. Das Kind, das einlädt, wird beschenkt, man singt gemeinsam Lieder und veranstaltet Spiele. Gelegentlich kommt auch ein Clown vorbei. Einen Unterschied zu einer richtigen Geburtstagsfeier gibt es eigentlich nicht, es wird einfach ein anderer Tag gewählt.

Auch Fasching wird nicht gefeiert, dafür gibt es ersatzweise dann Kostümpartys. An Silvester kommt man mit Freunden zusammen, tanzt, trinkt und schaut sich gegebenenfalls das Feuerwerk an. Lediglich offiziell feiert man kein Silvester. Die Eltern wollen eben auch nur Spaß haben und ihren Kindern einen Ausgleich für die Festtage liefern. Dafür mogelt man sich gern an den offiziellen Festtagen vorbei, um die Eintrittskarte ins Paradies nicht zu verspielen. In der Schule sind die Kinder dann auf sich allein gestellt, werden aber vor den Aktivitäten rund um Feiertage von ihren Eltern geschützt. Für Kinder, die so aufwachsen, ist die Außenseiterrolle zwar nicht leicht, aber zumindest völlige Normalität.

Kinder von Zeugen Jehovas lernen, dass Menschen, die von der Gemeinschaft ausgeschlossen wurden oder sie freiwillig verlassen haben, gemieden werden sollten. Nur so könne man ihnen zur Rückkehr verhelfen. Die Zeugen sprechen von einer *liebevollen Vorkehrung*. In Wahrheit handelt es sich um emotionale Erpressung: Ich rede erst wieder mit dir, wenn du zur Organisation zurückkommst.

Im Jahr 2017 ist ein herzzerreißendes Video aufgetaucht, das zeigt, wie weitreichend und tief verwurzelt diese Politik ist, ein Video, in dem Jehovas Zeugen applaudieren, während ein kleines Mädchen auf einem der großen Kongresse auf der Bühne berichtet, dass sie ihre eigene ausgeschlossene Schwester meidet[21]. Das Mädchen ist zehn Jahre alt, als sie darüber berichtet; sie hatte sich mit neun Jahren taufen lassen. Sie erzählt, dass ihre Schwester versucht hätte, sie zu kontaktieren. Obwohl sie ihre Schwester vermisse und liebe, habe sie Angst, eine Beziehung zu ihr aufrechtzuerhalten. Deshalb hat sie sich entschieden, sie ganz zu meiden. Sie meinte, dass dies ihre Beziehung zu Jehova schützen werde.

Der Zuspruch durch die applaudierende Menge bestätigt ihre Denkweise. Die traurige Tatsache ist, dass eine solche Sichtweise bei Kindern nur allzu leicht zu erreichen ist – eben durch die Kontrollmechanismen, die die *WTG* um ihre Anhänger herum konstruiert hat. Die *WTG* übernimmt die Kontrolle über die Informationen, welche die Zeugen aufnehmen oder besser meiden sollten, über die Menschen, mit denen sie Umgang haben dürfen oder nicht, und leider auch darüber, welche

Familienmitglieder eine Gefahr für die eigene Überzeugung darstellen und zu welchen man die Nähe suchen darf[22].

Durch wöchentliches Studieren der *Wachtturm*-Publikationen, durch regelmäßiges Wiederholen der Lehren in den Zusammenkünften, durch die Lehrvideos, die immer mehr auf Kinder und Jugendliche abzielen, durch all dies lernt ein Kind, fremde Ansichten als die eigenen zu betrachten. Gleichzeitig erhält es die Bestätigung der Eltern und seines Umfeldes bei den Zeugen Jehovas. Die Klassenkameraden werden einem mit der Zeit immer fremder, da deren Ansichten völlig gegensätzlich zu den eigenen sind.

Erwähnt seien in diesem Zusammenhang auch noch einmal die Bluttransfusionen, die von den Zeugen Jehovas abgelehnt werden. Kein Kind ist medizinisch ausreichend aufgeklärt, um einschätzen zu können, welche Behandlung in einem Notfall angemessen wäre. Sie vertrauen ihren Eltern – die sich ihrerseits nicht an den medizinischen Empfehlungen, sondern an den Lehren der *WTG* orientieren. Kinder werden mit einem *Blutausweis* ausgestattet, auf dem es heißt: »Aufgrund unserer Glaubensüberzeugung als Zeugen Jehovas lehnen wir als Familie Bluttransfusionen ab.«

Ein Ältester aus meiner Versammlung berichtete mir ganz stolz, dass er mit seinem Sohn den *Blutausweis für Kinder* ausgefüllt habe. Sein Kind war zu diesem Zeitpunkt ungefähr zehn Jahre alt. Der Älteste erzählte mir, dass er seinen Sohn gefragt habe, ob er wisse, was er da tue und ob er sich der Konsequenzen bewusst sei – womit im schlimmsten Fall der Tod gemeint war. Das Kind habe vollkommen überzeugt mit »Ja« geantwortet.

Zu dieser Überzeugung war der Junge allerdings nicht von selbst gelangt, sie war meiner Ansicht nach das Ergebnis einer jahrelangen Indoktrination. Im Mai 1994 berichtete die Zeitschrift *Erwachet!* von drei Jugendlichen, die vermeintlich Gott den Vorrang gaben und auf lebensverlängernde Maßnahmen durch Bluttransfusionen verzichtet hatten. Sie waren letztendlich gestorben[23]. Völlig davon überzeugt, im zukünftigen Paradies auferweckt zu werden, opferten sie ihr Leben für eine Ideologie. Die *WTG* hat diese Katastrophe in ihren Schriften auch noch instrumentalisiert.

Kinder werden dahingehend erzogen, dass es Gottes Wille sei, im Notfall auf eine Transfusion zu verzichten und in den Tod zu gehen. Es ist wie ein eingepflanzter Gedanke, der einen nicht mehr loslässt, diese Vorstellung, dass unser Leben nur vorrübergehend wäre und wir alles dafür tun müssten, um eine bessere Welt zu erreichen, in der die Ewigkeit auf uns wartet.

Es verwundert wohl nicht, dass die meisten Kinder, die bei den Zeugen Jehovas aufwachsen, sich auch taufen lassen. Während von außen immer weniger Menschen in die Organisation finden, ist der Fortbestand der *WTG* zumindest durch den eigenen Nachwuchs gesichert. »Zeugen zeugen Zeugen«, könnte man sagen.

In meinem Umfeld ließen sich so gut wie alle meine Freunde taufen. Einige früher, andere später.

Die Organisation stellt es nach außen gerne so dar, als hätten die Kinder die freie Wahl und die Eltern würden die Entscheidung ihrer Kinder akzeptieren. Für einen Fernsehbericht des TV-Formats Galileo auf ProSieben[24] war eine Reporterin eine Woche lang zu Gast bei einer von der *WTG* ausgewählten Familie. Die Reporterin fragte die Mutter, wie es für sie wäre, wenn sich ihre Tochter gegen den Glauben entscheiden würde. Die Antwort: Sie wäre traurig und würde die Entscheidung nicht einfach hinnehmen, sondern das Gespräch mit ihrer Tochter suchen. Sie würde nach den Gründen fragen. Aber es würde deswegen keinen Streit geben.

Das klingt in dem Fernsehbericht recht diplomatisch und ausgeglichen – doch die Realität sieht anders aus. Die Enttäuschung der Eltern über die Entscheidung wäre dem Kind gewiss. Die Eltern würden mit sich hadern, ob sie nicht etwas in der Erziehung verkehrt gemacht hätten.

Im *Wachtturm* von 2006 ist von Louise die Rede, deren Kinder keine Zeugen Jehovas mehr sein wollten. Sie berichtete: »Ich kann nicht so tun, als ginge das einfach an mir vorbei. Wenn andere von ihren Söhnen reden, schnürt es mir den Hals zu und ich kämpfe mit den Tränen.«

Weiter schreibt die *WTG*:

> »Warum macht es Christen so viel Kummer, wenn ihr Kind oder ein anderer Angehöriger den gemeinsamen Glauben aufgibt? Weil sie wissen, dass in der Bibel denen, die Jehova treu bleiben, ewiges Leben auf einer paradiesischen Erde verheißen wird. Sie freuen sich darauf, diese Segnungen mit [...] ihren Kindern gemeinsam zu erleben. Wie sehr schmerzt da doch der Gedanke, dass dies den Angehörigen, die Jehova nicht mehr dienen, versagt bleiben könnte!«[25]

Wenn sich Kinder nicht für den Lebensweg der Eltern entscheiden, dann bedeutet das für die Eltern, dass sie ihre Kinder unter Umständen in Harmagedon verlieren und sie das ewige Leben ohne ihre Liebsten ertragen müssten. Das da Spannungen zu erwarten sind, ist nicht verwunderlich.

Meine Mutter hatte diesbezüglich nichts zu befürchten, sie war sich sicher: Ich wollte ein Zeuge Jehovas werden. Ich wusste, dass ich sie damit stolz machen würde. Also verkündete ich den Ältesten mein Vorhaben, die sich selbstverständlich sehr darüber freuten. Der Bezirkskongress im Friedrich-Jahn-Stadion fand im Sommer 2001 statt, und dort wollte ich mich unbedingt taufen lassen.

Die Ältesten gaben mir die Termine für die Vorgespräche – fünf insgesamt, um die 103 Fragen zu beantworten, wodurch sie feststellen wollten, ob ich denn auch– so würde ich es heute formulieren – gründlich indoktriniert worden war. Ich antwortete richtig und wurde freigegeben zur Taufe.

Allerdings stand die Sache kurzzeitig noch auf der Kippe. Ich war so naiv zu glauben, dass es nicht ans Tageslicht kommen würde, wenn ich vom Festnetztelefon meiner Eltern diverse 0190er-Nummern anrief. Und so wurde ich kurz vor meinem Tauftermin mit der Telefonrechnung und den gewählten Nummern konfrontiert.

Meinem Stiefvater war sofort klar, was ich getan hatte. Meine Mutter ging wieder einmal von der weniger schlimmen Variante aus und wollte meinem Stiefvater weismachen, dass ich vielleicht nur Michael Schumacher hatte anrufen wollen. Na ja, das hätte ich ihnen schwerlich erzählen können. Ich war neugierig gewesen und hatte gedacht, die sexy verpixelten Frauen im Teletext hätten sich tatsächlich am anderen Ende gerne mit mir »unterhalten« wollen. Die Reaktion meiner Eltern war dieselbe wie gewohnt: Erst gab es einen Aufschrei, dann wurde Satan erwähnt, und im Anschluss musste ich mich den Ältesten stellen, damit diese prüfen konnten, ob die Taufe verschoben werden musste. Aber dazu sahen die Ältesten keinen Anlass.

Hinterher war ich schlauer. Ich hatte erneut Sehnsucht nach den sexy Stimmen, aber dieses Mal nutzte ich mein Handy. Irgendwann trudelte die Rechnung ein, und ich musste feststellen, dass ich diese mit meinem geringen Taschengeld niemals würde begleichen können. Also rief ich meinen Vater an, um meine Mutter und meinen Stiefvater zu umgehen, vor allem aber die Ältesten.

Mein Vater reagierte anders. Er bot mir an, die Rechnung vollständig zu übernehmen. Und dann erklärte er mir im ruhigen Ton, dass die Frauen nur an meinem Geld interessiert waren, es sich bei den 0190er-Nummer also um Abzocke handelte. Außerdem machte er mir klar, dass die Frauen am Telefon nicht unbedingt so aussahen, wie ich mir das vielleicht vorstellte. Aha!

Ich rief diese Nummern nie wieder an. Ich hatte großen Respekt vor seiner Reaktion und wollte ihn nicht noch einmal enttäuschen. Es bedurfte keiner Ältesten oder der Beichte, keinem Aufschrei und keiner

Strafe. Man musste mir nur ruhig erklären, warum meine pubertäre Erkundungstour nicht gerade die schlauste war.

Gut, dass ich noch einen Vater auf der anderen Seite hatte.

Am 21. Juni 2001 ließ ich mich mit 16 Jahren als Zeuge Jehovas taufen. Ich bekam einen neuen Anzug und ein neues Spiel für meine Playstation, außerdem war mein ewiges Leben gesichert, dachte ich. In einer Pause unmittelbar nach der Taufe schlenderte ich mit meinen Freunden durch das Stadion und heimste mir von den unterschiedlichsten Leuten Glückwünsche ein. Der Aufmerksamkeit nicht genug, wurden meine Mutter und mein Stiefvater auf demselben Kongress auf der Bühne vor rund 10 000 Zeugen interviewt und erzählten, wie sie zur *Wahrheit* gefunden hatten. Voller Stolz erzählte meine Mutter, dass sich ihr Sohn hatte taufen lassen. Wir waren wahrlich gesegnet!

*»Wenn die Sache vor Gericht geht,
brauchen die keinen Anwalt, sondern einen Pfarrer.«*

Eine Frage der Ehre (1992)

VOR GERICHT

Ich war nun also ein getaufter Zeuge Jehovas. In der Versammlung wurde ich mit *Bruder Wolschke* angesprochen. Das war ein erhabenes Gefühl. Zumal es nie einen Bruder Wolschke vor mir gegeben hatte. Die meisten meiner Freunde mussten zusätzlich noch mit ihrem Vornamen angesprochen werden, damit sie von ihrem Vater unterschieden werden konnten. Das war bei mir nicht nötig. Schließlich hat mich mein Stiefvater nie adoptiert.

Direkt nach meiner Taufe meldete ich mich zum ersten Mal als *Hilfspionier*. Es gab *Pioniere* und *Hilfspioniere*. Der Unterschied lag in der Stundenanzahl begründet, zu der man sich für einen oder mehrere Monate verpflichtete, an den Türen der Menschen zu klingeln. Um zum *Hilfspionier* ernannt zu werden, musste man ein Formular ausfüllen und von den Ältesten unterschreiben lassen, welches bescheinigte, dass man innerhalb der Versammlung in gutem Ruf stand[1]. Als *Hilfspionier* oder *Pionier* wurde man während einer Zusammenkunft von der Bühne aus namentlich genannt und erhielt dadurch viel Anerkennung. Zudem durfte man an speziellen Treffen mit dem Kreisaufseher teilnehmen, wenn dieser zur gleichen Zeit die Versammlung besuchte. Man wurde direkt und höchst persönlich von einem Mann unterrichtet, der eng mit der Europazentrale verbunden war. Ich fühlte mich ein wenig wie die Speerspitze der Versammlung. Während meine Freunde im Freibad abhingen, verwendete ich meine Freizeit nun damit, *Schätze im Himmel* anzuhäufen.

Kurz nach der Taufe verließ ich die Realschule mit einem Abschluss der Mittleren Reife, den ich gerade so geschafft hatte. Meine drei Fünfer konnte ich nur mit einer Eins in Chemie ausgleichen. Mein Traum, Chemielaborant zu werden, zerplatzte. Das Abitur kam aufgrund meiner Zensuren ohnehin nicht in Frage. Also begann ich mich als Feinoptiker ausbilden zulassen, womit ich anfangs rein gar nichts anfangen konnte. Durch die Empfehlung eines Ältesten, der in einer Berliner Firma tätig war, welche optische Geräte für die lichtnutzende Industrie herstellte, rutschte ich in den Beruf hinein und war froh, mein erstes eigenes Geld zu verdienen. Ich wusste, dass mit mir zusammen noch ein weiterer Zeuge die Ausbildung begonnen hatte, konnte anfangs aber nicht gleich herausfinden, um welchen Kollegen es sich handelte. Aber beim gemeinsamen Essen in der Kantine war die Sache dann schnell klar. Der Kollege hielt vor dem Essen kurz inne, schloss die Augen und neigte seinen Kopf, was ich als stilles Gebet interpretierte.

Höhere Bildung

Als ich in das zweite Lehrjahr wechselte, begann ein Freund aus meiner Versammlung ebenfalls eine Lehre in der Firma. Ich erinnere mich, wie der Ausbilder Probleme damit hatte, diesen Musterschüler einzustellen. Mit seinem Zeugnis standen ihm eigentlich alle Türen offen, er hätte eine Hochschule besuchen und später ordentlich verdienen können. Unser Ausbilder konnte nicht so recht begreifen, warum jemand mit solchen Möglichkeiten sich für den Beruf des Feinoptikers entschied. Ihm fehlte einfach die Sichtweise der *WTG*:

> »Wie steht es damit, an einer Hochschule oder Universität höhere Bildung zu erwerben? [...] nicht wenige, die diesen Bildungsweg einschlagen, finden letztendlich ihren Kopf mit schädlichen weltanschaulichen Ideen und Meinungen vollgestopft. Das ist eine Verschwendung wertvoller Jugendjahre, die man am besten im Dienst für Jehova hätte einsetzen können.«[2]

Und außerdem:

> »Universitäten und andere Hochschulen sind bekannt für Drogen- und Alkoholmissbrauch, Unmoral, Betrug, erniedrigende Streiche und Ähnliches.«

In einer Kolumne für das New York Times Magazine aus dem Jahr 2011 beschrieb David Leonhardt, inwieweit die Zugehörigkeit zu einer Religionsgemeinschaft einen Einfluss auf Bildung und Einkommen haben kann[3]. Er untersuchte 19 religiöse Bewegungen in den USA, von Hinduisten über Katholiken bis hin zu den Zeugen Jehovas. Sowohl was den Besuch eines Colleges betraf als auch in Bezug auf den erweiterten Abschluss an einer *Graduate School* rangierten die Zeugen Jehovas abgeschlagen auf dem letzten Platz. Während noch 31 Prozent der Zeugen Jehovas einen Abschluss am College machten, hatten nur 9 Prozent den erweiterten Abschluss erlangt, was in Deutschland dem Master gleichkommt. Zum Vergleich: Bei den Hinduisten lag der Anteil bei 43 Prozent und bei den Katholiken noch bei 19 Prozent.

Das deckte sich mit den Erfahrungen, die ich in meinem Umfeld machte. Nur in sehr seltenen Fällen entschieden sich junge Zeugen für einen Studiengang. Wozu auch? Harmagedon konnte ohnehin jederzeit um die Ecke kommen. Da war es besser, eine solide Ausbildung in der Tasche zu haben und gegebenenfalls Teilzeit zu arbeiten, um die restliche Zeit dann im Predigtdienst verbringen zu können. So jedenfalls wurde es seitens der Organisation häufig empfohlen.

Ein ehemaliger Ältester berichtete mir, dass Personen, die sich trotz allem für die Universität entschieden hatten, zu seiner Zeit angewiesen worden waren, keine Werbung für das Studium zu machen oder gar davon zu schwärmen. Gelangt allerdings jemand, der studiert hatte, von außen in die Organisation, dann wurden seine Fähigkeiten sehr gerne zum Zwecke der Organisation genutzt. Auch im *Wachtturm* las man gelegentlich von gut ausgebildeten Personen, die später Zeugen Jehovas wurden und als Biochemiker, Embryologen und Hirnforscher tätig waren, teilweise ausgestattet mit einem Doktor- oder Professorentitel. Während sich die *WTG* damit hervortat, dass hochgebildete Menschen, wie etwa der *Professor Yan-Der Hsuuw*, Leiter für Embryonenforschung an der National Pingtung University of Science and Technology in Taiwan, zur *Wahrheit* gefunden hatten, warnt die Organisation junge Menschen gleichzeitig davor, eine höhere Bildung in einer Hochschule zu erlangen[4].

Gerrit Lösch, ein Mitglied der *leitenden Körperschaft*, hielt diesbezüglich im Mai 2018 einen Vortrag in Kanada[5]:

»Wir wollen wirklich ausgewogen sein, was wir in diesem System der Dinge so kurz vor der Großen Drangsal verfolgen wollen. [...] Die meisten Studenten tun dies [an einem College studieren], um einen höheren Lebensstandard zu haben. Manche tun es für den Ruhm, aber die meisten wegen des Geldes. Manchmal wollten die Kinder dies nicht einmal, aber die Eltern drängten sie dazu. Sie wollen sagen können: ›Mein Sohn ist Arzt.‹ Ist das wirklich das Richtige?«

Dann ging er über zu einem Vergleich:

»Das erinnert mich an eine Erfahrung, die in unserer Literatur über einen jungen Mann erwähnt wurde, der eine Zwangsstörung hatte. Er war gezwungen, sich viele Male am Tag die Hände zu waschen. Er konnte einfach nicht aufhören. Er hasste sich so sehr dafür, dass er sich schließlich entschloss, sich umzubringen. Er hat sich eine Waffe gekauft und abgedrückt. Die Kugel ging durch seinen Kopf, aber er überlebte. Genau so gingen einige aufs College und überlebten. Nun überlebte dieser junge Mann und die Kugel traf den Teil des Gehirns, der für seine Zwangsstörung verantwortlich war. Nachdem er sich erholt hatte, war er wieder normal. Ja, er hat überlebt, und dieses Beispiel können wir auch auf das College übertragen. Er hat die Operation überlebt. Aber würden wir das anderen empfehlen?«

Zu den Gründen für die bildungsfeindliche Einstellung der *WTG* habe ich eine ganz persönliche Meinung. Im Gegensatz zur Schulausbildung, die ein jeder durchläuft, lernt man bei einem Studium die Dinge zu hinterfragen, sogar die Informationen, die der Dozent einem versucht mit auf dem Weg zu geben. Man lernt das Lernen an sich, damit man sich neue Themengebiete selbstständig erschließen und sich persönlich weiterentwickeln kann. All das ist genau das Gegenteil von dem, was die *WTG* bei ihren Anhängern gerne sehen möchte.

Im *Königreichsdienst* von September 2007 – einem internen Blatt für die Zeugen Jehovas – hieß es:

> »Billigt es ›der treue und verständige Sklave‹, wenn sich Zeugen Jehovas eigenständig zusammensetzen, um biblische Themen zu untersuchen und zu debattieren? Nein. [...] Daher billigt der ›treue und verständige Sklave‹ keinerlei Literatur, keine Websites und keine Treffen, die nicht unter seiner Leitung hergestellt oder organisiert werden.«[6]

Für mich persönlich ist das die pure Informationskontrolle. Ich muss an »1984« von George Orwell denken oder an die allgemeine Beschreibung eines totalitären Systems.

Anders als zu meiner Schulzeit ging ich in der Ausbildung mit meinen Überzeugungen nicht mehr defensiv um. Ich lernte, erhobenen Hauptes zu meinem Glauben Stellung zu beziehen, und zwang meine Gesprächspartner so in die Defensive. Es war wie ein Schutzmechanismus, den ich mir angeeignet hatte, um als Zeuge Jehovas nicht mehr in die Opferrolle zu geraten. Der Umstand, dass ich während der Ausbildung nicht wieder der einzige Zeuge war, half mir natürlich ungemein.

Ein »Stier, der sogar zur Schlachtung kommt«

Kurz vor meinem 18. Geburtstag zog ich in meine erste eigene Wohnung. Das kam keinesfalls überraschend. Mein Stiefvater und ich hatten seit geraumer Zeit auf diesen Moment hingefiebert. Ich hatte oft von ihm zu hören bekommen, dass ich seine Wohnung mit 18 verlassen würde. Mir war das sehr recht, da unser Zusammenleben für mich ebenfalls kaum noch zu ertragen war.

Er fand eine Einzimmerwohnung für mich, die rund einen Kilometer von meinem Elternhaus entfernt an einer Hauptstraße gelegen war, im obersten Stock eines Mehrfamilienhauses. Die Wohnung hatte gerade einmal 28 Quadratmeter, doch jeder Meter gehörte mir allein.

Wenn man eintrat, befand man sich in einem kleinen Flur, von dem ein Bad mit rund drei Quadratmetern sowie das Wohnzimmer mit einer kleinen angrenzenden Küche abgingen. Die Küche war das einzige Highlight der Wohnung, recht modern und sogar mit einem Ceranfeld ausgestattet.

Ich konnte die Haustür abschließen und genoss meine Privatsphäre. Endlich musste ich meinen Platz mit niemandem mehr teilen. Direkt am ersten Abend schmiss ich eine Einzugsparty, komplett ohne Möbel – nur mit einer Musikanlage und ein paar Getränken im Kühlschrank.

Und als ob ich nicht länger hätte warten können, beging ich am ersten Tag in meiner eigenen Wohnung die Todsünde*: Hurerei*. Ich hatte zwar keinen Sex, aber unter dem Begriff *Hurerei* fällt gemäß der *WTG* bereits das gegenseitige Stimulieren der Geschlechtsteile.

Ich hatte mich schon einige Male zuvor in der Grauzone befunden, und wenn die Ältesten von meinen sexuellen Aktivitäten Wind bekommen hätten, wären meine Ausrutscher wohl ebenfalls als *Hurerei* gewertet worden. Ich sah das anders. Solange keine Kinder durch die Fehltritte entstehen konnten, war es für mich einfach kein Sex.

An diesem Abend in meiner Wohnung kam es technisch gesehen zwar auch noch nicht dazu, dennoch war mir klar, dass ich mich wohl ziemlich weit aus der Grauzone herauslehnte. Doch ich verdrängte Jehova und genoss die Zeit zusammen mit meiner Freundin, die kurze Zeit zuvor mit ihrer Familie in unsere Versammlung gewechselt war.

Ich fühlte mich zu dieser Zeit zum ersten Mal frei und selbstbestimmt. Ich ließ nach dem Duschen die Wassertropfen an den Wänden, ohne dass es hinterher irgendjemand überprüfte. Ich konnte das Licht brennen lassen, wie ich wollte, was ich tatsächlich auch nachts gerne tat, aufgrund eventueller dämonischer Aktivitäten. Theoretisch konnte ich nun sogar selbst entscheiden, ob ich am Abend die Zusammenkünfte besuchte, wobei ich aber noch immer zur selben Gemeinde wie meine Eltern gehörte; insofern konnte ich mein Engagement nicht so schleifen lassen, wie ich es mir gewünscht hätte. Ich musste nach außen weiterhin das Bild eines gut erzogenen Zeugen abgeben, der beweisen wollte, dass er auch ohne Eltern die Wichtigkeit der Versammlung erkannte.

Es war Sommer, und als Clique waren wir ständig unterwegs. In den Bars oder am See gaben wir uns regelmäßig die Kante. Wir unterschieden uns bis auf den Umstand, dass wir donnerstags, samstags und sonntags Zeugen Jehovas waren, kaum von anderen Menschen in unserem Alter. Mit meinem Vater hatte ich wieder mehr Kontakt, da ich nun selbst bestimmen konnte, wann ich ihn besuchen wollte. Meinen 18. Geburtstag feierte ich mit ihm gemeinsam, zusammen mit meiner Freundin und meinem besten Freund. Am selben Abend kam es auch zu meinem ersten Mal – und die Tage danach zu weiteren Malen.

Einige Freunde aus meiner Versammlung wussten Bescheid. Aber niemand erwog es, die Ältesten zu benachrichtigen. Zumal der ein oder andere selbst »Sünden« vor der Versammlung verborgen hielt. Ich hatte Sex, und sie kifften – über Konsequenzen dachten wir nicht nach.

Leider hielt das Hoch, in dem ich mich befand, nur für einige Monate. Dann trennte sich meine Freundin von mir. Ich wurde zurückgeholt in die Realität, und mir wurde bewusst, was mein Leben eigentlich ausmachte: Ich war ein Zeuge Jehovas. In mir machte sich ein Identitätsverlust breit, weil ich eine der schwersten Sünden gegen Jehova begangen hatte, ohne dass sich dabei mein Gewissen gemeldet hätte. Anstatt nach dem ersten Mal in völlige Traurigkeit zu verfallen oder der Situation von vorneherein aus dem Weg gegangen zu sein, hatte ich für relativ lange Zeit ein Doppelleben ohne Gewissensbisse geführt. Ich hatte mich nicht wie Joseph verhalten, als er von Potiphars Frau angebaggert wurde und floh, um sich nicht gegen Gott zu versündigen. Ich war eher wie Adam gewesen, der von der verbotenen Frucht kostete, oder wie ein König David, der sogar einen Meuchelmord begangen hatte, um die hübsche Bathseba zu verführen. Salomo, sein Sohn, hatte es besser gewusst, als er im Bibelbuch »Sprüche« warnte: »Durch die Glätte ihrer Lippen verführt sie ihn. Ganz plötzlich geht er ihr nach wie ein Stier, der sogar zur Schlachtung kommt [...].«

Ich war ein Stier, der freiwillig zur eigenen Schlachtung gegangen war, dachte ich.

Mein Gewissen plagte mich, und mir wurde bewusst, was nötig war, um meiner Eintrittskarte ins Paradies wieder Gültigkeit zu verleihen. Ich beichtete zunächst bei meiner Mutter, was ich getan hatte. Sie vereinbarte daraufhin einen Termin mit dem Aufseher der Ältesten. Wir fuhren gemeinsam zu ihm nach Hause, und ich erzählte ihm von meiner »Übertretung«. Es kostete mich Überwindung, über mein Sexleben zu reden. Aber durch das Gespräch entlastete ich mein Gewissen, und auch das freundliche Gesicht des Ältesten machte die Sache einfacher. Er sprach mir gut zu und war stolz auf mich, dass ich mich von selbst stellte. Er las noch den einen oder anderen Bibeltext vor und gab mir ein Kapitel als Hausaufgabe auf, welches ich intensiv lesen sollte. Ein

Psalmen-Lied von König David, in dem er darüber sang, wie leid ihm das doch alles täte, mit dem Meuchelmord und so.

Der Abend beim Ältesten war allerdings nur der inoffizielle Teil. Ich musste natürlich noch vor »Gericht«.

Interne Gerichtsbarkeit

Die Zeugen Jehovas haben ein eigenes Rechtssystem. Die Ältesten übernehmen hierbei die Rolle des Richters[7]. Sie werden in den Publikationen der *WTG* angehalten, auf die Mitglieder einer Versammlung zu achten, »auf jedes Anzeichen […], dass es Brüdern und Schwestern nicht gut geht«, und sollen in einem solchen Fall »sofort aktiv« werden. Besondere Beachtung sollen sie hierbei denjenigen zukommen lassen, die sich von »der Herde« entfernt haben. Es gilt, die Versammlung vor schlechten Einflüssen zu schützen, was auch bedeuten kann, dass Personen, bei denen keine Reue zu beobachten ist, aus der Gemeinde ausgeschlossen werden.

Um die Einstellung des Sünders zu überprüfen und *geistigen Beistand* zu leisten, wird ein Rechtskomitee bestehend aus drei Ältesten eingerichtet. Hierfür muss die Verfehlung allerdings nachgewiesen worden sein. Dies geschieht entweder dadurch, dass die sündige Person ein Geständnis ablegt, wie in meinem Fall, oder mindestens zwei Zeugen die Tat bestätigen[8].

Gibt es kein Bekenntnis des Angeklagten und auch keine zwei Zeugen, dann »überlassen die Ältesten die Angelegenheit Jehova«[9].

Damit sichergestellt wird, dass die Ältesten hierbei nicht nach eigenem Gutdünken handeln, erhält jeder Älteste ein Buch, dass Hilfestellungen bietet, um die Rechtsangelegenheiten innerhalb einer Versammlung zu regeln. Das sogenannte *Ältestenbuch* ist für den gemeinen Zeugen eine eher unbekannte Publikation. Ich wusste lange Zeit nichts von dessen Existenz. Einblick wird Personen, die in der Hierarchie weiter unten angesiedelt sind, nicht gewährt.

Im *Ältestenbuch* werden Missetaten aufgezählt, die zu einem Rechtskomitee führen können. Da wäre zum Beispiel die *Pornéia*. *Pornéia* bezieht sich auf jegliche sexuelle Unmoral. Welche Handlungen dies einschließt wird von der *leitenden Körperschaft* festgelegt[10]. Es gibt den »widernatürlichen unsittlichen Gebrauch der Genitalien in unzüchtiger Absicht«, also die absichtliche Reizung der Genitalien einer anderen Person, mit der man nicht verheiratet ist.

Vergewaltigung fällt laut *WTG* nicht unter den Begriff *Pornéia*. Allerdings sollen Älteste die »Faktoren berücksichtigen wie die psychische Verfassung des Betreffenden, welche Umstände zu der Tat führten und ob man Zeit verstreichen ließ, bevor man Meldung machte«[11].

Das Ältestenbuch verweist auf einen *Wachtturm* aus dem Jahr 2003. Dieser beschreibt zwei Fälle, die in der Bibel aufgezeichnet wurden, in denen Frauen vergewaltigt werden:

> »Bei der ersten geht es um einen Mann, der eine junge Frau in einer Stadt antraf und sich zu ihr legte. Doch die Frau schrie nicht, um Hilfe herbeizurufen. Sie wurde schuldig gesprochen, weil ›sie in der Stadt nicht geschrien hat‹.«[12]

Was die *WTG* hier recht diplomatisch mit »schuldig gesprochen« ausdrückt, bedeutete die Hinrichtung durch Steinigung wegen Nicht-Schreiens, da die Frau bereits verlobt war. Wäre sie noch frei gewesen, hätte der Mann sie anschließend heiraten sollen.

Weiter heißt es:

> »Wenn sie geschrien hätte, hätten ihr andere möglicherweise zu Hilfe kommen können. […] Im zweiten Fall traf ein Mann eine junge Frau auf dem Land an, wo er sie ›packte und bei ihr lag‹. Die Frau wehrte sich zwar und »schrie, aber da war niemand, der ihr zu Hilfe kam«. Diese Frau ließ im Unterschied zu der im ersten Fall erwähnten nicht alles mit sich geschehen. Ihr Schreien bewies, dass sie sich der Vergewaltigung

widersetzte; sie hatte sich nicht schuldig gemacht. [...] Der erwähnte Bericht unterstreicht, wie wichtig es ist, Widerstand zu leisten und um Hilfe zu rufen.«

Älteste sollen mithilfe dieser Anleitung die *Faktoren* im Falle einer Vergewaltigung überprüfen – drei Männer allein mit einer Frau. Die Verhandlung würde zunächst ohne Gegenwart von Zeugen abgehalten werden, sodass sich die Person allein vor den Ältesten äußern und unter Umständen den Tathergang beschreiben kann. Ein Rechtskomitee würde in einem solchen Fall unabhängig von einer Strafverfolgung durch Polizei und Behörden erfolgen, und auch auf den Ausgang eines solchen Zeugen-Gerichts hätten säkulare Untersuchungen oder Verurteilungen keinen Einfluss. Es gilt das Rechtssystem Jehovas, der immer zwei Zeugen oder ein Geständnis fordert, damit eine Tat bewiesen werden kann. Die Zeugen machen alles unter sich aus.

Hinzu kommt, dass es im Falle einer Vergewaltigung auch zu einer Gegenüberstellung zwischen Täter und Opfer kommen kann, die dann von den drei Ältesten *moderiert* wird[13]. Wie sich eine Frau hierbei fühlen mag, war Gegenstand einer Untersuchung der Zeugen Jehovas durch die Royal Commission in Australien. Man befragte im August 2015 ein Mitglied der *leitenden Körperschaft* – Geoffrey Jackson –, ob er sich vorstellen könne, wie sich eine Frau in einer solchen Lage fühle. Geoffrey Jackson wies darauf hin, dass er gar keine Frau sei und nicht in ihrem Namen sprechen wolle: »Obviously I'm not a woman ...«[14]

Das Ältestenbuch nimmt noch auf weitere Missetaten Bezug, die die Einrichtung eines Rechtskomitees nach sich ziehen. Wenn beispielsweise ein Mitglied »trotz wiederholter Ermahnung willentlichen, fortgesetzten, unnötigen Umgang mit einem Ausgeschlossenen« hat. Auch *Abtrünnigkeit*, worunter das Begehen von Feiertagen (Weihnachten, Ostern, etc.) fällt sowie das »bewusste Verbreiten von Lehren, die der von Jehovas Zeugen gelehrten biblischen Wahrheit widersprechen«, kann zu einem Rechtskomitee und im Anschluss zum Gemeinschaftsentzug führen[15].

Die Einschätzung, ob jemand Reue bekundet und deshalb in der Organisation verbleiben kann, obliegt den drei Ältesten. Ist Reue zu erkennen, erhält die Person eine Zurechtweisung. Diese kann öffentlich vor allen Anwesenden erfolgen, insbesondere wenn einige aus der Versammlung Wind von der Sache bekommen haben. Zudem kann der Sünder mit Sanktionen belegt werden. Dies schließt mit ein, dass man sein Amt vorübergehend verliert, Vorrechte nicht mehr ausüben darf oder sich eine Zeit lang mit seinen Kommentaren während der Zusammenkünfte zurücknehmen muss[16].

So wurde ich also zu meinem ersten Rechtskomitee geladen. Drei Älteste empfingen mich im Nebenraum der Versammlung, hinter verschlossenen Türen. Sehr freundlich stellten sie mir diverse Fragen, beispielsweise ob es ein Ausrutscher gewesen sei oder wir es über einen längeren Zeitraum miteinander getrieben hätten. Da saßen nun die drei Männer, die weder Jura noch Psychologie studiert hatten, und hielten Gericht über mich. Sie konnten darüber entscheiden, ob ich in der Versammlung verbleiben oder ausgeschlossen werden würde, was zur Folge gehabt hätte, dass ich meine Familie und meine Freunde verlor.

Zwischenzeitlich musste ich den Raum verlassen, damit die Ältesten über meinen Fall beraten konnten. Ungefähr eine Viertelstunde später wurde ich wieder hereinzitiert. Ich beteuerte, dass ich meine Sünde bereute, weinte und wollte nichts weiter als die Absolution. Und die erhielt ich auch. Wahrscheinlich kam mir der Umstand zugute, dass ich mich selbst gestellt hatte. Die Ältesten teilten mir mit, dass sie die Reue erkannten und ich mit einer Zurechtweisung davonkommen würde – natürlich öffentlich vor der gesamten Versammlung, denn von den Abenteuern zwischen meiner Freundin und mir wussten inzwischen einige Leute Bescheid.

Ich fühlte mich wegen meiner Schuld jedoch noch immer nicht frei, da ich ja wusste, was meine Freunde so trieben. Sie hatten zwar nur gekifft, aber laut *Ältestenbuch* waren sie damit auch eines Rechtskomitees würdig. Also schwärzte ich sie sowie meine Ex-Freundin bei den Ältesten an. Aus Sicht der *WTG* tat ich das Richtige, heute komme ich mir deshalb mies vor. Ich war kein guter Freund. Wenn zufällig jemand diese Zeilen liest, der damals von mir verpfiffen worden ist – es tut mir leid. Ich dachte wirklich, ich würde euer Leben retten, dabei habt ihr nichts weiter getan, als eure jugendliche Neugier zu befriedigen.

Endlich fühlte ich mich von meiner Last befreit. Ich hatte meine Sünde sowie die meiner Freunde bekannt. Bei einer der nächsten Zusammenkünfte kam es zu einer Massen-Zurechtweisung in unserer Versammlung. Eine Vielzahl von Jugendlichen wurde, nachdem sie ebenfalls ein Rechtskomitee durchliefen, öffentlich als Sünder gebrandmarkt. Die Namen jedes Einzelnen, mich eingeschlossen, wurden nacheinander aufgerufen, ohne dass auf die Sünden näher eingegangen wurde. Im Nachgang beschwerte sich dann eine Mutter, so erfuhr ich, weil ihr Sohn in einem Rutsch mit mir zusammen genannt wurde. Ihr Kind habe weitaus weniger Sünde getrieben als ich. Sie hätte sich wohl gewünscht, dass man mich abseits der anderen aufriefe, um den Unterschied der Sünden herauszustellen.

Für mich ist das heute nur wieder ein Beweis für das Konkurrenzdenken unter den Eltern. Es geht nicht nur darum, wessen Kind eher getauft wird oder Vorrechte in der Versammlung erhält, sondern auch welches Kind weniger anstellt.

Ich für meinen Teil hatte den Wunsch, nie wieder so schwer zu sündigen. Ich wollte wieder in ein gutes Verhältnis zu Jehova gelangen, und so zeigte ich nach meinem Vergehen *Werke der Reue*, so wie es die Ältesten mir während der Verhandlung geraten hatten. Ich ging vermehrt in den Predigtdienst und studierte eifrig die Publikationen der *WTG*.

Ich freundete mich in dieser Zeit mit einem vorbildlich wirkenden Zeugen aus meiner Nachbar-Versammlung an – ich nenne ihn Sven. Wir studierten, wenn wir uns gemeinsam trafen, den *Wachtturm* und strichen brav die Antworten zu den Fragen im kommenden Studienartikel an. Wir beteten gemeinsam, sprachen über unsere Ziele in der Organisation, gingen zusammen in den Predigtdienst und meldeten uns gemeinsam für den *Hilfspionier* an. Nach außen konnte man wahrnehmen, dass wir zwei uns gegenseitig guttaten und es entwickelte sich eine enge Männerfreundschaft. Wir konnten über alles sprechen, lagen voll und ganz auf einer Wellenlänge und teilten die gleichen Interessen.

Und mit der Zeit ließen wir die Masken fallen und widmeten uns unseren tatsächlichen Vorlieben! Wir organisierten die eine oder andere Privat-Party bei mir zu Hause. Auf 28 Quadratmetern war die Hütte dann gerammelt voll mit Zeugen, wobei jeder weniger als einen Quadratmeter übrig hatte. Wir besuchten auch regelmäßig Diskotheken und schlossen neue Kontakte. Ab und an nahmen wir Frauen mit nach Hause, doch es kam nie zum »Äußersten«, da achteten wir beide gegenseitig auf uns. Bevor wir zu weit gehen konnten, meldeten wir uns einfach nicht mehr bei den Frauen.

Nach außen hielten wir den Anschein der vorbildlichen Zeugen aufrecht, sowohl vor unseren Eltern als auch in der Versammlung. Tagsüber waren wir im Predigtdienst und in der Versammlung, abends und nachts in den Spaßzentren Berlins unterwegs.

Eines Abends lernten wir eine junge Frau kennen und luden sie zu mir nach Hause ein. Wir führten einen Hahnenkamp auf, und gegen Ende des Tages küsste sie mich, sodass ich den Wettstreit für mich gewann. Allerdings empfand ich dann doch etwas mehr für diese Frau. Ich versuchte das anfangs vor Sven geheim zu halten, und als er schließlich doch in Erfahrung brachte, dass sich zwischen uns etwas anbahnte, redete er mir ins Gewissen. Das war der Anlass, ihr zu eröffnen, dass ich ein Zeuge Jehovas war. Ich dachte mir, vielleicht würde sich die Beziehung dadurch in Luft auflösen, oder ich hätte eine gute Ausrede, um auf den Sex zu verzichten. Die Beziehung wurde jedoch ernster, und Sven arrangierte sich mit uns.

Mit der Zeit machte ich meiner Freundin klar, dass, wenn sie keine Zeugin Jehovas werden würde, unsere Beziehung ziemlich kompliziert werden könnte. Ich haderte innerlich mit mir, ob ich mich trennen oder mit ihr zusammenbleiben sollte. Doch sie nahm mir die Entscheidung ab und begann mit meiner Mutter ein *Heimbibelstudium*. Mit dem Sex wollten wir bis zur Ehe warten – eigentlich. Denn es kam, wie es kommen musste. Ich »versagte« erneut, und wir führten eine Beziehung, in der es über Händchen halten und Küsschen hinausging.

Ich zeigte zu dieser Zeit Reaktionen, die mir ziemlich neu waren. Ich wurde teilweise sehr depressiv und hatte zunehmend dunkle Gedanken. Dann wiederum gab es Zeiten, in denen ich überschwänglich reagierte, anderen verbal vor den Kopf stieß und Geld ausgab, das ich nicht hatte. Meine Hochs und Tiefs störten unsere Beziehung ganz erheblich, vor allem weil das schlechte Gewissen dieses Mal nicht von mir abließ. Irgendwann zog meine Freundin die Reißleine und trennte sich von mir – ich nehme an, weil sie mich kaum noch ertragen konnte. Viel schlimmer wog jedoch, dass sie das *Heimbibelstudium* mit meiner Mutter beendete. Ich gab mir damals die Schuld und dachte, ich hätte ihr den Eintritt ins Paradies verwehrt.

Die Ereignisse zogen mir komplett den Boden unter den Füßen weg. Nach der Trennung fiel ich ein tiefes Loch. Ich hatte meine Freundin verloren und war zum Wiederholungstäter geworden, der sich innerhalb eines halben Jahres zum zweiten Mal vor Jehova versündigt hatte.

Meine depressiven Gedanken wurden in kürzester Zeit so stark, dass in mir mehr und mehr der Wunsch aufkam zu sterben. Ich hatte keinen Bock mehr auf die Arbeit, wollte nur noch in meiner kleinen Wohnung vor mich hinvegetieren. Mein Hals schnürte sich regelmäßig zu, ich konnte es kaum noch ertragen, mit alldem weiterleben zu müssen. Ich schrie innerlich ohne einen Ton von mir zu geben. Ich narkotisierte meine Gedanken regelmäßig mit Alkohol und blieb immer öfter der Arbeit fern. Um nicht aufzufallen, ging ich weiterhin zur Versammlung, aber jedes Mal hatte ich dort das Gefühl, dass ich es nicht länger wert wäre, ein Zeuge Jehovas zu sein.

Ich befand mich in einer Zwickmühle: Ich traute mir vorerst nicht zu, jemanden aus meinem Umfeld von meinen Gedanken zu erzählen, auch nicht Sven. Ich wollte vor allem meine Sünde verheimlichen und einer erneuten Beichte aus dem Weg gehen.

Von der Arbeit besorgte ich mir Rasierklingen, was mich zunächst beruhigte, da ich ein Werkzeug hatte, mit dem ich meinem Leben jederzeit ein Ende hätte setzen können. Irgendwann betrank ich mich mit Wein, ließ Wasser in die Badewanne laufen, legte die Klinge auf die Kante und fing an mich zu ritzen. Ich wusste, dass ich mich längs an den Pulsadern aufschneiden musste, doch ich tat es nie so tief, dass mein Leben ernsthaft in Gefahr geraten wäre. Es gab mir jedoch ein befreiendes Gefühl, dass ich vielleicht versehentlich tiefer in die Haut geraten könnte. Die Narben erinnern mich bis heute an diese Zeit.

Das Ritual wiederholte sich mehrere Male. Ich betete sehr oft, dass Jehova den Schmerz von mir nehmen solle, dass es mir leid tue, ihn erneut enttäuscht zu haben, dass ich aber nicht die Kraft hätte, jemanden davon zu erzählen. Ich schrieb einen Brief, in dem ich mich von meinen Eltern und meinen Freunden verabschiedete. Es fiel mir schwer zu schreiben, mir liefen ununterbrochen die Tränen über das Gesicht, und ich dachte darüber nach, wie das Leben ohne mich weitergehen würde. Ich war in diesem Moment überzeugt, in wenigen Minuten nicht mehr am Leben zu sein, so entschlossen war ich. Ich setzte die Klinge erneut an, aber ich konnte es einfach nicht.

Eines Abends telefonierte ich mit meiner Ex-Freundin und sprach mit ihr über meine Selbstmordgedanken. Ich machte ihr zwar klar, dass ich mir nicht wirklich das Leben nehmen wollte, dennoch standen kurze Zeit später zwei Polizisten vor meiner Tür.

Sie brachten mich in eine psychiatrische Klinik in Berlin-Zehlendorf. Ich verbrachte die Nacht mit Menschen, die mir Angst machten. Aus den Gängen vernahm ich Schreie, einige gingen auf und ab und erzählten immer wieder die gleichen verstörenden Geschichten. Ich hatte das Gefühl, dort nicht hinzugehören und wollte nur noch raus.

Ich telefonierte mit meiner Mutter, sie war deutlich geschockt. Sie konnte mich allerdings nicht abholen, bevor ich nicht mit dem zuständigen Arzt gesprochen hatte. Ich vermied es im Gespräch, ihm einen Hinweis auf meine Religionszugehörigkeit zu geben, und er sah es scheinbar als ungefährlich an, mich gehen zu lassen. Ich musste allerdings von einer Person meines Vertrauens abgeholt werden, und das war in diesem Fall meine Mutter.

Ich erzählte ihr, was geschehen war, was in mir vorging und von meinem erneuten Scheitern: dass ich wieder Sex gehabt hatte. Ich dachte, meine Mutter müsste doch so schockiert sein, dass ich infolge meiner Selbstmordabsichten eingewiesen worden war, da könnte sie meinen »Ausrutscher« doch nicht mehr als so schlimm empfinden.

Sie war so einfühlsam, wie es eine Mutter in einer solchen Situation nur hätte sein können. Dennoch war bald klar, dass ich um ein erneutes Rechtskomitee nicht herumkommen würde.

Ich hatte nicht die Kraft, denselben Ältesten von der Sache zu erzählen, darum machte ich mit meiner Mutter aus, ein drittes Mal die Versammlung zu wechseln und mich dann im Anschluss zu stellen.

Sie verstand mich in der Sache, zumal ich tatsächlich Sehnsucht nach meiner alten Versammlung hatte, in der ich als kleiner Junge gewesen war. Zwar würde allen noch der freche Junge in Erinnerung sein, dachte ich, der unter den Stuhlreihen entlangkroch und den Damen unter die Röcke schaute, aber mittlerweile war das ja verjährt und ich zumindest ein bisschen reifer. Die Ältesten fand ich dort alle viel netter, und ich hatte auch schon einen im Sinn, mit dem ich über mein »Fehlverhalten« reden konnte.

So verließ ich die Versammlung meiner Eltern und begab mich zurück zu meinen Wurzeln. Ich bat den Ältesten, den ich für mein Vorhaben auserwählt hatte, mich zu Hause zu besuchen. Ich war unheimlich aufgeregt, obwohl ich eigentlich schon Übung in der Sache hatte. Es war ein Mittwochabend im Herbst 2003. Der Älteste begutachtete kurz meine Wohnung, wir hielten etwas Smalltalk und setzten uns auf die orangefarbene Couch, die noch aus meiner Kinderzeit stammte. Mir war bewusst, dass ihm wiederum klar sein musste, dass ich den Wunsch hatte zu beichten. Ansonsten lädt man einen Ältesten nicht zu einem Gespräch unter vier Augen ein. Ich konnte das Gespräch nicht einfach mit dem Thema Sex beginnen, also stellte ich mich zunächst mit den letzten Ereignissen vor. Er war sichtlich geschockt von meinen depressiven Gedanken und dem Umstand, dass ich in eine psychiatrische Klinik eingewiesen worden war. Danach fiel es mir dann nicht mehr so schwer, den eigentlichen Grund für mein Gesprächsgesuch zu nennen. Ich berichtete ihm, dass es nicht das erste Mal war, dass ich Sex gehabt hatte, sondern bereits einen Komiteefall hinter mir hatte. Ich redete wie ein Wasserfall, ohne ihn zu Wort kommen zu lassen. Ich wollte einfach alles hinter mich bringen, und wartete dann seine Reaktion ab. Er hielt kurz inne, lächelte und sagte: »Hut ab!«

In diesem Moment fiel alles von mir ab. Ich war so erleichtert, dass es nun raus war und er mit Verständnis reagierte. Von diesem Moment an konnte es nur noch bergauf gehen. Ich hatte das Schlimmste hinter mich gebracht. Das Rechtskomitee würde ich mich Leichtigkeit packen, dachte ich.

Und so fand ich mich wenig später im Nebenraum der Versammlung wieder, vor drei Ältesten, die mich als kleinen Jungen in Erinnerung hatten, wohingegen ich nun als halb erwachsener Mann vor ihnen saß, um mit ihnen über meine »Verfehlung« zu sprechen – über Sex. Ich erzählte ihnen von den Vorwürfen, die ich mir machte, weil ich erneut Jehova enttäuscht hatte. Ich sagte ihnen, dass irgendetwas mit mir scheinbar nicht normal lief, dass ich vielleicht Probleme hätte, mich zu zügeln, was den Sex betraf. Wenn ich so darüber nachdenke, muss ich etwas schmunzeln, wie ich so einen Mist von mir geben konnte. Aber ich war tatsächlich überzeugt, dass *ich* zu den Wenigen gehören würde, die so massiv und wiederholt sündigten. Jedenfalls erteilte man mir erneut die Absolution, und das Spielchen mit den Sanktionen ging von vorne los. Ich durfte mal wieder nichts, außer zu predigen – das ging anscheinend immer.

Das Gute war, dass ich diesmal keine öffentliche Zurechtweisung vor der Versammlung erhielt. Das wäre für den Neustart in meiner Ur-Versammlung auch ziemlich unglücklich gewesen. Den Ältesten aus meiner ehemaligen Versammlung, die das erste Rechtskomitee mit mir veranstalteten, hatte man jedoch Bericht erstattet.

Mit einem von ihnen ging ich kurze Zeit später noch einmal in den Predigtdienst. Wir sprachen ein wenig über die vergangenen Ereignisse. Er war mir gegenüber sehr kühl. Irgendwie fehlte ihm die Fähigkeit zur Empathie. Jedenfalls machte er mir klar, während wir auf einem Treppenabsatz eine kurze Pause einlegten, dass für meinen Selbstmordversuch – eigentlich waren es ja eher Absichten – auch ein Rechtskomitee nötig gewesen wäre, da es sich hierbei ebenfalls um eine Sünde handelte. Das saß!

Ich war froh, als sich unsere Wege wieder trennten. Seine Aussage beschäftigte mich noch eine Zeit lang, seine Worte sorgten immer wieder für dunkle Momente und zogen mich herunter. Erst viele Jahre später begriff ich, was er meinte, als ich das *Ältestenbuch* zum ersten Mal in den Händen hielt. Im Kapitel 5 – »Wann ein Rechtskomitee gebildet werden sollte« – wird als zweiter Grund nach dem Totschlag der Selbstmordversuch aufgeführt. Dort heißt es:

»Ein Selbstmordversuch kann auf tiefe Verzweiflung oder eine Depression zurückzuführen sein. Man sollte mit dem Bruder oder der Schwester mitfühlend und rücksichtsvoll umgehen. Meistens ist keine Rechtskomiteeverhandlung erforderlich.«[17]

Manchmal aber schon? Jedenfalls war Rücksicht und Mitgefühl nicht gerade die Stärke des Ältesten. Allerdings kann jeder in diese Stellung hineingeschubst werden. Dazu sind keine speziellen Fähigkeiten notwendig. Sofern jemand genug predigt, tolle Vorträge hält und ein Vorbild für andere ist, zumindest von außen betrachtet, kann er Ältester werden[18]. Psychologisch ausgebildet oder sonst wie im Umgang mit Menschen geschult sind die meisten nicht. Nur eben Männer müssen es sein.

Mit meiner Mutter suchte ich später professionelle Hilfe bei einem Psychologen. Das entschieden wir selbst, nicht etwa auf Empfehlung der Ältesten. Es wurde eine bipolare Störung diagnostiziert sowie eine Überfunktion der Schilddrüse. Mir wurden Antidepressiva und Gespräche verordnetn. Ich ritzte mich zwar ab und zu noch, aber nur zur »Entspannung«. Erneut nahm ich mir vor, Jehova zukünftig nicht mehr zu enttäuschen und *Werke der Reue* zu zeigen.

Unsere Diskobesuche führten Sven und ich dennoch fort. Im April 2004 lernte ich an einem dieser Abende die wundervollste Frau kennen, die ich je traf. Ich war hin und weg. Wir lernten uns auf der Tanzfläche kennen, und ich lud sie daraufhin auf einen Drink ein. Nach ein paar Küssen tauschten wir unsere Nummern aus – mit der Absicht, in Kontakt zu bleiben. Noch auf dem Heimweg kam ich ins Schwärmen und beschrieb Sven überschwänglich, wie sehr es um mich geschehen war. Es waren ihre Lippen, die es mir angetan hatten.

Die vergangenen Monate verdrängte ich völlig, die Gerichtsprozesse, die hinter mir lagen. Ich schrieb ihr mehrere Nachrichten, auf die sie allerdings nicht reagierte. Aber ich ließ nicht locker und rief sie wenige Tage später an. Ich erzählte ihr, dass der Gedanke an sie mich kaum noch ruhig schlafen ließ und ich sie gerne wiedersehen wollte. Dass ich nicht locker ließ, imponierte ihr, sodass sie sich auf ein erneutes Treffen einließ.

Sven und ich waren etwas früher als verabredet in der Diskothek, wo wir uns das erste Mal getroffen hatten. Aufgeregt suchte ich sie in der tanzenden Masse. Noch bevor sie mich sah, erblickte ich sie: Ihre dunkelbraunen Haare waren zu einem Zopf gebunden, sie trug hellblaue Jeans zu einem gelben Oberteil – mein Herz fing an zu hüpfen. Trotz des Lärmpegels unterhielten wir uns angeregt und bemerkten, dass wir ähnliche Interessen hatten und über dieselben Dinge lachen konnten – es passte einfach.

Noch am selben Abend kam sie mit zu mir nach Hause. Am nächsten Morgen hätte ich mich eigentlich zu einem Kongress nahe Berlin begeben müssen, aber ich verbachte den Vormittag lieber mit meiner Freundin. Mit dem Auto von Sven, das er mir überließ, während er den Kongress besuchte, fuhr ich sie später nach Hause zu ihren Eltern, die etwas außerhalb von Berlin in einem kleinen Städtchen mit Haus und Garten wohnten. Wir saßen draußen, und ihr Vater beäugte mich argwöhnisch. Er hätte auch allen Grund dazu gehabt, wenn er gewusst hätte, wo genau seine Tochter einige Zeit später hineinschlittern würde, jedoch hielt ich meine Zugehörigkeit zu den Zeugen Jehovas noch einige Wochen vor ihm und meiner Freundin geheim.

Später eröffnete ich ihr meine Überzeugung, vor allem weil ich versuchte, enthaltsam zu bleiben und ich ihr das nach einigen Wochen Abstinenz nur noch schwer erklären konnte. Natürlich ging die Sache mit der Abstinenz nicht lange gut, Es kam, wie es kommen musste. Ich war ein hoffnungsloser Fall. Irgendwie musste Gott bei mir gefuscht haben, dachte ich. Wieder brachte ich mich in diese Lage, aber ich war bis über beide Ohren verliebt und wollte an der Beziehung festhalten. Ich hatte das Gefühl, dass es etwas Ernstes war.

Sven, der im Gegensatz zu mir enthaltsam war, hatte dennoch ein Auge auf ihre Freundin geworfen, und so verbrachten wir einige Abende zu viert auf Partys, die dann in meiner Wohnung endeten. Meist war es schon hell, wenn wir bei mir zu Hause ankamen. Einmal lernten wir sogar in einer Berliner Diskothek die Putzkolonne kennen, während die Lichter von Partymodus auf normal umgestellt wurden. An diesem Abend traf ich einen alten Klassenkameraden wieder, der mich bei einem gemeinsamen Besuch auf der Herrentoilette nach einem Geldschein fragte. Ich zog meine Scheine aus der Hosentasche, und er nahm sich ausgerechnet den Fünfziger. Ich solle ihm vertrauen, meinte er. Er verschwand in der Kabine und kam kurze Zeit wieder heraus. Er gab mir meinen eingerollten Geldschein zurück, und ich ging in die Kabine und erblickte ein weißes Pulver, ordentlich als Line auf dem Spülkasten aufbereitet. Ich hatte zwar keine Erfahrung, aber wusste sofort, was zu tun war. Eine Stunde später wiederholten wir das Ganze.

Ich tanzte weiter, als die bunten Lichter schon längst erloschen waren. Während Sven und meine Freundin völlig übermüdet an der Bar rumhingen, machte ich Party, allein auf der Tanzfläche.

Ich hätte mich später sicher noch einmal auf das weiße Zeug eingelassen, aber meine Freundin bewahrte mich damals davor, wofür ich ihr bis heute sehr dankbar bin.

Warum ich das tat, frage ich mich. Vermutlich dachte ich: ganz oder gar nicht. Wenn ich eh schon auf dem Untergangstrip war, dann mit allem, was dazu gehörte. Harmagedon kam für mich nicht mehr in Frage, also kostete ich vorher alles aus, was mir geboten wurde. Sven hatte damit auch keine Probleme. Wenn, dann würden wir gemeinsam untergehen, dachte ich mir.

Mein Doppelleben fing langsam an zu bröckeln. Ich ging kaum noch zu den Zusammenkünften, in den Predigtdienst schon gar nicht. Das führte dazu, dass die Ältesten auf mich aufmerksam wurden und mich zu erreichen versuchten. Ich ging nicht an mein Handy. Ich wusste, wenn ich mich auf ein Gespräch einließ, würde ich ihnen nicht länger etwas vorspielen können.

Ich manövrierte mich immer tiefer in eine Sackgasse. Ich war zwar noch ein tiefgläubiger Zeuge Jehovas, wollte aber an meinem derzeitigen Leben nichts verändern, und gleichzeitig wusste ich, dass ich nicht für immer so weitermachen könnte.

Einen kleinen Lichtblick gab es, als Sven und meine Freundin mich eines Tages in die Küche zitierten. Zuvor hatte sie ihm eröffnet, dass sie

Bücher der *WTG* bei mir gefunden und darin gelesen hatte. Sie war sehr von dem berührt, was in den Büchern stand. Sie weinte, vor allem weil sie gerade selbst eine schwere Phase durchmachte und die Texte ihr etwas gaben, wonach sie sich sehnte. Sie war zu diesem Zeitpunkt, so sehe ich das heute, anfällig dafür, eine Zeugin Jehovas zu werden.

Für mich eröffnete sich dadurch ein Ausweg. Ich wusste, was nun zu tun war. Ich hielt einfach das Versteckspiel nicht länger aus. Ich teilte Sven mit, dass ich mich den Ältesten stellen würde. Er war nicht sonderlich begeistert von der Idee. Ich nehme an, dass er Sorge hatte, seinen guten Ruf in der Versammlung zu verlieren.

Meine Freundin, die bereits bei mir wohnte, wartete an diesem Abend auf mich. Ich zog los in die Versammlung, um Stellung zu beziehen. Insgeheim war mir wohl bewusst, dass mich der Ausschluss erwartete.

Ich teilte den Ältesten mit, dass ich nach der Zusammenkunft gerne mit ihnen reden würde. Ich saß also wieder einmal im Nebenraum, hinter verschlossenen Türen. Mein Herz schlug immer schneller. »Was würden sie sagen? Würde ich vielleicht doch einknicken und mich für den Verbleib in der Organisation entscheiden?«

Sie fragten mich, was los sei, drei Männer, die mir einige Monate zuvor noch die Absolution erteilt hatten. Ich erklärte ihnen unter Tränen, dass ich erneut schwach geworden sei.

Ihre Gesichter strahlten wieder die gewohnte Herzlichkeit und Wärme aus, denn ich hatte den ersten Schritt unternommen, genau wie es die Organisation wünschte. Sie waren sich in diesem Moment noch nicht bewusst, dass ich mit meiner Freundin noch zusammen war und es eigentlich auch bleiben wollte. Nachdem ich ihnen diese Information geliefert hatte, fragten sie mich, ob ich mich von ihr trennen würde. Als ich das verneinte, setzten sie ernste Mienen auf.

Aber was hätte ich sagen sollen? Ich liebte diese Frau und wollte an der Beziehung festhalten. Ich war mir vollkommen im Klaren, dass beides zusammen nicht ging – ein Zeuge Jehovas sein und unverheiratet mit einer Frau zusammenleben. Und prompt sagte einer der Ältesten den Satz, der mich in Mark und Bein erschütterte und mit dem ich so nicht gerechnet hatte: »Wir müssen dir mitteilen, dass du kein Teil mehr des Volkes Gottes bist.«

Für einen Zeugen Jehovas ist das wohl die schlimmste Nachricht überhaupt. Vielleicht noch schlimmer, als wenn jemand verstorben ist – denjenigen kann man ja im Paradies noch wiedersehen. Ich hatte damit gerechnet, dass sie mich aus ihrer Versammlung ausschließen, aber dies aus dem Mund des Ältesten zu vernehmen, hat mich dann doch sehr getroffen.

Ich verließ den Nebenraum und ging zurück in den Saal. Die meisten Mitglieder unserer Versammlung waren noch anwesend und unterhielten sich angeregt. Ich ging zu meinem Platz. Ein Freund kam und fragte, was los sei. Ich brach in Tränen aus und sagte ihm, dass ich gerade ausgeschlossen worden war. Er wusste nicht so recht, wie er damit umgehen sollte. Er versuchte, mich zu trösten.

Ich sank völlig entkräftet auf meinen Stuhl. Claudia, die meine Mutter zu den Zeugen geführt hatte, kam zu mir und reagierte völlig entspannt auf die Nachricht. Sie war sich sicher, dass ich irgendwann zurückkommen würde. Ich verließ den *Königreichssaal* und lief den ganzen Weg zu Fuß nach Hause. Als ich ankam, nahm mich meine Freundin in den Arm, der einzige Mensch, der mir jetzt noch geblieben war, der mich so liebte, wie ich war. Sie hatte den Kontakt zu mir gesucht, als ich ein Zeuge Jehovas war, und suchte ihn auch jetzt. Ihr war es egal, ob ich drin oder nicht drin war. Sie verstand noch nicht so recht, was dieser Ausschluss letztendlich für mich bedeutete und welche Konsequenzen mich erwarteten. Aber ich hatte mich für sie entschieden, und das war das Wichtigste.

*»Man kann einen anderen nur richtig verstehen,
wenn man die Dinge von seinem Gesichtspunkt aus betrachtet.«*

Wer die Nachtigall stört (1960)

DIE RÜCKKEHR

Ich war jetzt ein Ausgeschlossener. Die Regeln der Zeugen Jehovas ließen nicht zu, dass ich weiterhin ein Mitglied der Gemeinschaft war. Ich rief meine Mutter an und teilte ihr die Entscheidung der Ältesten mit. Sie war natürlich bestürzt. Aber sie war sich wie Claudia sicher, dass ich den Weg zurück finden würde.

Ich verlor meine Freunde – auch Sven. Wenn ich ihnen zufällig begegnete, dann grüßten sie mich nicht. Ich traf kurze Zeit später den guten Kumpel an einer Bushaltestelle, mit dem ich damals den Musikladen ausgeräumt hatte. Über viele Jahre hatten wir eine enge Freundschaft gepflegt, und es wiederstrebte mir, an ihm vorbeizugehen und nichts zu sagen. Ich fragte ihn, ob wir reden wollten.

»Nee«, erwiderte er.

Ich ging weiter. Von da an grüßte ich auch nicht mehr. Ich wollte mich an die Spielregeln halten.

Noch verrückter wurde es auf der Arbeit. Ich hatte ja zwei Kollegen, die Zeugen waren. In solchen Fällen, waren die Regeln leicht entschärft. Wir durften reden, aber nur wenn es aufgrund der gemeinsamen Tätigkeit unumgänglich war. Gegrüßt wurde nicht.

Meine Mutter hatte den Kontakt ebenfalls eingestellt. Sie war davon überzeugt, dass sie ihren Sohn, nur durch die Anwendung der *liebevollen Vorkehrung* zurückgewinnen konnte. Mein Stiefvater klingelte noch einmal bei uns und holte den Wohnungsschlüssel ab. Damit war alles geregelt.

Zumindest hatte ich noch meinen Vater. Er war froh, dass ich raus war. Seine Anerkennung gefiel mir, daher vermied ich es, ihm zu erzählen, dass ich innerlich noch immer ein Zeuge Jehovas war. Meine Freundin, mein Vater und ich verbrachten sehr viele schöne Stunden nach meinem Ausschluss. Wir gingen oft gemeinsam brunchen oder vertrieben uns die Abende in Bars, Cafés oder im Casino. Wir vertieften unsere Freundschaft, und es ergaben sich in seiner Küche, mit dem Holztisch und dem *Wachsturm* darauf, sehr intensive Gespräche, wie ich sie schon als kleiner Junge genossen hatte. Ab und zu schwelgte er zudem in Erinnerungen an seine Frau, und ich lernte meine Mutter von einer ganz anderen Seite kennen – einer positiven. Sie schien eine sehr lebenslustige Frau gewesen zu sein. Meine Eltern hatten damals ein Sportboot gehabt, mit dem sie über die Berliner Seen heizten, auf der Jagd nach Abenteuern. Sie gingen gemeinsam in den Wäldern joggen, südöstlich von Berlin. Nachmittags fand man sie auf der Pferderennbahn, er mit Jackett, sie im Kleid. Abends ging es dann auf Partys, wo sie die gewonnenen Geldscheine wieder verprassten. Es war schön, meinem Vater zuzuhören, wie er so positiv über meine Mutter sprach. Ich hätte sie gerne so kennengelernt.

Mit der Zeit lernte ich auch die Eltern meiner Freundin besser kennen. Wir verbrachten sehr häufig die Wochenenden bei ihnen im Haus, etwas außerhalb von Berlin. Es war wie eine Flucht aus dem Dilemma, in dem ich steckte und das in der Stadt allgegenwärtig war. Sie bekamen allmählich mit, in was für Umständen ich mich befand. Für sie war es unverständlich, dass meine Freunde und meine Familie den Kontakt eingestellt hatten. Sie hatten von den Zeugen Jehovas zwar schon gehört, aber wie mit Ausgeschlossenen verfahren wurde, das war ihnen neu.

Die Beziehung zwischen meiner Freundin und mir wurde anfänglich noch erheblich durch meine Depressionen gestört. Beinahe hätte sie sich sogar von mir getrennt. Nicht auszumalen, was geschehen wäre, wenn ich alleine gewesen wäre, ohne jeden sozialen Kontakt, und wenn ich dazu noch die Liebe meines Lebens verloren hätte. Aber wir kämpften um unsere Beziehung, und meine Freundin gab sich die größte Mühe, auch wenn sie häufig dafür einstecken musste.

Mit der Zeit und ohne es zunächst zu bemerken, wurden meine Traurigkeit und meine dunklen Gedanken weniger. Ich kann nicht genau sagen, was die Gründe dafür waren. Vielleicht war es der Druck, der wie ein Klotz auf mir lastete und jetzt nicht mehr da war. Immer hatte ich zu funktionieren, nach außen den Schein wahren müssen, erdrückt von der Frage: »*Kannst du noch mehr tun?*« Ich hatte die Freiheit, von der die Zeugen Jehovas gerne sprachen, nie wirklich verspürt – ich hatte sie mir nur eingeredet. Der Ausschluss wirkte dagegen wie ein *Cool Down*. Ich bekam eine Pause von den Zusammenkünften und vom Predigen, ich musste mich nicht länger für meine vermeintlichen Sünden verantworten.

Zufrieden war ich trotzdem nicht. Ich vermisste meine alten Freunde, meine Familie, und da war noch immer die Angst, dass Harmagedon jederzeit über mich einbrechen könnte. Anstatt ewig zu leben, erwartete mich nun der ewige Tod, dachte ich. Ich konnte mich mit dem Gedanken, nie wieder zu den Zeugen zurückzukehren, einfach nicht anfreunden. In mir kam hartnäckig der Wunsch auf, abermals Teil der Gemeinschaft zu werden, allerdings nicht ohne meine Freundin.

Sie ließ bereits erkennen, dass sie für meine Überzeugungen offen war. Wir sprachen des Öfteren über eine gemeinsame Rückkehr, und ich schwärmte in den höchsten Tönen von der Wahrheit und wie schön die Zukunft im Paradies doch sein würde – wir würden mit Löwen und Pandas spielen.

Ich erklärte ihr, dass es vielleicht sinnvoll wäre, wenn sie ein *Heimbibelstudium* mit den Zeugen Jehovas begann, um herauszufinden, ob mein Glaube auch etwas für sie wäre. Sie willigte ein – und wer hätte für die Rolle der Lehrerin besser geeignet sein können als Claudia? Schließlich hatte sie auch meine Mutter schon erfolgreich zur *Wahrheit* geführt.

Neben ihrem *Heimbibelstudium* begannen wir, die Versammlung zu besuchen. Der Besuch im *Königreichssaal* hätte auf meine Freundin eigentlich völlig verstörend wirken müssen, denn als wir dort ankamen, ignorierte man mich. Während sich alle herzlich begrüßten, sprach mich niemand an. Wir setzten uns in die letzte Reihe – hier und da ein freundlicher Blick, manchmal sogar ein Augenzwinkern. Man freute sich mich zu sehen, aber die Regeln der Zeugen Jehovas galten auch in der Versammlung.

Meine Freundin fand dieses Verhalten merkwürdig, aber konsequent. Immerhin stand in der Bibel, dass mit den Ausgeschlossenen so verfahren werden müsste, das hatte meine Freundin inzwischen im *Heimbibelstudium* gelernt, und die Zeugen hielten sich im Gegensatz zu vielen anderen Konfessionen einfach nur strikt daran.

Wir besuchten die Zusammenkünfte über mehrere Monate. Mir war bewusst, dass wir noch hätten ewig weiter in die Versammlung gehen können – eine Wiederaufnahme war nur möglich, wenn ich mich von meiner Freundin trennte oder wir in den Hafen der Ehe einliefen.

Also entschieden wir uns nach rund einem Jahr Beziehung für die Hochzeit. Geld hatten wir dafür eigentlich nicht. Wir lebten in meiner Ein-Zimmer-Wohnung auf 28 Quadratmetern. Meine Frau befand sich wie ich noch in der Ausbildung, und ich verdiente gerade einmal 600 Euro.

Da wir die Hochzeitsfeier nicht mit eigenen Mitteln hätten stemmen können, unterstützten uns meine zukünftigen Schwiegereltern. Sie waren über unsere Absichten zwar etwas überrascht, aber redeten nicht auf uns sein, dass wir noch hätten warten sollen. Ihnen war zu diesem Zeitpunkt noch nicht klar, welche Tür sie mit ihrer Hilfe öffneten.

Da mir selbst die Freunde ausgegangen waren, organisierte mein zukünftiger Schwager mit seinen Leuten einen Junggesellenabschied für mich. Auch ein Freund von der Arbeit erschien, der mir nach dem Ausschluss ein guter Gefährte war. Das waren Augenblicke, in denen ich das Gefühl hatte, wieder am gesellschaftlichen Leben teilzuhaben. Allerdings kannte ich den Großteil der Anwesenden nur flüchtig, und sie alle hatten ihre eigenen Freunde, mit denen sie teilweise sogar aufgewachsen waren. Ich war froh, dass wir etwas zusammen unternahmen, gleichzeitig kam ich mir besonders einsam vor, weil ich meine Freunde von damals vermisste.

An unsere Hochzeit erinnere ich mich sehr gerne zurück. Meine Schwiegereltern haben uns total überrascht – alles war organisiert. Nur meinen Anzug und das Hochzeitskleid mussten wir noch besorgen. Der Rest lag in ihren Händen, wir wussten nicht einmal, wie der Tag genau ablaufen würde. Nach der Trauung feierten wir in einer alten Kuhscheune, die zu einem Festsaal umgestaltet worden war. Es waren rund 60 Gäste eingeladen, von denen ich die meisten nicht kannte. Von meiner Seite kamen ein Arbeitskollege, mein Vater und tatsächlich auch meine Mutter und mein Stiefvater. Sie kamen deshalb, weil ich Anzeichen machte zurückzukommen und meine Frau ein *Heimbibelstudium* begonnen hatte. Das war auch der Grund, warum Claudia und ihr Mann erschienen, allerdings nur zur standesamtlichen Trauung, danach waren sie wieder verschwunden. Aber wir waren glücklich, dass sie dieses wichtige Ereignis nicht komplett versäumten.

Wir waren nun verheiratet. Vor Jehova stand ich wieder rein dar. Ich hatte für Wiedergutmachung gesorgt, und der Grund, warum man mich ausgeschlossen hatte, existierte nicht mehr. Trotzdem erwies sich die Rückkehr anfangs noch als holprig.

Meine Frau hatte vorrübergehend im Studium mit Claudia eine Pause eingelegt, und auch die Besuche der Versammlung ließen wir kurz nach der Hochzeit etwas schleifen. Bei der Oma meiner Frau war kurz vor der Hochzeit, auf der sie noch getanzt hatte, Krebs diagnostiziert worden; einige Zeit später ist »Oma« verstorben. Meine Frau traf der

Verlust sehr, sie rückte in dieser Zeit noch enger mit ihrer Familie zusammen. Sie hatte schon immer ein sehr inniges Verhältnis zu ihren Eltern und ihrem Bruder gehabt, und insbesondere die Feiertage hatten sie immer gemeinsam verbracht. Sie gehörten fest zu ihrer Familientradition. Im Jahr unserer Hochzeit hatten wir noch gemeinsam als Familie das Weihnachtsfest verbracht. Niemand wollte nach dem Verlust der Oma allein sein, zumal zu dieser Zeit die Erinnerungen an die gemeinsame Zeit hochkamen. Meine Schwiegereltern sprachen sehr häufig über ihre Eltern, die Familie war ihnen wichtig. Niemand wusste, dass dieses Weihnachten das letzte sein würde, an dem ihre Tochter teilnahm. Niemand ahnte, welche Prüfungen auf unsere Familie zukamen.

Als Vater verstand ich erst Jahre später, was sie durchmachten, wie es ist, sein Kind an eine destruktive Gruppe zu verlieren – umso mehr man sich bemühte, sein Kind zu bewahren, desto tiefer zwang man es in die Organisation hinein.

Kurz nach Weihnachten, im Jahr 2006, sehnte ich mich mehr und mehr nach einer Rückkehr, und mir kam wieder in den Sinn, dass nur die *Wahrheit* uns wirklich frei machte. Ich sehnte mich nach meiner Gefängniszelle, die ich als Ort der Freiheit betrachtete. Sie gab mir ein Gefühl der Geborgenheit, und ich vermisste meine Mithäftlinge. Ohne Paradies kam mir das Leben sinnlos vor. Ich wollte wieder einen Sinn im Leben haben, der mir, so dachte ich, verloren gegangen war.

Kurze Zeit später besuchte uns meine Mutter. Sie machte sich Sorgen, weil wir keine Fortschritte erkennen ließen. Ich unternahm äußerlich wenig für meine Rückkehr, zudem pausierte meine Frau noch immer mit dem *Heimbibelstudium*. Meine Mutter redete uns gut zu und fand die richtigen Worte, um uns zu motivieren. Sie machte uns bewusst, wie kurz wir vor dem Ziel standen und wie wichtig es war, jetzt nicht nachzulassen. Als meine Mutter ging, waren meine Frau und ich uns sicher, dass wir alles dafür geben wollten, wieder aufgenommen zu werden. Ich hörte schlagartig mit dem Rauchen auf, was ich mir kurz nach dem Ausschluss angewöhnt hatte; meine Frau folgte mir kurze Zeit später. Wir gingen von nun an regelmäßig in die Versammlung, und meine Frau nahm das *Heimbibelstudium* mit Claudia wieder auf. Wir wurden sogar zu ihr und ihrem Mann eingeladen, obwohl ich noch nicht wieder aufgenommen war. Ihr Mann, nennen wir ihn Jürgen, war ein Ältester meiner Versammlung in Lankwitz-Nord. Älteste dürfen Kontakt zu Ausgeschlossenen haben, wenn sie die Möglichkeit sehen, sie wieder auf den rechten Weg zu bringen. Ich war froh, den Menschen wieder zu begegnen, die mir vertraut waren. Voller Euphorie erzählte ich Jürgen, wie beeindruckt ich davon war, dass meine Mutter und meine Arbeitskollegen und alle anderen so standhaft gewesen sind, nicht den geringsten Kontakt zu mir gesucht hatten, so wie es die *WTG* empfahl. Die *liebevolle Vorkehrung* hatte einmal mehr seine Wirkung gezeigt, dachte ich. Jehova hatte recht, die Bibel hatte recht, die *WTG* hatte recht.

Und so kam der Tag, auf den ich so sehr hingefiebert hatte. Nachdem wir rund vier Monate fast ohne Unterbrechungen die Versammlung besucht hatten, erteilte mir ein Ältester nach der Zusammenkunft die Freigabe, meinen Aufnahmeantrag zu verfassen. Ich hätte nicht so schnell damit gerechnet, zumal ich von Berichten gehört hatte, in denen es sechs Monate oder länger dauerte, bis ein Ausgeschlossener für die Wiederaufnahme in Frage kam. Auch das mit dem Aufnahmeantrag war mir bis dahin nicht bekannt gewesen. Ich hatte nicht gewusst, dass ich einen Brief schreiben musste. Aber diese Hürde, dachte ich, würde ich nun auch noch bewältigen.

Ich wäre, nach der Nachricht des Ältesten, am liebsten sofort zu allen Mitgliedern der Versammlung gerannt, um ihm mitzuteilen, dass es nur noch ein paar Tage bis zu meiner Rückkehr waren. Aber das durfte ich noch nicht. Meiner Mutter verkündete ich allerdings die frohe Botschaft. Sie schien erleichtert, überglücklich, dass sie endlich ihren Sohn zurückhaben würde.

Wie sie mir später immer wieder erzählte, war es für sie eine schwere Zeit – verständlich, dachte ich. Auch hat sie sich den einen oder anderen Spruch anhören müssen, weil ihr Kind falsch abgebogen war und die Kinder anderer Eltern so vorbildlich seien. Wenn sie davon sprach, klang es manches Mal wie ein Vorwurf, dass *sie* diejenige war, die so hatte leiden müssen.

Bevor es zur öffentlichen Erlösung kam, fuhr ich mit meinem Auto in einen nahe gelegenen Wald. Ich nahm einen Notizblock und einen Stift und schrieb einen rührseligen Brief, warum ich wieder aufgenommen werden wollte. Ich schrieb, dass ich Jehova um Vergebung gebeten hatte und wie leid mir mein Verhalten täte. Erst viel später wurde mir bewusst, dass das, was ich da tat, nicht ehrlich war. Im Grunde behauptete ich ja, dass ich es bereute, meine Frau kennengelernt und mit ihr zusammengeblieben zu sein. Mein einziger Weg zurück in die Gemeinschaft war die Reue für etwas, das ich in Wirklichkeit nie bereute.

Ich übergab den Brief dem Sekretär meiner Versammlung. Daraufhin wurde ich zu einem Gespräch geladen, an dem die drei Männer teilnahmen, die meinen Ausschluss besiegelt hatten. Ich wusste zwar, was mich erwartete, konnte mir letztlich aber nicht sicher sein, ob die Worte in meinem Brief für eine Wiederaufnahme ausreichten. Sie taten es. Die Ältesten ließen mich wissen, dass ich nun wieder zum Volke Jehovas dazugehörte.

In mir drehte sich alles. Ich war so aufgeregt, bald meine Freunde wiederzusehen, und ich malte mir aus, wie sehr sie sich freuen würden, wenn meine Aufnahme öffentlich bekannt gegeben wurde. Endlich könnten meine Frau und ich uns als Paar frei in der Versammlung bewegen, mit jedem sprechen und von unserer Hochzeit erzählen.

Die nächste Zusammenkunft konnte ich kaum abwarten. Es war ein Sonntagabend im Juni 2006 – zwei Jahre war es her, dass ich ausgeschlossen worden war. Ich setzte mich nicht mehr in die letzte Reihe, sondern mitten unter die Gleichgesinnten. Ungefähr zur Hälfte des Programmes kam ein *Bruder* auf die Bühne und verkündete: »Oliver Wolschke ist wieder als ein Zeuge Jehovas aufgenommen.«

Alle applaudierten.

Da war ich wieder. In meiner Zelle, und ich ging sogar freiwillig hinein. Die Wände grau, nur ein kleines Fenster mit Blick auf die sündige Welt dort draußen. Die Rationen wurden wieder von der *WTG* vorgegeben. Die Enge der Regeln, das Predigen, die monatlichen Berichte, die Kommentare in der Versammlung und so vieles mehr – ich nahm das Programm im System *Wachtturm* wieder auf. Ich war eine aufgeladene Batterie.

Mein Gehirn war geschult, es malte die grauen Wände bunt. Dass man mich gemieden hatte, sah ich als liebevoll und hilfreich an. Die Gitterstäbe waren in Wirklichkeit ein Schutz vor der Welt Satans. Die doppelte Firewall wurde wieder aktiviert. Ich war eingesperrt in Jehovas Volk und war glücklich darüber. Alles fühlte sich vertraut an, so wohlig und warm.

Nachdem die Zusammenkunft vorüber war, kamen viele zu mir und meiner Frau, nahmen mich in den Arm und teilten mit uns die Freude, dass ich den steinigen Weg zurückgeschafft hatte. Alles war genau so, wie ich es mir vorgestellt hatte. Ein Freund organisierte noch am selben Abend ein Abendessen für uns alle beim Griechen. Es war ein wundervoller Abend, wir unterhielten uns angeregt und holten auf, was an Zeit verloren gegangen war. Ich hatte wieder die Freunde um mich herum, die ich seit meiner Kindheit kannte. Ich wollte nie in eine Situation geraten, in der ich getrennt war von Gottes Volk. Meine Eintrittskarte ins Paradies hatte wieder Gültigkeit. Jetzt musste mir nur noch meine Frau folgen.

Sie wurde fast automatisch in das System *Wachtturm* hineingesogen. Sie hatte gerade ihre Oma verloren und hegte nun die Hoffnung, sie im Paradies wiederzuzusehen. Eigentlich war alles darauf ausgerichtet, dass meine Frau eine Zeugin Jehovas werden würde. Infolge des *Heimbibelstudiums* machte sie Fortschritte, und bald kam der Wunsch in ihr auf, sich taufen zu lassen.

Das Problem war, dass ihre Eltern mehr und mehr mit Unverständnis reagierten, denn sie stellten bei ihrer Tochter besorgniserregende Veränderungen fest. Plötzlich verhielt sie sich entgegengesetzt zu ihrer Erziehung: Sie lehnte es beispielsweise ab, von ihren Eltern Glückwünsche oder Geschenke zum Geburtstag zu erhalten.

Anfangs gab es deswegen immer wieder kleinere Auseinandersetzungen. Ihre Eltern konnten nicht verstehen, warum sie sich auf eine Organisation einließ, bei der es sich aus ihrer Sicht um eine Sekte handelte. Und meine Frau konnte wiederum nicht verstehen, warum ihre Eltern nicht einfach akzeptierten, dass sie zu Gott gefunden hatte – zumal ja auch positive Veränderungen bei ihr zu beobachten waren, etwa dass sie mit dem Rauchen aufgehört hatte. Natürlich war meiner Frau klar, dass sie ihren Eltern wehtat, wenn sie an gewissen Anlässen, die sie seit ihrer Geburt gemeinsam erlebt hatten, nicht mehr teilnahm. Meiner Frau fiel das ebenfalls sehr schwer, insbesondere zur Weihnachtszeit kamen bei ihr die schönen Erinnerungen hoch, weshalb sie zumindest eine Tradition auch beibehielt. Zu Weihnachten sahen wir gerne den Film »Ist das Leben nicht schön?« – das hatte sie früher auch mit ihrer Familie getan. Ihre Eltern sahen den Film dann zur gleichen Zeit, wenn auch an einem anderen Ort. Es gab ihr trotzdem ein wenig das Gefühl, dass sie in diesen Momenten zusammen wären.

Der Konflikt, besonders mit ihrem Vater, setzte ihr zu. Auch die Ältesten bekamen dies mit. Ein Ältester las ihr nach einer Zusammenkunft einmal den Psalm 27:10 vor:

»Falls mein eigener Vater und meine eigene Mutter mich verließen, würde ja Jehova selbst mich aufnehmen.«

Der Text war ihr eine Hilfe, sie fühlte sich getröstet. Sie begriff, wie sehr man in der Gemeinschaft aufeinander achtete und sich unterstützte. Auch wenn die eigene Familie nicht hinter einem stand, man hatte noch immer Jehova, dachte meine Frau.

Ihre Eltern informierten sich über die Zeugen Jehovas im Internet. Ihre Mutter kaufte sich sogar ein Buch von einem Aussteiger, hielt jedoch nicht bis zum Ende durch, zu sehr schmerzte es sie zu erfahren, wo ihre Tochter da hineingeraten war.

Ihre Eltern arrangierten sich mit der Zeit. Sie akzeptierten, aber respektierten die Entscheidung ihrer Tochter nicht. Sie wollten nicht ihr gutes Verhältnis zu ihr aufs Spiel setzen, auch wenn es ihnen schwerfiel mit anzusehen, wie sie ihnen mehr und mehr entglitt.

Obwohl ich derjenige war, der ihre Tochter in die Sache hineingezogen hatte, machten sie auch mir keine Vorwürfe. Sie versuchten, gute Eltern und Schwiegereltern zu sein. Sie waren oft für uns da, wenn wir in Schwierigkeiten gerieten, und wir verbrachten viele Wochenenden bei ihnen.

Das Verhältnis normalisierte sich mit der Zeit, und aus heutiger Sicht kann ich sagen: Sie haben genau richtig reagiert. Sie bauten keinen Druck auf, der möglicherweise dazu geführt hätte, dass meine Frau sich nur weiter von ihnen zurückzog. Sie hegten die Hoffnung, dass ihre Tochter irgendwann »aufwachte«, das hatten ja auch andere geschafft, wie sie im Internet erfahren hatten. Das Thema *Wachtturm* ließen wir lange Zeit, wenn wir bei ihnen zu Besuch waren, einfach unter den Tisch fallen.

Meine Frau fing an, mit Claudia in den Predigtdienst zu gehen, und machte ersten Erfahrungen damit, selbst bei den Menschen vorzusprechen. Nach einer Weile wurde sie zum *ungetauften Verkündiger* ernannt. Auch wenn es nicht ihr Ding war, fremde Menschen zu bekehren, so war ihr doch bewusst, dass die Arbeit erforderlich war und Jesus gewissermaßen seine eigene Tätigkeit durch die Zeugen Jehovas outgesourct hatte. Ungefähr ein Jahr nach meiner Wiederaufnahme hat meine Frau sich auf einem Kongress in Velten nahe bei Berlin taufen lassen.

Von da an gingen wir in der Gemeinschaft der Zeugen Jehovas so richtig auf. Wir verbrachten viel Zeit zusammen im Predigtdienst, und meine Frau begann kurz nach ihrer Taufe mit dem *Dauerhilfspionier*. Sie verpflichtete sich, 50 Stunden zu missionieren, Monat für Monat. Ich verbrachte ebenfalls überdurchschnittlich viel Zeit damit, an den Türen zu klingeln und Menschen zu retten, bevor das Ende kommen würde.

Zeugen Jehovas vergleichen unser Weltgeschehen mit einem Schiff, das gerade sinkt – und sie sind die Einzigen, die davon etwas mitbekommen[1]. Die Situation ist für die Zeugen ganz ähnlich wie beim Untergang der Titanic, wo sich ebenfalls nur wenige der Gefahr bewusst waren, obwohl die Meisten doch ein erdbebenähnliches Rütteln wahrgenommen hatten.

Das Leben und die Party auf dem Schiff gingen weiter. Einige, denen klar war, dass nicht mehr viel Zeit verblieb, klopften an den Passagierkabinen, um die Menschen zu warnen. Und so ungefähr sehen die Zeugen Jehovas ihr Missionierungswerk heute. Wir wollten die Menschen retten, denen nicht bewusst war, wie ernst die Lage ist.

Wir fuhren zusammen in sogenannte Hilfenotgebiete, in Regionen, in denen es zu wenige Zeugen gab, und unterstützen die ansässige Versammlung bei der Missionierung. Zum Beispiel fanden wir dort im Gebiet einen Mann, der mit seiner Familie ein kleines Haus mit großem Garten bewohnte. Wir kamen regelmäßig vorbei und saßen bei Naschereien und Tee oder Kaffee in der Sonne und versuchten ihn davon zu überzeugen, warum die Zeugen Jehovas die einzige Rettung für uns Menschen war. Der Mann schien sehr gebildet und bezeichnete sich selbst als Agnostiker. Er sah die Evolution als Tatsache an und war von den Geschichten aus der Bibel in keiner Weise überzeugt. Wir dachten, wir könnten ihn umdrehen. Er erzählte uns, dass der Auszug der Israeliten aus Ägypten, wie er in Exodus (2. Buch Mose) beschrieben wird, nie stattgefunden haben könnte. Dass das, was die Schreiber erwähnten, nicht mit der angegebenen Zeit zusammenpasste und dass es keine Aufzeichnungen außerhalb der Bibel für dieses vermeintliche Spektakel gebe. Er sagte, dass es, wenn eine so große Menschenmasse (mindestens 600 000 Leute) 40 Jahre lang durch eine Wüste wandern würde, irgendwelche Spuren davon geben müsste, doch man habe nichts gefunden. Und dann kam er auch noch mit der Evolution! Wir teilten, so seine Aussage, mit den Affen die gleichen Vorfahren, und die Evolutionstheorie sei heute wissenschaftlich nicht mehr anfechtbar.

»Oh je«, dachte ich, »der Mann ist ja völlig verblendet.«

Er legte uns einige Wissenschaftsmagazine vor die Nase, doch wir warteten nur darauf, endlich mit der Betrachtung der Literatur der *WTG* beginnen zu können. Irgendwann wurde uns klar, wir müssten von weiteren Besuchen absehen, es machte einfach keinen Sinn, er war zu verbohrt, dachten wir.

Auch in den Zusammenkünften wurde darauf hingewiesen, dass die Besuche beendet werden sollten, wenn keine Fortschritte erkennbar seien. Man wolle keine *Perlen vor Säue* werfen, wie die Bibel das beschrieb[2]. Und so zogen wir weiter und investierten unsere Zeit lieber in Menschen, die *ein hörendes Ohr der Wahrheit hatten*.

Später einmal würden mir die Dinge, von denen dieser Mann bei unseren Besuchen sprach, wieder einfallen. Doch das sollte noch ungefähr zehn Jahre dauern.

Zwischenzeitlich beendete ich meine Lehre und wurde von der Firma, die mich ausbildete, übernommen. So richtig glücklich wurde ich in meinem Job aber nicht. Das war nicht das, was ich für den Rest meines Lebens machen wollte. Ich hatte ganz andere Vorstellungen. Seit jeher faszinierten mich Computer, und so kaufte ich mir schließlich mit 21 Jahren meinen ersten eigenen Rechner mit Internetanschluss.

Mich interessierte besonders, wie Webseiten entstanden, und ich unternahm die ersten Gehversuche, meine eigene Seite zu programmieren. Völlig fasziniert davon, was ich dort erschuf, kündigte ich meinen Job und stürzte mich Hals über Kopf in die Selbstständigkeit. Ich brachte mir mit der Zeit alles selbst bei und fand durch glückliche Zufälle auch Kunden, durch die wir uns über Wasser halten konnten.

Meine Frau beendete ebenfalls ihre Ausbildung und kam später durch eine Freundin aus unserer Versammlung an eine Festanstellung als Arzthelferin. Sie arbeitete zwei Tage die Woche, wodurch es ihr möglich wurde, sich ihren seit der Taufe gehegten Wunsch zu erfüllen und *Pionier* zu werden. Von da an ging sie 70 Stunden im Monat von Tür zu Tür.

Etwa zu dieser Zeit zogen wir aus unserer Einzimmerwohnung in eine Dreizimmerwohnung um – im selben Haus. Es war unsere erste gemeinsame Wohnung, nach drei Jahren Ehe. Innerhalb der Versammlung übertrug man mir die ersten kleineren Vorrechte. Ich durfte das Mikrofon während der Betrachtung des *Wachtturms* halten, und wenn jemand sich für einen Kommentar meldete, trug ich elegant das Mikrofon zu der jeweiligen Person. Außerdem bediente ich die Technik während der Zusammenkünfte und regelte die Lautsprecher- und Mikrofonanlage, wie ich es mir schon als kleiner Junge wünschte.

Innerhalb der Versammlung schlossen wir wunderbare Freundschaften, etwas, das ich gerade während meiner Auszeit schmerzlich vermisst hatte. Ich versuchte auch die Freundschaft zu Sven wieder aufleben zu lassen, was allerdings kläglich scheiterte. Wir waren eher verkrampft, wenn wir aufeinandertrafen; es war nicht wie früher, als wir noch offen über alles reden konnten. Irgendetwas stand zwischen uns. Sven heiratete und zog in einen anderen Teil Berlins. Wir trafen uns nur noch gelegentlich auf Kongressen, und mehr als Smalltalk war nicht mehr drin. Etwas überrascht war ich, als er auf einem der Kongresse plötzlich auf der Bühne interviewt wurde und seine und meine Geschichte vor annähernd 8000 Besuchern aus ganz Berlin und Umgebung im Berliner Velodrom zum Besten gab. Er nannte zwar nicht meinen Namen, aber aus unserem Umfeld wusste natürlich jeder, wer gemeint war. Während ich versuchte, meine Vergangenheit im Kreise der Zeugen in Vergessenheit geraten zu lassen, wirbelte er während des Interviews eine Menge Staub auf.

Er erzählte, wie ihn damals die Freundschaft zu einem Zeugen fast auf die schiefe Bahn hatte geraten lassen und er sich gerade noch rechtzeitig gegen die Freundschaft hatte entscheiden können. Vermutlich sollten andere Jugendliche, die im Velodrom zuhörten, gewarnt werden, dass es auch unter Zeugen schlechte Freunde gab. Na ja, ich dachte mir, wenn es hilft, kann es ja nicht verkehrt sein.

Meine Mutter sah den Vorfall nicht ganz so locker und suchte mich in der Pause weinend auf. Na klar, sie wurde wieder daran erinnert, wie vorbildlich doch die anderen Kinder waren – im Gegensatz zu ihrem eigenen. Außerdem erzählte sie mir wieder, wie schmerzhaft die Zeit für sie gewesen war und was sie sich alles hatte anhören müssen.

Schließlich machte sie sich sogar auf, um den Ältesten zu konfrontieren, der Sven auf der Bühne interviewt hatte. Sie erklärte ihm, dass es sich um ihren Sohn handelte, über den Sven da so offen plauderte, und dass ich mittlerweile wieder aufgenommen worden sei. Der Älteste schien davon nichts gewusst zu haben und entschuldigte sich bei ihr. Das gab ihr zumindest etwas Genugtuung.

Ich für meinen Teil begrüßte Sven in der Pause auf Männerart und meinte: »Na, haste ein wenig über alte Zeiten geplaudert?«

Er grinste nur, Freunde wurden wir nicht mehr.

Dafür entwickelte sich eine besonders tiefe und innige Freundschaft zu einem Pärchen aus unserer Versammlung. Sie nahmen sich quasi direkt nach meiner Aufnahme unserer an. Wir trafen uns fast jede Woche privat, veranstalteten Spieleabende, feierten inoffizielles Silvester oder schauten gemeinsam die WM 2006, die damals in Deutschland stattfand.

Beim Viertelfinale zwischen Argentinien gegen Deutschland bewiesen wir allen, wie wichtig uns die Versammlung war. Das Spiel wurde an einem Freitag um 17 Uhr angepfiffen – der Abend, an dem wir wie gewohnt Versammlung hatten. Bei einem Spiel das 90 Minuten dauerte, könnten wir um 19 Uhr entspannt ankommen, dachten wir uns. Doch es kam wie es kommen musste, es ging nach einem 1:1 in die

Verlängerung. Wir entschieden uns für die Versammlung, obwohl wir schon so viele Nerven und Fingernägel in das Spiel investiert hatten. Aber bei jedem, der dort nicht aufkreuzte, wäre klar gewesen was ihm wichtiger war – Jehova jedenfalls nicht. Zum Glück hatten die *Brüder* daran gedacht, die Fenster während der Zusammenkunft weit offen zu lassen. Und so konnten wir, da wir nicht von vielen angereisten Argentinien-Fans ausgingen, das Ergebnis anhand der Raketen und Böller erahnen.

Vom Programm der Zusammenkunft bekam ich nicht viel mit, immer wenn wieder eine Rakete hochging, schweiften meine Blicke zu den Kumpels. »Haben sie es jetzt geschafft? Sind wir im Halbfinale?«

Als die Zusammenkunft vorbei war, waren wir uns sicher – Deutschland hat es geschafft. Wir gingen nach Hause, zogen uns stilgemäß an und fuhren zu viert zum Ku'damm, um uns dem Autokorso anzuschließen und ausgelassen mit den anderen zu feiern. Die Hupe meines Autos gab unterwegs den Geist auf, aber das war es wert. Unsere Frauen zwängten sich durch das Schiebedach meines aufgemotzten Opel Calibras und winkten den anderen jubelnd zu. Wenn mich einer gefragt hätte, um welches Thema es an diesem Abend in der Versammlung gegangen war, ich hätte keine Antwort gehabt.

Eine Rückkehr zu Jehova?

In meinem Umfeld gab es nicht viele, die nach einem Ausschluss in die Gemeinschaft zurückfanden. Überhaupt war es für mein Gefühl eine Seltenheit, dass jemand die Organisation verließ. Schaut man sich die Zahlen der *WTG* jedoch genauer an, scheint dies öfter vorzukommen, als meine Wahrnehmung vermuten ließ.

Nehmen wir als Beispiel die Zahlen des Jahresberichts von 2017[3]. Im Jahr 2016 gab es weltweit 8 132 358 Zeugen Jehovas. Im Jahr 2017 gab es 8 248 982 Anhänger. Das macht ein Wachstum von 116 624 Personen. Es ließen sich im selben Jahr jedoch 284 212 Personen taufen. So ergibt sich eine Differenz von 167 588. Das Wachstum der *Verkündiger* in den untersuchten Jahren macht nur rund die Hälfte derjenigen aus, die sich taufen ließen.

Die Sterberate wiederum liegt weltweit bei 7,8 Todesfälle pro tausend Einwohner[4]. Übertragen auf die Anhänger der Zeugen Jehovas, wären das rund 64 342 Todesfälle im Jahr 2017 gewesen. Es fehlen jedoch noch immer 103 246 Personen in der Statistik.

Hier könnte man annehmen, dass es sich um diejenigen handelt, die bereits als *ungetaufte Verkündiger* mitgezählt wurden, sich jedoch noch nicht haben taufen lassen. Betrachtet man die Zahlen allerdings über einen längeren Zeitraum, so wächst die Anzahl der *Verkündiger* deutlich geringer, als es die Zahl der jährlichen Taufen vermuten lässt. Die Differenz zwischen dem Zuwachs an *Verkündigern* zu den durchgeführten Taufen wird immer größer[5].

	1986-1990	1991-1995	1996-2000	2001-2005	2006-2010	2011-2015
Getaufte	1 261 352	1 551 260	1 670 940	1 297 792	1 406 910	1 345 106
Zuwachs der Verkündiger	981 128	1 104 033	832 659	607 013	834 914	762 349
Differenz	280 224	447 227	838 281	690 779	571 996	582 757
Differenz prozentual	22%	29%	50%	52%	41%	43%

Noch deutlicher wird dies, wenn man die jährlichen Taufen von 2013 bis 2017 betrachtet. Diese sind 2017 innerhalb des betrachteten Zeitraums an einem Höchststand angelangt, während das jährliche Wachstum dagegen auf einen Tiefstand gelangt ist[6].

	2013	2014	2015	2016	2017
Getaufte	277 344	275 581	260 273	246 535	284 212
Berichtete Stunden	1,8 Mio.	1,9 Mio.	1,9 Mio.	2 Mio.	2 Mio.
Stunden pro Täufling	6639	7060	7429	7499	7199
Wachstum	2,1%	2,2%	1,5%	1,8%	1,4%

Der Anstieg der Mitglieder müsste deutlich rasanter vonstattengehen, als das derzeit der Fall ist. Es scheint, als würde es regelmäßig zu einem

Austausch von neu gewonnenen Mitgliedern und denjenigen kommen, die die Zeugen Jehovas verlassen.

Die *WTG* veröffentlicht hierzu keine Zahlen, daher kann man nur anhand der zur Verfügung stehenden Statistiken mutmaßen. Die Organisation gibt sich allerdings besondere Mühe, die ausgeschlossenen Mitglieder zurückzugewinnen, zumindest wenn noch Hoffnung besteht. Die *WTG* hat sogar für diese Personengruppe eine eigene Broschüre herausgebracht, betitelt mit »Komm zurück zu Jehova«. Auch wurden Älteste lange Zeit von der *WTG* angeregt, Ehemalige zu besuchen und sie zu motivieren, wieder ein Teil der Gemeinschaft zu werden[7].

Aber was ist eigentlich die Motivation, in die Gemeinschaft zurückzukehren? Was war mein Grund? War es wirklich Jehova?

Als Kind und Jugendlicher hatte ich eine sehr enge Bindung zu Jehova. Ich sah ihn als meinen besten Freund an, bei dem ich mich im Gebet jederzeit melden konnte. Er begleitete mich wie ein unsichtbarer Freund, jemand, der mir ein Stück vorausging, damit ich sicher treten könnte.

Direkte Antworten gab er mir nicht – es sei denn, es ereignete sich etwas in meinem Leben, das sich als ein Zeichen von ihm interpretieren ließ. Ansonsten, so lernte ich, sprach Jehova durch die Publikationen der *WTG* zu mir. Hatte ich ein konkretes Problem oder machte mir eine Situation zu schaffen, dann las ich früher oder später im *Wachtturm* über genau diese Sache. Heute ist mir klar, dass sich die Probleme der Jugendlichen innerhalb der Gemeinschaft im Grunde wiederholen.

Und auch die zahllosen Rechtskomitees, über deren Tätigkeit die Zweigstellen der Zeugen Jehovas informiert werden, lässt die Organisation nicht im Dunkeln[8]. Theoretisch müssten über die »Sünden« der Anhänger Statistiken vorliegen, die von der Organisation ausgewertet werden könnten und auf die in den Publikationen wiederum Bezug genommen werden kann. Und so hat der Zeuge das Gefühl, dass Jehova ihm direkt antworten würde.

Aus dem *Wachtturm* lernte ich, wie ich zu handeln hatte – was viele Entscheidungen meines Lebens beeinflusste. Für mich wurde der *Wachtturm* irgendwann zu Jehova selbst. Während ich in jungen Jahren fast täglich betete und ihm mein Herz ausschütte, nahm dies mit der Zeit ab. Nach dem Ausschluss beispielsweise sehnte ich mich nicht nach meinem unsichtbaren Freund zurück – viel mehr hatten mich noch Ängste fest im Griff, dass ich frühzeitig in Harmagedon umkommen könnte. Und ich vermisste natürlich meine Familie und meine Freunde. Ich konnte die Vorstellung nicht ertragen, sie nie wieder zu sehen. Dafür war ich damals einfach noch nicht bereit.

Zumindest in meinem Fall war die *liebevolle Vorkehrung* des Kontaktabbruches kein Mittel, das mich zur *Besinnung* brachte, wie es die *WTG* gerne beschreibt[9]. Für mich war diese Vorgehensweise – so wie für viele andere auch – nichts weiter als emotionale Erpressung. Wegen meines Schmerzes über den Verlust von Freunden und Familie konnte ich mich unmöglich gegen die Rückkehr entscheiden. Es fehlte noch ein wichtiges Detail: Ich war noch immer nicht »aufgewacht«.

»Erst wenn wir aufwachen, fällt uns auf, dass irgendetwas seltsam war.«

Inception (2010)

STUFE 2

Während jener Nacht im August – neun Jahre vor meinem Ausstieg – erlangte ich Stufe 2. Ich gab bei Google den Begriff »Zeugen Jehovas« ein.

Zuvor hatte ich ein längeres Telefonat mit einem Geschäftspartner geführt. Wir philosophierten häufig über meinen Glauben, auch an diesem Abend. Das Gespräch ging bis in die Nacht hinein – meine Frau schlief bereits. Angeregt durch das Telefonat machte ich mich auf die Suche und stieß auf eine Webseite, auf der die Religionsgemeinschaft der Zeugen Jehovas sehr kritisch beleuchtet wurde. Erst während des Lesens fiel mir auf, dass ich Texte von *Abtrünnigen* las, von Personen also, die die Organisation verlassen hatten und offen Kritik an der Führung und den Glaubenslehren äußerten. Ich las über misslungene Berechnungen des Gründers der Zeugen Jehovas und über die Voraussagen für das »Ende« – Harmagedon. Das Jahr 1975 war mir bekannt, doch ich nahm an, so wird es offiziell seitens der Organisation erklärt, dass dies Vorhersagen waren, die nur »einige« Anhänger tätigten und »von dem sich manche Brüder sehr viel erhofften«. Ich las schwarz auf weiß, dass es letztendlich die Führung war, die diese Erwartung in die Köpfe ihrer

Anhänger setzte.[10] Mir wurde beim Lesen sehr unwohl, weil ich ständig das Gefühl hatte, dem Teufel auf den Leim zu gehen.

Trotzdem konnte ich nicht aufhören. Ich befasste mich mehrere Stunden mit dem Material. Anfangs belächelte ich die Dinge, die man mir weismachen wollte, aber am Ende stand mein Weltbild auf dem Kopf.

Es war drei Uhr in der Nacht, und ich konnte unmöglich bis zum Morgen warten, um meiner Frau von all dem zu berichten. Ich erinnere mich, wie ich ins Schlafzimmer polterte und mich schwer aufs Bett fallen ließ, um irgendwie ihre Aufmerksamkeit zu erregen – sie sollte verdammt noch mal wach werden! Dann erzählte ich ihr von meinen Entdeckungen, völlig hektisch und durcheinander. Sie hörte im Halbschlaf zu und war danach sehr aufgelöst – was auch kein Wunder war. Während ich mich im Laufe der Nacht langsam in die Thematik hatte einlesen können, traf es sie wie ein Schlag. Mein Redebedürfnis war vermutlich sehr egoistisch, aber ich konnte einfach nicht anders.

Am nächsten Morgen fühlte ich mich leer und irgendwie verkatert. Meine Frau war an diesem Vormittag mit meiner Mutter verabredet, um von Tür zu Tür zu gehen. Meine Frau sagte mir noch, dass wir später weiterreden würden, dann ließ sie mich allein.

Ich arbeitete von zu Hause aus, was ich an diesem Tag allerdings nicht konnte. Stattdessen sah ich mir einen Film an, *SpyGame*, mit Brad Pitt und Robert Redford. Die Ablenkung hielt allerdings nur 121 Minuten an.

Ich lag quer über meinem Sessel, das Sonnenlicht schien durch die dicken Vorhänge und verbreitete ein warmes Licht. Die wohlige Atmosphäre im Wohnzimmer kreuzte sich mit meiner depressiven Stimmung. Ich dachte: »Wenn das nun nicht der richtige Glaube ist, welcher ist es dann? Gibt es da vielleicht einfach nichts? War alles eine Lüge?«

Ich betete zu Gott, obwohl ich zu diesem Zeitpunkt zweifelte, dass er mir überhaupt zuhörte. Ich brauchte Hilfe, irgendein Zeichen, dass ich mir keine Sorgen machen brauchte, dass die *Abtrünnigen* nur Lügen verbreiteten, so wie ich es gelernt hatte.

Mir fiel ein, dass ich in meiner Versammlung am Ende der Woche einen Kurzvortrag halten sollte. Das Thema lautete: »Denen antworten, die uns als falsche Propheten bezeichnen.« Unter anderem sollte es passenderweise um die Vorwürfe gehen, die man Zeugen Jehovas in Bezug auf ihre nicht eingetroffenen Vorhersagen machte.

Uff! Mit dem neu erlangten Wissen sollte ich mich auf die Bühne stellen und den Mitgliedern erzählen, wie wir Außenstehenden – oder *Weltmenschen* – gegenüber antworten sollten, wenn sie uns vorwarfen, schon so oft das Ende der Welt vorhergesagt zu haben.

Ich suchte nach Antworten – natürlich in den Publikationen der *WTG*. Bei der Ausarbeitung des Vortrags fühlte ich mich dann sehr unwohl, konnte aber noch nicht verstehen, dass mein Verhalten und mein darauffolgendes Handeln einem bekannten psychologischen Muster entsprach: der *Kognitiven Dissonanz*.

> »Kognitive Dissonanz bezeichnet in der Sozialpsychologie einen als unangenehm empfundenen Gefühlszustand. Er entsteht dadurch, dass ein Mensch mehrere Kognitionen hat (Wahrnehmungen, Gedanken, Meinungen, Einstellungen [...]), die nicht miteinander vereinbar sind. Derartige Zustände werden als unangenehm empfunden und erzeugen innere Spannungen, die nach Überwindung drängen. Der Mensch befindet sich im Ungleichgewicht und ist bestrebt, wieder einen konsistenten Zustand – ein Gleichgewicht – zu erreichen.«

Genau das war mein Bestreben, ich wollte meinen Zustand, mein wohliges unsichtbares Gefängnis zurück – heute nenne ich es die Stufe 1. Ich war wie ein Vogel im Käfig, dessen Tür man geöffnet hatte – ich hätte nur herausfliegen müssen. Stattdessen suchte ich nach Antworten, um die Tür wieder zu schließen.

Meine Mutter half mir, mein damaliges Weltbild wieder gerade zu biegen. Ich war in dieser Woche mit ihr im Predigtdienst verabredet. Sie erzählte mir, dass sie ebenfalls eine gewisse Zeit lang Zweifel gehegt hatte. Sie sprach ganz offen darüber und half mir damit. Anscheinend erwischt es jeden Zeugen Jehovas einmal, dachte ich. Auch der Vortrag, zu dem ich mir Argumente heraussuchte, die meine Bedenken widerlegten, half mir. Mein Gleichgewicht war wiederhergestellt, aber nur vorrübergehend. Immer wieder würden die Zweifel sich melden. Ich wusste nun, wie man die Gefängnistür öffnete. Ich sah nun immer wieder die grauen Wände, die Gitterstäbe, die seit meiner Kindheit um mich herum gebaut worden waren. Ich bin damals nicht völlig aufgewacht, aber ich merkte, dass irgendetwas seltsam war.

Von meiner Frau und meiner Mutter abgesehen, hätte ich es nie gewagt, mich jemandem anzuvertrauen, schon gar nicht einem Ältesten. Da die Kontrollmechanismen innerhalb der Gruppe allgegenwärtig waren, unterdrückte ich meine Zweifel. Angesichts meiner bisher eher holprigen Karriere als Zeuge Jehovas wollte ich mir keine neuerlichen Gespräche einhandeln und abermals als *geistig schwach* eingestuft werden.

Wenn die *WTG* in ihren Publikationen über das Wesen des Zweifelns schreibt, dann macht sie einen Unterschied zwischen begründeten und unbegründeten Zweifeln. Begründete Zweifel sind jene, die sich auf Informationen beziehen, die nicht aus dem *Wachtturm* stammen und mit den Lehren kollidieren. Diese seien anzuzweifeln und zu hinterfragen.

> »Zweifel oder Vorbehalte zu äußern, kann ein echter Schutz sein, denn wie der Apostel sagt, ›sind viele Betrüger in die Welt ausgegangen‹.«[2]

Den Informationen aus dem *Wachtturm* könne man hingegen vertrauen, schließlich sei die *WTG* von Jehova höchstpersönlich autorisiert worden, die Wahrheit abzudrucken. Auch wenn über den *Wachtturm* schon der ein oder andere Irrtum verbreitet worden sei, habe Jehova mit der Zeit aber für *helleres Licht* gesorgt, woraufhin man die Dinge besser habe verstehen können.

Unbegründete Zweifel dürfe man nicht »in Herz und Sinn aufkommen lassen«. Wie man sich vor diesen Zweifeln schützen könnte, erklärte der zitierte *Wachtturm* einige Absätze weiter:

> »Wie kann man sich vor schädlichen Zweifeln schützen? Die Antwort ist bemerkenswert einfach: satanische Propaganda entschlossen zurückweisen und sich all das zunutze machen, was Gott regelmäßig bereitstellt, damit man „fest im Glauben" sein kann.«

Mit dem Begriff »satanische Propaganda« weiß ein jeder Zeuge etwas anzufangen. Hiermit ist unter anderem die Unterhaltungs- und die Informationsbranche gemeint, sobald diese sich entgegen der Lehren der *WTG* äußern[3]. Vor allem sind aber auch die Aussagen von *Abtrünnigen* gemeint. Statt sich mit »Propaganda« zu vergiften, solle man »sich all das zunutze machen, was Gott regelmäßig bereitstellt« – also den *Wachtturm*.

Um auch dem hartnäckigsten Zweifler von *Satans Propaganda* fernzuhalten und zu verhindern, dass sich die darin enthaltenen Informationen weiterverbreiteten, wurde einmal mehr der Sündenfall im Garten Eden herangezogen.

> »Erinnern wir uns, wie Satan Evas Denken mit Zweifeln über Jehova infizierte? Sollte Gott wirklich gesagt haben: Ihr dürft nicht von jedem Baum des Gartens essen? Die Unsicherheit, die diese harmlos klingende Frage hervorrief, beeinträchtigte die Entscheidungsfindung Evas. Diese Methode ist für Satan typisch. Wie ein anonymer, gehässiger Briefschreiber, der Hetze verbreitet, kann er geschickt versteckte Andeutungen fallen lassen und Halbwahrheiten sowie Lügen äußern. Durch das Säen solch versteckter Zweifel hat Satan schon zahllose gute und vertraute Beziehungen zerstört.«[4]

Solche Artikel identifizierte ich ganz klar als eine Warnung, dass ich es dem Teufel gleichtun würde, wenn ich meinen Zweifeln Raum ließ oder gar andere damit infizierte – eine Assoziation, die für einen Zeugen unerträglich wäre. Mir blieb daher nichts weiter übrig, als meine Zweifel zu verdrängen. Ich stempelte das Meiste, was ich gelesen hatte, als gemeine und hinterhältige Lügen der Abtrünnigen ab, die alles aus dem Kontext gerissen hatten und einen Keil zwischen mich und Jehova treiben wollten. Meine Zweifel schob ich in die hintersten Ecken meiner Gedanken und holte sie nur ab und an wieder heraus. Ich klammerte mich an meiner Überzeugung fest. Ich dachte: Jehova wird's schon richten. Die Websites der Abtrünnigen mied ich in Zukunft.

Auf einem Bezirkskongress der Zeugen Jehovas im Jahr 2013 widmete die *WTG* den Abtrünnigen einen ganzen Vortrag. Nachdem der Redner auf die Gefahren hingewiesen hatte, die von diesen Menschen ausgingen, sie sogar als »Küchenhelfer Satans« bezeichnet und betont hatte, dass alles ignoriert werden müsste, was *sie* im Internet, im Fernsehen, in Büchern oder sonst äußerten, fragte er:

> »Heißt das etwa, dass unser Glaube nicht stark genug wäre, um Wahrheit von Lüge zu unterscheiden? Oder um einfach mal über unterschiedliche Ansichten zu sprechen? Nein! Denn im Predigtdienst sprechen wir auch ständig mit Menschen, die andere Ansichten haben, und das Woche für Woche, Monat für Monat, Jahr für Jahr. Doch Abtrünnige sind anders als die meisten, die wir im Dienst antreffen.«[5]

Damit hatte er nicht ganz unrecht. Die meisten Menschen, die man im Predigtdienst antraf, waren mit den Lehren der *WTG* in keiner Weise vertraut. Auf die Argumente, die sie gegebenenfalls äußerten, sei es zum Thema Evolution, zu den Widersprüchen in der Bibel oder zum Bluttransfusionsverbot, waren die Zeugen Jehovas bestens vorbereitet. Diese Kritik konnte einem Anhänger in der Regel nichts anhaben.

Die *Abtrünnigen* hingegen kannten die Widersprüchlichkeiten der Lehren ganz genau und waren in der Lage, Fragen zu stellen, die einen Anhänger wirklich zum Nachdenken veranlassen konnten. Für ein Gespräch mit den *Abtrünnigen* waren die Anhänger nicht geschult worden – es war deutlich einfacher, den Kontakt zu diesen Menschen als Gefahr hinzustellen und zu verbieten.

Neben dem wöchentlichen Besuch der Versammlung waren besonders die großen Kongresse, die dreimal im Jahr stattfanden und die ich heute als Indoktrinationszentren betrachte, gut geeignet, um Zweifler und Inaktive wieder auf Linie zu bringen. Die Belehrungen, die im Gruppenrausch inhaliert wurden, egalisierten irgendwann die Grenze zwischen eigener und vorgegebener Meinung.

An bis zu drei Tagen wurde man stundenlang mit Videos, Ansprachen und Theateraufführungen, sogenannten *Dramen*, bombardiert. Ich war wie verzaubert von dem Programm, das mich für die Dauer eines Wochenendes in eine andere Welt abtauchen ließ, völlig getrennt von meinem Alltag. Es war wie ein Vorgeschmack auf das Paradies, in dem ich ebenfalls nur mit Meinesgleichen zusammenleben würde.

Kongresse

Im Jahr 2009 fand der internationale Kongress der Zeugen Jehovas im Berliner Olympiastadion statt. Es kamen sogenannte *Delegierte* ins Land – Zeugen Jehovas aus Russland, Polen und der Ukraine. Wir stellten den Besuchern aus den osteuropäischen Ländern Schlafplätze in unseren Wohnungen zur Verfügung. Und auch wenn sie uns fremd waren, verband uns der gemeinsame Glaube, wodurch sich sofort ein Urvertrauen zu den Gästen einstellte.

Meine Frau und ich entschieden uns dafür, zwei Zeugen bei uns aufzunehmen. Vor der Tür standen dann aber drei – das Pärchen, das uns zugeteilt worden war, sowie ein Freund, der zunächst nur als Übersetzer mitgekommen war. Er betreute eine englische Gruppe von Zeugen Jehovas in Russland, weshalb er Englisch sprach. Da das Pärchen außer Russisch keine andere Sprache beherrschte, war es recht hilfreich, dass er zwischen uns vermitteln konnte, und so boten wir ihm an, bei uns zu bleiben.

Der Kongress ging insgesamt vier Tage. Für mich war kaum ein imposanteres Ereignis vorstellbar, als diese Zusammenkunft der *internationalen Bruderschaft*. Tausende Zeugen hielten sich in dem Stadion auf, das ich sonst nur besuchte, wenn Hertha spielte. Doch statt grölenden Fans gab es festlich gekleidete Menschen aus den verschiedensten Ländern, die sich trotz ihrer Verständigungsprobleme als eine Familie betrachteten – schließlich waren sie weltweit auf die gleiche Art und Weise von der *leitenden Körperschaft* bearbeitet worden. Alle klatschten gemeinsam, wenn der Redner auf einen Höhepunkt in seiner Rede zusteuerte. Man sang gemeinsam, 50 000 Menschen das gleiche Lied, in unterschiedlichen Sprachen. Ein erhabenes Gefühl, das mir jedes Mal Gänsehaut bereitete.

Ein besonderes Erlebnis war es, wenn jemand aus der *leitenden Körperschaft* zu Gast war und eine Ansprache hielt. Man erhoffte sich, Neuigkeiten in Sachen Harmagedon zu hören. Manchmal gab es leichte Anspielungen, dass es nicht mehr lange dauern würde. Schließlich war schon allein das Motto vieler Kongresse eindeutig: »Befreiung greifbar nahe«, »Wacht beständig«, »Gib nicht auf«.

Bei einem dieser Kongresse hielt Gerrit Lösch, ein Österreicher aus der Gruppe von acht Männern, einen Vortrag über die falschen Voraussagen, die Zeugen Jehovas in Bezug auf das Ende gemacht hatten. Er bekannte Farbe, das gefiel mir, gerade weil dies einer der Punkte war, mit denen ich mich beschäftigt hatte. Er sagte zwar nicht: »Ja, wir haben mehrfach ein falsches Datum genannt, tut uns leid.« Aber man konnte zwischen den Zeilen lesen, worauf er anspielte – vermutlich auf das Jahr 1975.

Er sprach immer im kollektiven »Wir« und meinte damit alle Zeugen, nicht nur die *leitende Körperschaft*, die eigentlich die alleinige Herrschaft über die Lehrmeinung innehat.

»*Wir* waren einfach zu euphorisch. *Wir* hatten zu große Erwartungen. Und ist das schlimm?«, fragte er. Dann ging er über zu einem Vergleich, um seinen Worten mehr Ausdruck zu verleihen. Das taten die Vortragsredner gern, schließlich hatte Jesus selbst das schon so gehandhabt. Er sprach von einer Frau, die sich im 9. Monat ihrer Schwangerschaft befand. Und nun gab es Anzeichen, dass das Baby zur Welt kommen würde. Also fuhr sie ins Krankenhaus. Doch die Ärzte teilten ihr mit, dass es noch nicht so weit sei, es handle sich nur um einen Fehlalarm.

Gerrit fragte, welche Frau nun aufgrund ihrer Enttäuschung der Ansicht wäre, dass ihr Kind niemals mehr das Licht der Welt erblicken würde! Er erklärte, dass *wir* uns aufgrund unserer Erwartungshaltung über das bevorstehende Ende zu den falschen Überlegungen hinreißen ließen und so gewissermaßen ständig Fehlalarm auslösten. Wir bräuchten aber nicht zu denken, dass Harmagedon nun gar nicht mehr kommen würde. Wie das Baby, dass ganz sicher ein paar Tage später zur Welt kam – man wusste eben nicht genau, an welchem Tag –, so komme auch Harmagedon auf jeden Fall!

Nun, einige Kongressteilnehmer hatten das Jahr 1975 und die Kongresse miterlebt, als feurige Ansprachen, wie die von Konrad Franke, dem Leiter des damaligen Zweigbüros, in Vorbereitung auf dieses Jahr gehalten wurden, der die Zuschauermenge von seinen Endzeiterwartungen regelrecht übermannt hatte[6]. Einige gehörten vermutlich zu denen, über die die *WTG* 1974 schrieb:

»Es erreichen uns Berichte, dass Brüder ihre Häuser und Besitztümer verkaufen und planen die letzten Tage dieses Systems im Pionierdienst zu stehen. Das ist sicherlich eine gute Möglichkeit, seine Zeit und Mittel einzusetzen, bevor dieses böse System bald enden wird.«[7]

Tja, vielleicht stehen sie noch immer im Pionierdienst – 44 Jahre später. Harmagedon lässt weiter auf sich warten.

Auf den Kongressen ging es sehr emotional zu, der Verbrauch an Taschentüchern war immens. Ein besonderes Highlight waren die Theaterstücke, welche von Laienschauspielern aus den eigenen Reihen aufgeführt wurden – zumindest bis die *WTG* das Videoformat für sich entdeckte. Da gab es beispielsweise die Aufführung vom verlorenen Sohn, gespielt auf dem Berliner Olympiarasen, während dem internationalen Kongress 2009. Bei dem »verlorenen Sohn« handelt es sich um ein biblisches Gleichnis über einen jungen Mann, der sich von seinem Vater sein Erbe auszahlen ließ, auf Reisen ging und ein ausschweifendes Leben führte. Am Ende hatte er sein gesamtes Erbe verprasst und arbeitete als Schweinehirt. Er kam zurück zu seinem Vater, der ihm keine Vorwürfe machte und ihn mit offenen Armen empfing. Diese Erzählung verwendete die *WTG* gerne für junge Leute, die kurzzeitig auf einem Entdeckungstrip waren und vielleicht sogar ausgeschlossen werden, bevor sie in die Gemeinschaft zurückkehren. Ich war auch so ein »verlorener Sohn«.

Die Aufführung im Jahr 2009 versetzte den Zuschauer in die Neuzeit. Ein junger Mann ließ sich auf schlechten Umgang ein und interessierte sich mehr und mehr für seine Karriere. Er hing mit den Arbeitskollegen auf Partys ab und lernte sogar ein weltliches Mädchen kennen. Für die Versammlung und den Predigtdienst hatte er nicht mehr viel übrig, außerdem fing er an, gegen seine Eltern zu rebellieren. Vermutlich fühlte sich jeder Jugendliche auf dem Kongress angesprochen – für jeden war etwas dabei.

Gegen Ende des Dramas stieg der Sohn mit seinen Freunden, die offensichtlich schlechter Umgang waren, alkoholisiert in ein Auto, und sie wurden in einen Unfall verwickelt. Kurze Zeit später fand sich die Feiergesellschaft auf einer Polizeiwache wieder. Der junge Mann war am Ende, er glich dem verlorenen Sohn aus der Bibel, das hatte jeder kapiert. Die Gewissensbisse machten ihm schwer zu schaffen, und er fing noch auf der Wache an zu beten.

Bei mir schnürte sich alles zu, als ich das Theaterstück sah, da ich daran erinnert wurde, wie oft ich schon Jehova und meine Eltern enttäuscht hatte. Auch im Publikum um mich herum konnten viele nicht mehr an sich halten. Es war so beklemmend, weil anscheinend jeder an irgendeine Sünde erinnert wurde und sich nun fest vornahm, wieder mehr zu studieren, mehr Predigtdienst zu leisten, die Versammlung nicht mehr zu versäumen.

Ich war nach einem Kongress total motiviert, mehr noch als nach einer Zusammenkunft in der Versammlung. Jedes Mal umgab mich das Gefühl, dass es jetzt nicht mehr lange dauern würde, bis Gott endlich eingriff.

Die Euphorie hielt für gewöhnlich für eine Woche – dann fand ich mich wieder im gewohnten Trott.

Zum Ende eines Kongresses gingen wir meist noch mit anderen *Brüdern* und *Schwestern* in ein Restaurant, um den Abend ausklingen zu lassen. Es gab ein ungeschriebenes Gesetz bezogen auf die kleine Plakette, die jeder Zeuge während des Kongresses sichtbar am Revers trug und auf dem sein Name, seine Versammlung und das Kongressmotto des jeweiligen Jahres stand. Diese Plakette nahm man während der Unternehmungen am Abend natürlich nicht ab – man war schließlich nicht nur ein Zeuge für acht Stunden, sondern ein 24-Stunden-Christ. Das hatte ich schon von meiner Mutter so gelernt: Wer außerhalb des Kongresses ohne Plakette unterwegs war, der gab kein gutes Bild ab, sondern tat, als würde er sich in der Öffentlichkeit schämen – was ich tatsächlich auch tat.

Mit unseren Gästen aus Russland machten wir uns nach dem Kongress auf zum Potsdamer Platz. Ein unbeschreibliches Bild bot sich uns dort, denn außer uns hatte gefühlt das halbe Olympiastadion dieselbe Idee gehabt – die Leipziger Straße war übersät von vielen Hunderten Zeugen. Einige hatten bereits ihre Freizeitklamotten an, aber eines fehlte bei keinem: das Abzeichen, an dem wir zu erkennen waren. Wir gingen gemeinsam ins nahe *Löwenbräu*, um bei Weißwurst und Hefeweizen die *brüderliche Atmosphäre* zu genießen. Und so saß ich da, beim Bier, während ich dem Kellner mitteilte, was ich essen wolle, und er auf meine Plakette starte, auf der in diesem Jahr stand: »Wacht beständig!«

Der Abschied von unseren Gästen fiel schwer. Wir hatten uns an sie gewöhnt und wussten, dass wir sie so schnell nicht wiedersehen würden. Während viele der Gäste von ihren Gastgebern umsorgt wurden, war es bei uns genau umgekehrt gewesen. Der Mann des Pärchens war ein recht erfolgreicher russischer Geschäftsmann, der den gesamten Einkauf für die Tage bezahlte, uns zum Abendessen einlud und zum Abschied auf unserem Nachttisch einen Fünfziger liegen ließ.

Das sahen meine Frau und ich, die wir nicht so gut begütert waren, als ein Zeichen dafür, dass Jehova die Gäste gezielt verteilte. Solche Momente erlebten wir häufig. Wenn sich etwas Positives in unserem Leben ereignete, mit dem wir nicht gerechnet hatten, schrieben wir das Jehova zu. Wenn wir Phasen durchzustehen hatten, die schwer zu bewältigen waren, dann sahen wir darin eine Prüfung Jehovas, der sehen wollte, ob wir noch auf ihn vertrauten. Dass wir dabei einem magischen Denken zum Opfer fielen, war uns damals nicht bewusst. Es war nichts anderes als der Aberglaube, dass am Freitag, den 13., die meisten Unglücke passieren. Passiert tatsächlich etwas an diesem Tag, sieht man den vermeintlichen Zusammenhang und unterliegt dem magischen Denken. Bei uns war jeder Tag Freitag, der 13.

Ich würde rückblickend sagen, dass ich von 2009 bis 2011 innerhalb meiner 20 Jahre als Zeuge Jehovas am stärksten indoktriniert war. Ich war felsenfest überzeugt, dass jederzeit Harmagedon über uns einbrechen würde, und ich wollte auf der richtigen Seite stehen. Nachdem ich 2008 in eine tiefe Glaubenskrise geraten war, half mir das System *Wachtturm*, meine Zweifel zu verdrängen.

Mir blieb auch kaum etwas anderes übrig. Entweder hätte ich weiterrecherchiert und mich endgültig in den Kaninchenbau hineinverloren, was den erneuten Verlust meiner Freunde und Familie zur Folge gehabt hätte. Oder ich redete mir ein, dass ich derjenige war, dem ein Fehler unterlaufen war.

Man hielt mir die rote und die blaue Pille hin. Hätte ich mich für die rote entschieden, hätte es kein Zurück mehr gegeben. Also entschied ich mich für die blaue Pille – die Geschichte endete, ich wachte in meinem Bett auf und glaubte, was auch immer ich glauben wollte.

Dennoch betrachte ich diese Phase in der Retrospektive als Stufe 2. Ich bereitete mich innerlich darauf vor, irgendwann »aufwachen« zu können. So lange ich mich auf Stufe 1 befunden hatte, also nie mit ernsthafter Kritik meiner Überzeugungen konfrontiert worden war, war ein direktes »Erwachen« für mich nicht möglich gewesen. Ich musste zunächst mit Informationen in Berührung kommen, die mein Weltbild zumindest kurzzeitig auf den Kopf stellten. Meine eigenen Werte sollten sich im Laufe der Zeit nun verändern und regelmäßig mit den Lehren der *WTG* kollidieren, bis es dann nur noch eines kleinen Schubses bedurfte.

Ich hatte rund 15 Jahre auf Stufe 1 verbracht und lebte mittlerweile zwei Jahre auf Stufe 2. Bis zum *Point of no return* würden weitere sechs Jahre vergehen. Im April 2011 gab es ein einschneidendes Erlebnis, infolgedessen der Prozess seinen Lauf nahm, den ich heute als unumkehrbar betrachte.

Es ist nicht alles Gold, was glänzt

Meine Frau und ich wollten keine Kinder. Wir hatten uns immer dafür ausgesprochen, in diese Welt keine Kinder zu setzen, wir wollten uns dies für die *Neue Welt* nach Harmagedon aufheben. Damit standen wir nicht allein da. Wir kannten einige Paare, die kinderlos blieben, entweder weil es nicht funktionierte oder weil sie wie wir auf eine bessere Welt warteten. Bestätigt wurden wir abermals durch Jehova, der durch den *Wachtturm* zu uns sprach:

»Wir leben in einem ähnlichen Zeitabschnitt wie Noah und seine Familie, als sie die riesige Arche bauten, die sie während der Sintflut bewahrte. Obwohl alle drei Söhne Noahs verheiratet waren, zeugte keiner von ihnen vor der Sintflut Kinder. Ein Grund könnte darin bestanden haben, dass diese Ehepaare ihre ganze Aufmerksamkeit und Kraft der vor ihnen liegenden Arbeit widmen wollten. Auch zögerten sie vielleicht, Kinder in eine verdorbene, grausame Welt zu setzen, in der die Schlechtigkeit des Menschen ausnehmend groß war und jede Neigung der Gedanken seines Herzens allezeit nur schlecht war.«[8]

Damit gaben wir uns eine Zeit lang zufrieden. Allerdings können Schwangerschaften »ansteckend« sein, und so kam der Wunsch nach eigenen Kindern auf, als Freunde aus unserer Versammlung den Anfang machten. Wir haderten noch eine Zeit, ob wir tatsächlich Kinder in eine so schreckliche Welt setzen sollten, doch der Wunsch nach einer Familie verstärkte sich.

Im Sommer 2010 – zu dieser Zeit war ich 25 Jahre alt – verbrachten wir unseren Sommerurlaub in der Türkei. Als ich am Tag unserer Abreise wach wurde, war es noch nicht ganz hell draußen. Meine Frau lag nicht mehr neben mir, sondern schien die letzten Vorbereitungen für unsere Reise zu tätigen. Ich wusste, dass sie an diesem Morgen noch einen Schwangerschaftstest machen wollte; in den vergangenen Monaten waren alle negativ ausgefallen. Ich vernahm keinerlei Geräusch, wollte aber auch nicht aufstehen, weil ich fürchtete, dass der Test wieder nicht positiv gewesen wäre. Ich wartete im Schlafzimmer, um zumindest noch ein wenig die Hoffnung zu genießen, dass es dieses Mal vielleicht geklappt hätte. Kurz darauf kam meine Frau ins Schlafzimmer geplatzt und sagte ganz aufgeregt: »Schatz ...«

Ich wusste sofort was los war: »Wir haben es geschafft! Wir sind schwanger!«

Wir waren völlig aus dem Häuschen und konnten unser Glück kaum fassen. Wir vergaßen alles um uns herum und genossen unseren Urlaub zu dritt, auch wenn unser Baby zu diesem Zeitpunkt vermutlich noch einer Kaulquappe glich. Wir malten uns die Zukunft aus, wie schön die Zeit zusammen als Familie werden würde.

Neben uns und dem Pärchen, das der Geburtenrate unserer Versammlung den ersten Schwung verliehen hatte, wurden noch zwei weitere Frauen schwanger, was die Gespräche ziemlich einseitig werden ließ. Wir waren jedoch froh, dass unser Sohn Spielkameraden in der Versammlung hätte, wenn er schon auf den engeren Umgang mit weltlichen Kindern verzichten müsste.

Da wir zu dieser Zeit finanziell noch von der Hand in den Mund lebten und durch meine Selbstständigkeit kaum Sicherheiten hatten, suchte ich mir eine Festanstellung als Programmierer bei einem großen Zeitungsverlag in Berlin. Unsere finanzielle Lage verbesserte sich, sodass wir uns beruhigt in unsere neue Familiensituation stürzen konnten. Allerdings war ich nun wieder täglich in Kontakt mit Menschen, die Geburtstage feierten, gerne nach der Arbeit noch etwas trinken gingen und das Weihnachtsfest organisierten. Ich fühlte mich zurückversetzt in meine Schul- und Ausbildungszeit, nahm mir jedoch vor, mit meiner Überzeugung gleich von Beginn an offen umzugehen. Glückwunsche zum Geburtstag wehrte ich ab, genauso wie die Einladungen zu Geburtstags- und Weihnachtsfeiern, und auch nach der Arbeit sah man mich eher selten bei gemeinsamen Aktivitäten.

Meine Arbeitskollegen gingen ziemlich locker mit meinem Glauben um, und es ergaben sich des Öfteren in den Mittagspausen Fragerunden, bei denen jeder mal an die Reihe kam. Es war quasi immer Tag der offenen Tür bei den Zeugen Jehovas.

Einige Monate später holte ich einen Freund aus einer Nachbar-Versammlung in die Firma, den ich bereits aus Kindheitstagen kannte. Ich war über den Umstand, noch einen Zeugen im Büro zu haben, recht froh, denn jetzt konnten wir gemeinsam sitzen bleiben, während die Kollegen sich zum Geburtstag beglückwünschten und sich am Kuchen oder den Donuts zu schaffen machten. Während alle sich frohe Feiertage wünschten, wünschten wir »frohe freie Tage«. Geburtstagseinladungen konnten wir im Kollektiv absagen, und während die Kollegen die vergangene Weihnachtsfeier Revue passieren ließen, unterhielten wir uns über den letzten Kongress.

Mit der Zeit organisierten wir selbst das eine oder andere Event, abseits von irgendwelchen Festlichkeiten, und waren recht gut in unserem Kollegenkreis integriert. Es war ein wenig seltsam: Außerhalb der Arbeit hatten der Kollege und ich kaum etwas miteinander zu tun; in der Firma hingegen kannte und sah man uns nur im Duo.

Im Herbst 2010 wurde ich befördert. Unser Versammlungsaufseher teilte mir mit, dass man mich beim Kreisaufseher zum *Dienstamtgehilfen* vorgeschlagen und dieser keine Einwände gehabt hatte. Das Amt des *Dienstamtgehilfen* ist vergleichbar mit einem Diakon in der Kirche. Sie unterstützen die Ältesten bei ihren Aufgaben, vor allem im organisatorischen Bereich.

Die Beförderung kam damals sehr überraschend für mich. Es waren nur vier Jahre seit meiner Wiederaufnahme vergangen, und ich hatte immerhin drei Rechtskomitees sowie zwei Jahre Abstinenz von Jehova hinter mich gebracht. Aber gut, so etwas schlägt man nicht aus.

Als *Dienstamtgehilfe* erweiterte sich mein Aufgabengebiet. Ich wurde zum *Literaturdiener* ernannt und koordinierte die Bestellungen der Publikationen für unsere Versammlung. Letztendlich hatte ich einfach nur etwas mehr Papierkram zu erledigen und verbrachte nun die Zeit vor und nach der Versammlung hinter der Literaturausgabe in unserem Königreichssaal. Einmal im Monat war Inventur. Das kannte ich noch aus der Zeit meiner Ausbildung zum Feinoptiker. Da hatten wir das Glas im Keller gezählt – jetzt zählte ich die *Wachttürme*.

Meine Frau und ich hatten so langsam das Gefühl, im Leben angekommen zu sein. Ich hatte einen sicheren Job und eine verantwortungsvolle Stellung in der Versammlung. Sie arbeitete in Teilzeit, um sich vermehrt dem Predigen zu widmen – eine Rollenverteilung, die der *WTG* sehr zusagte[9]. Innerhalb der Versammlung genossen wir ein hohes Ansehen, und jeder wusste, dass wir auch unser Kind nach den Grundsätzen Jehovas erziehen würden.

Im April 2011 kam unser Sohn zur Welt, völlig gesund. Ich wusste sofort, wer für sein gutes Aussehen verantwortlich war. Ich verweise diskret auf das Cover dieses Buches – jedem musste klar sein, hier kann nur die Mutter ihre Finger im Spiel gehabt haben.

Unser Sohn erhielt als Kinderzimmer mein damaliges Büro. Wir genossen nach der Geburt die freien Tage unserer Dreisamkeit. Die Versammlung schwänzten wir in dieser Zeit, schließlich kümmerten wir uns um unser Neugeborenes. Gerne hätten wir das auch noch etwas länger so gehandhabt, allerdings setzten uns die anderen Eltern diesbezüglich insgeheim unter Druck, die bereits nach wenigen Tagen ihr Baby, vermutlich auch zu Präsentationszwecken, mit zur Versammlung brachten. So lernte unser Kleiner schon nach zwei Wochen den Ort kennen, der für uns als Eltern bald zur Geduldsprobe werden würde.

Den Pionierdienst gab meine Frau nach rund drei Jahren auf, hielt sich aber die Option offen, diesen wiederaufzunehmen, wenn unser Sohn etwas selbstständiger wäre. Für den Predigtdienst verwandt sie weiterhin mehrere Stunden – sie hatte von nun an eben einen Kinderwagen dabei.

Bei mir hingegen machte sich schleichend etwas Ebbe im monatlichen Bericht breit. Mein Job erlaubte es mir nicht, meine Zeit so einzuteilen, wie ich es wollte. Ich kam in der Woche erst gegen 18 Uhr nach Hause, sodass mir im Grunde nur noch die Wochenenden für den Predigtdienst zur Verfügung standen. Anstatt aber am Samstagmorgen auf den Treffpunkten zu erscheinen, um mich für die Missionierung einteilen zu lassen, wollte ich den Morgen lieber mit Kuscheln und einem ausgedehnten Frühstück mit meiner Familie verbringen. Das führte mit der Zeit dazu, dass ich von den Ältesten auf meine wenigen Stunden angesprochen und gefragt wurde, ob ich daran nicht etwas ändern könnte.

Die Motivationsreden halfen – allerdings nur so lange, bis sich unsere Familie vergrößerte.

Meine Frau war sich sicher, wenn wir Kinder bekämen, dann kein Einzelkind. Im November 2013 kam unser zweiter Sohn zur Welt. Während sich unser Erster bei der Geburt rund 12 Stunden Zeit ließ, hatte unser Zweiter es deutlich eiliger. Nicht einmal drei Stunden, nachdem wir das Krankenhaus betreten hatten, erblickte er das Licht der Welt. Allerdings konnten wir uns anfangs nicht wirklich freuen, da bei meiner Frau nach der Geburt Komplikationen auftraten. Die Hebamme konnte die Blutungen nicht stillen, und ich erkannte zunächst nicht so recht die Gefahr. Es verstrich immer mehr Zeit, und das Gesicht der Krankenschwester wurde ziemlich ernst. Besonders deshalb, weil sie von der Patientenverfügung meiner Frau wusste – Bluttransfusionen lehnte sie aus Glaubensgründen ab. Sie verlor fast einen Liter Blut, bevor die Blutungen gestoppt werden konnten.

Ich kann heute nicht sagen, wie wir uns entschieden hätten, wenn eine Bluttransfusion unumgänglich gewesen wäre. Aber ich denke sehr oft darüber nach, wie es sich angefühlt hätte, »aufzuwachen« und mit der Entscheidung leben zu müssen, für nichts und wieder nichts alles geopfert zu haben.

Laut einer kanadischen Zeitung ist im Oktober 2016 eine 26-jährige Zeugin Jehovas bei der Geburt ihres Kindes verstorben, da sie eine Bluttransfusion abgelehnt hatte[10]. Ihr Kind überlebte.

»Ich bin für Religionsfreiheit, aber doch nicht um jeden Preis. Nicht um den Preis eines Lebens«, sagte ihre Tante gegenüber der Zeitung.

Im Buch für die Ältesten heißt es hierzu:

»Jemand lässt sich bereitwillig Blut transfundieren und bereut nicht. Willigte jemand in eine Bluttransfusion ein, weil er eventuell unter großem Druck stand, ermittelt das Komitee den Tatbestand und versucht herauszufinden, wie der Betreffende eingestellt ist. Ist er reuig, hilft ihm das Komitee im Sinne von Galater 6:1 und Judas 22, 23. Da er in geistiger Hinsicht schwach ist, eignet er sich für eine gewisse Zeit nicht mehr für spezielle Vorrechte und vielleicht ist es sogar notwendig, ihm bestimmte grundlegende Vorrechte zu entziehen. Die Umstände könnten es erfordern, dass das Komitee Folgendes bekannt geben lässt: ›Die Ältesten haben sich mit einer Angelegenheit befasst, die mit Bruder [Schwester] ... zu tun hat. Älteste sind dabei, Hilfe zu leisten. Stellt das Komitee jedoch fest, dass der Betreffende reuelos ist, lässt es bekannt geben, dass er die Gemeinschaft verlassen hat.«[11]

An dieser Stelle ist übrigens eine Besonderheit im Ältestenbuch zu erkennen. Der Ausschluss, der sonst bei fehlender Reue die Folge ist, wird hier nett umschrieben; dass die Person, »die Gemeinschaft verlassen hat« – also nicht entlassen wird, sondern anscheinend selbst gegangen ist. Eine aus meiner Sicht sehr bewusst gewählte Formulierung.

Glücklicherweise kam es bei uns nicht zum Äußersten. Ich hielt meinen Sohn im Arm und verliebte mich schwer – zum dritten Mal. Abermals wurde mir klar, dass die Gene meiner Frau recht dominant waren und dieses kleine Kerlchen neben seinem Bruder das Schönste war, was mir je vor die Augen trat.

Doch er hatte es nach der Geburt nicht so leicht. Wir mussten mit ihm noch einige Male ins Krankenhaus, und es war kein schöner Anblick, ein so kleines Wesen mit einer Kanüle im Kopf zu erblicken. In den ersten Monaten hatte er zudem Schwierigkeiten einzuschlafen, da er mit Magenkoliken zu kämpfen hatte. Meine Frau und ich wechselten uns über Stunden ab, ihn bei laufender Dunstabzugshaube zum Einschlafen zu schaukeln. Nur durch monotone Geräusche fand er seinen Schlaf. Das zerrte natürlich an uns, wodurch auch unser Zeugendasein litt.

Während dieser Zeit sammelte ich meist nur noch fünf oder weniger Stunden auf meinem Berichtszettel, sodass die Gespräche mit den

Ältesten irgendwann nicht mehr ausreichen. Im Gegensatz zum einfachen Mitglied sollte ein *Dienstamtgehilfe* oder Ältester mindestens den Stundendurchschnitt der Versammlung erreichen – so zumindest wurde es mir seitens der Ältesten erklärt. Je nach Aktivität der Versammlung lag dieser entweder bei rund sieben Stunden, in anderen Gemeinden sogar bei zehn Stunden oder mehr. Da hatte ich also noch Glück, denn ich musste nur auf acht kommen, was mir allerdings selten gelang.

Und so kam es dazu, dass wir in kürzester Zeit von zwei verschiedenen Kreisaufsehern besucht wurden, die bei uns zu Hause den sogenannten *Hirtenbesuch* durchführten. *Hirtenbesuche* wurden meist von Ältesten organisiert, um sich denjenigen zu widmen, die *geistig schwach* waren. Ich nehme an, dass die Ältesten in Alarmbereitschaft versetzt worden waren, da die Statistiken nicht gerade für mich sprachen.

Der erste *Hirtenbesuch* verlief noch recht angenehm. Der Kreisaufseher gab uns das Gefühl, dass man durchaus wusste, was wir in der Vergangenheit alles getan hatten. Er hatte merklich Verständnis für unsere aktuelle Situation. Er las uns ein paar Bibeltexte vor, die uns zumindest vorübergehend frischen Wind gaben.

Der zweite Besuch führte dann allerdings dazu, dass meine Frau ihre erste kleinere Glaubenskrise erlitt und sich am System *Wachtturm* ziemlich aufrieb. Der kinderlose Herr Mitte 40 erzählte uns, dass wir in der Versammlung nicht mehr dieselbe Freude ausstrahlen wie in der Vergangenheit und dass dies einigen aufgefallen sei. Wir würden nicht mehr so häufig lächeln, meinte er.

»Ey, Kollege, wir haben gerade unser zweites Kind bekommen, dass rund um die Uhr mit Schmerzen in der Bauchregion zu kämpfen hat! Schlaf ist ein Luxus, den wir uns gerade nicht leisten können, und in der Versammlung machen wir uns Gedanken, wie wir unsere Kinder zwei Stunden lang ruhig halten sollen. Wir haben Wichtigeres zu tun, als anderen ins Gesicht zu grinsen« – hätte ich sagen sollen. Aber so reagierte ich natürlich nicht gegenüber einem Kreisaufseher, der selbst keine Kinder hatte, aber der Meinung war, uns diesbezüglich Rat erteilen zu müssen.

Meine Frau nahm das enorm mit. Sie war während des Gespräches recht ruhig, aber wie ich hinterher erfuhr, brodelte es in ihr. Sie war drei Jahre als Pionier tätig gewesen und unterstütze die Versammlung. Und nun hätten *wir* Hilfe benötigt oder zumindest Verständnis für unsere Situation, und stattdessen warf man uns vor, dass wir den anderen nicht mehr genügend Aufmerksamkeit schenkten.

Der Kreisaufseher sprach mich zudem auf meine Stunden an. Ich würde nicht mehr »führend in der Versammlung vorangehen«, was man jedoch von jemanden in meiner Position erwarten müsse. Er gab mir zu verstehen, dass es vielleicht erst einmal besser sei, wenn ich kein *Dienstamtgehilfe* mehr wäre.

Mich hat das ziemlich mitgenommen, und ich wollte einer Bekanntgabe vor aller Öffentlichkeit – »Oliver Wolschke ist kein *Dienstamtgehilfe* mehr« – auf jeden Fall aus dem Weg gehen. Denn so etwas führte meist dazu, dass insgeheim über die Gründe getuschelt wurde. Ich machte ihm unter Tränen klar, dass ich mich bessern würde, dass mir mein Amt wichtig sei, da es mir helfe, zumindest etwas am Versammlungsgeschehen teilzuhaben. Der Kreisaufseher gab mir widerwillig eine Gnadenfrist.

Ich gab mir einen Ruck und versuchte nun das monatliche Stundenziel zu erreichen. Und bevor die Motivation wieder abzuebben drohte, bekam ich den ultimativen Tipp eines hochrangigen Ältesten aus meiner Versammlung: Er fragte mich, ob ich denn eigentlich das Studium mit meinen Kindern berichten würde. Ich wurde hellhörig, es schien sich doch tatsächlich ein Schlupfloch zu eröffnen. Er machte mich auf einen Paragraphen im sogenannten *Organisiert-Buch* aufmerksam, welches unter anderem die Fragen für Taufbewerber enthielt, die Strukturen innerhalb einer Versammlung beschrieb sowie das Berichtswesen für die Verkündiger erklärte. Im besagten Absatz hieß es:

»Wenn beide Elternteile am Studierabend der Familie einen aktiven Anteil an der Schulung ihrer Kinder haben, kann jeder von ihnen bis zu einer Stunde wöchentlich berichten.«[12]

»Wow«, dachte ich, »das macht ja vier Stunden im Monat plus Heimbibelstudium!« Das war meine Rettung, zumal dort nicht stand, dass ich unbedingt jede Woche mit meinen Kindern *eine* ganze Stunde studieren müsse, aber dennoch *eine* Stunde berichten könnte. Jetzt musste ich nur noch zwei Mal im Monat zu je zwei Stunden in den regulären Predigtdienst und kam bereits auf meine acht Stunden.

Mit unseren Kindern begannen wir bereits früh die Kinderbücher der Zeugen Jehovas zu lesen. Darunter auch das gelbe Buch, das mich mit seinen teils brutalen Bildern selbst als kleiner Junge schon fasziniert hatte. Ich las meinen Kindern vor dem Einschlafen die kindlich aufbereiteten Geschichten aus der Bibel vor, angefangen vom Sündenfall im Garten Eden, über die Vernichtung durch die Sintflut bis zum erfolgreichen und gewaltsamen Einzug in das *verheißene Land* durch die Israeliten. Allerdings widerstrebte es mir, ihnen alle Geschichten vorzulesen, die teilweise ungeschönt die Brutalität des Alten Testaments wiedergaben. Und so erhielten sie eine eher unvollständige Sicht der Bibel.

Die *WTG* begann zu dieser Zeit, Filme zu produzieren, die den Kindern im Trickfilmformat die Lehren der Zeugen Jehovas näherbrachten. Sie lernten, dass man sein Taschengeld lieber in den Spendenkasten werfen sollte, anstatt sich ein Eis davon zu kaufen; dass einem das Paradies verwehrt wurde – ähnlich einem Fluggast, der nicht durch die Sicherheitskontrolle am Flughafen kommt –, falls man seine Homosexualität auslebte; dass Noah und seine Familie, hätten sie damals zu viel Zeit mit dem Smartphone und ihrem Spielzeug verbracht, ertrunken wären[13].

Ich schäme mich heute dafür, dass ich meinen Kindern diese Filme zeigte, aber ich dachte, das Material käme ja von der *leitenden Körperschaft*, also direkt von Jehova, und er würde schon wissen, was er da täte.

Schwieriger wurde es in den Zusammenkünften. Wir nahmen unsere Kinder vom Babyalter mit zur Versammlung. Ich saß wieder vermehrt in der letzten Reihe, da wir die anderen nicht stören wollten. Noch öfter saßen wir allerdings in dem Nebenraum, den ich das letzte Mal aufgesucht hatte, um mich dem Rechtskomitee zu stellen.

Kleinkinder während einer Zusammenkunft fast zwei Stunden ruhig zu halten, das wäre wohl nur mit Handschellen und Klebeband möglich gewesen. Anfangs versuchten wir noch unsere Kinder daran zu gewöhnen, dass sie während des Programmes ruhig sitzen und sich still mit einem Buch beschäftigen mussten. Wir verdrückten uns nicht gleich bei dem kleinsten Mucks in den Nebenraum. Allerdings schien der Versammlungsaufseher damit seine Probleme zu haben, zumal wir nicht die einzigen Eltern mit Kleinkindern waren. Irgendwann haben die Laute der Kids seine Nerven wohl allzu sehr strapaziert, also stand er auf, stellte sich provokativ vor die hinteren Reihen, schaute uns Eltern mit ernstem Blick an, und wir wussten, was zu tun war – wir zogen um in den Nebenraum.

Hinterher hat er uns Väter zu sich zitiert und uns klargemacht, dass die Anwesenden durch die Geräusche der Kinder gestört würden. Von da an wuchs die Unsicherheit, ab wie viel Dezibel wir den Raum verlassen müssten. Irgendwann verbrachten wir mehr Zeit im Nebenraum als im Hauptsaal, was wiederum dazu führte, dass wir uns weniger am Programm beteiligen konnten. Also wechselten wir uns regelmäßig beim Aufenthalt im Hauptsaal ab. Während ich mir mit meinen Kindern nebenan die Zeit vertrieb, versuchte meine Frau krampfhaft einen Kommentar abzugeben. Danach wurde ich eingewechselt, und sie kam auf die Ersatzbank. Schließlich mussten wir beide *präsent* sein.

Präsent sein – das war es, worauf es ankam. Um nicht das fünfte Rad am Wagen in der Versammlung zu werden, war es wichtig, sich zu zeigen. Wer der Versammlung länger fernblieb, dem wurde auch gern mal per WhatsApp die Freundschaft gekündigt. Gaben meine Frau und ich längere Zeit keine Kommentare während den Programmpunkte, was verständlich war, schließlich hatten wir uns um ein Neugeborenes zu kümmern, dass sich bei der Nahrungsmittelaufnahme nicht nach den Versammlungszeiten richtete, dann durfte ich mir anhören, dass wir nicht mehr so *präsent* seien – das Wort wurde ständig verwendet. Wer nicht *präsent* war, den lud man auch eher weniger zu gemeinsamen Aktivitäten ein. Isolation erlebt man nicht nur beim Verlassen der Zeugen Jehovas, sondern auch innerhalb der Gemeinschaft. Um nicht ein Opfer der Ausgrenzung zu werden, mussten wir deutlich machen, dass wir noch da waren. Also ließen wir uns auf den Treffpunkten am Samstagmorgen blicken. Ursprünglich waren wir von zu Hause aus in den Predigtdienst gegangen, da wir es mit den Kindern oft nicht schafften, bereits um 9:30 – manchmal sogar früher – auf dem Treffpunkt zu erscheinen. Für unser Image war das aber nicht vorteilhaft gewesen, also vollzogen wir immer öfter den »Geh-Heim-Dienst«: Anstatt in den Predigtdienst zu gehen, ließen wir uns nur kurz auf dem Treffpunkt blicken, um dann im Anschluss unser ausgedehntes Frühstück zu starten.

Je stärker der Druck wurde, desto mehr suchte ich nach Schlupflöchern, um wenigstens nach außen das Bild eines vorbildlichen *Dienstamtgehilfen* zu wahren. Da ich mittlerweile nicht einmal mehr auf meine acht Stunden kam und den Gesprächen mit Ältesten und Kreisaufsehern aus dem Weg gehen wollte, begann ich, meinen Bericht aufzupolieren. Anfangs rundete ich einfach nur auf. Gab es mal wieder eine Fragerunde auf der Arbeit, während der Mittagspause, dann wurden aus zehn Minuten auf dem Berichtszettel locker eine Stunde. Meine Kollegen unterstützten mich insgeheim, sodass ich guten Gewissens auf meine Stunden kam. Und da wir meist in großer Runde zum Essen gingen, notierte ich mir auch gleich noch eine Handvoll Rückbesuche. Rückbesuche wurden ebenfalls auf dem Bericht notiert – damit wurde sichergestellt, dass man nach dem Erstkontakt einen halbwegs interessierten Wohnungsinhaber auch ja weiterbearbeitete. Ich hatte nie vor, meine Kollegen zu bekehren, aber für meinen Bericht machten sie eine gute Figur. Und wenn die Kollegen gerade keinen Bock auf Gespräche hatten, dann wurde nicht nur aufgerundet, sondern gleich komplett die eine oder andere Stunde hinzugedichtet. Mein Gewissen beruhigte ich, indem ich Gott versprach, die Zeit nachzuholen, wenn die Kids aus dem Gröbsten raus wären.

Auf einem Portal für ehemalige Zeugen Jehovas startete ich eine Umfrage, wer als aktiver Zeuge seinen Bericht gefälscht habe. Von 104 Teilnehmern gaben 55 an, dass sie dies regelmäßig getan hätten. 21 hatten ab und zu geschummelt, und nur 28 waren vollends ehrlich gewesen. Viele schrieben, dass sie deshalb mit dem Bericht nicht ganz so ehrlich gewesen seien, da sie den Gesprächen mit den Ältesten hatten aus dem Weg gehen wollen.

Meine Frau und ich waren Batterien für die *WTG*, die lange Zeit ordentlich Saft gaben. Der Umstand, dass wir Eltern wurden, ließ es jedoch nicht zu, dass wir uns innerhalb des Systems *Wachtturm* genauso einsetzten wie die Jahre zuvor. Wir fühlten uns ausgelaugt. Wir lernten mit minimalsten Aufwand nach außen noch funktionsfähig zu wirken, aber unsere Zeit und Kraft investierten wir lieber für unsere Kinder.

Wir spürten nun, dass wir ohne unser Engagement kaum Akzeptanz erhalten würden. Solange wir funktionierten, gab es keine Probleme. Erst als wir unsere Aufmerksamkeit den Kindern zuwandten, stieg der Druck. Die hässliche Fratze der *WTG* schimmerte durch, auch wenn wir sie damals noch nicht bewusst wahrnahmen. Die Wahrheit hatte keine Fehler – es musste einfach an uns selbst liegen.

*»Du weißt ja, mit der Schwerkraft verhält es sich wie
mit dem Wahnsinn. Manchmal reicht schon ein leichter Schubs.«*

The Dark Knight (2008)

EIN LEICHTER SCHUBS

Als unsere Kinder zwei und vier Jahre alt wurden – ich selbst war mittlerweile 30 Jahre alt –, wurden wir wieder zu funktionierenden Zahnrädern im Getriebe der *WTG*. Ich hatte langsam Übung darin, meinen Bericht zu fälschen, sodass weitere Gespräche mit den Ältesten ausblieben. Ein Vorteil war, dass die *WTG* den *Trolleydienst* einführte und ich der Kaltakquise an den Türen weitestgehend fernbleiben und dennoch Präsenz beweisen konnte. Ich stand an öffentlichen Plätzen herum und stellte den Trolley neben mir auf, der mit der Literatur der *WTG* sowie einer Art Werbeplakat versehen war, auf dem der Titel des aktuellen *Wachtturms* oder *Erwachets!* abgedruckt wurde. Während ich meist zusammen mit einem Freund etwas abseits vom Trolley meine Zeit absaß, planten wir unsere Aktivitäten für den Nachmittag und diskutierten über die Chancen für einen Sieg der Hertha beim anstehenden Bundesligaspiel. Wenn uns Passanten wahrnahmen und ihren Blick auf uns richteten, dann lächelten wir kurz, in der Hoffnung, sie würden uns ein Buch oder eine Zeitschrift entreißen, die wir dann wiederum auf unserem Bericht notieren könnten.

Mit dieser neuen Art des Predigtdienstes hat die *WTG* ihren Anhängern einen großen Gefallen getan. Anstatt an fremden Türen zu klingeln und die Menschen beim Frühstück zu unterbrechen, sie aus der Dusche zu holen oder nach der Nachtschicht zu wecken, musste man nur noch herumstehen.

Für diese seltsame Aufgabe wurden wir sogar von den Ältesten geschult, damit wir auf pöbelnde Passanten reagieren oder gegenüber dem Ordnungsamt argumentieren könnten, wenn wir nach einer Genehmigung für unseren Trolley gefragt würden. Für einen Stand benötigte man generell eine Erlaubnis, sobald dieser auf öffentlichen Plätzen ausgestellt wurde. Und um die belebten Plätze quasi rund um die Uhr zu bedienen und einer Genehmigung wohl zu entgehen, ließ man sich einen kleinen Trick einfallen. Wir sollten uns maximal eine Viertelstunde an der gleichen Stelle aufhalten und dann für ein paar Meter weiterziehen. Vor dem Ordnungsamt oder anderen Personen, die uns des Platzes hätten verweisen können, sollten wir dann erklären, dass der Trolley nur unser Gepäckstück sei und wir eine kurze Pause eingelegt hätten.

Ich beteiligte mich also an den zweistündigen »Dienstreisen«, beginnend am Königreichssaal, um den Trolley abzuholen, und bewegte mich dann vom Markplatz, vorbei am Bahnhof Lichterfelde-Ost und wieder zurück. Zwischendurch legten wir eine Pause ein, damit wir den Trolley – unser Gepäck – aus Werbezwecken für 15 Minuten abstellen konnten.

Da mein Berichtszettel nun regelmäßig den Anschein erweckte, dass ich ein den Umständen entsprechend eifriger *Verkündiger* war, und da meine Frau und ich wieder mehr Präsenz ausstrahlten und brav lächelten, ergaben sich für uns weitere Vorrechte. Wir durften bei einem Programmpunkt auf einem der drei jährlichen Großveranstaltungen als Paar auf die Bühne treten und einen kurzen Kommentar darüber abgeben, wie wichtig es sei, schlechten Umgang zu meiden. Auf Kongressen galten noch einmal ganz andere Anforderungen als in der Versammlung. Hier durften nur wirklich vorbildliche *Verkündiger*, die im einwandfreien Ruf standen, an den Programmpunkten mitwirken.

Nachdem ich den Zuhörer erzählt hatte, wie wichtig es sei, nicht zu viel Zeit mit den von Satan kontrollierten Medien zu verbringen und sich nicht ablenken zu lassen, so kurz vor dem »Ende«, äußerte sich meine Frau wie folgt:

> »Der erste Brief an die Korinther 15:33 zeigt, dass uns der Umgang mit Menschen, die Jehova nicht lieben, negativ beeinflusst. Interessant finde ich auch den Satz davor: ›Lasst euch nicht irreführen …‹ Menschen in unserem näheren Umfeld mögen uns sehr sympathisch erscheinen, beispielsweise auf der Arbeit oder Eltern aus der *Schule*. Ein enger Kontakt zu ihnen wird uns aber auf Dauer nicht guttun. Deshalb ist der Rat von Jehova so liebevoll, der uns hilft, unsere guten Gewohnheiten zu bewahren.«

Bemerkenswert daran war, dass meine Frau und ich eher liberal eingestellt waren, was den Umgang mit Personen betraf, die keine Zeugen waren. Meine Frau hatte regelmäßigen Kontakt mit anderen Müttern aus der Kita. Und zu den Nachbarn, bei denen unsere Kinder häufig zu Besuch waren, baute sich eine Bindung auf, wenn auch keine allzu feste. Diese Kontakte waren alles andere als eine Gefahr für unseren Glauben. Wir machten vor anderen auch keinen Hehl aus unserer Überzeugung. Sie nahmen das einfach so hin. Erst nach meinem »Erwachen« wurde mir klar, worin die vermeintliche Gefahr bestand, mit diesen Menschen Umgang zu pflegen.

Unsere Kommentare, die wir auf der Bühne, zusammen mit einigen aus unserer Versammlung zum Besten gaben, entstanden nicht spontan. Der Argumentationsrahmen wurde uns vorgegeben, und wir arbeiteten die Kommentare dann mit eigenen Worten aus, die im Anschluss vom Programmleiter überprüft und leicht angepasst wurden. Eigentlich wollte meine Frau statt der *Schule* die *Kita* erwähnen, da dies besser zu unserer aktuellen Situation gepasst hätte. Doch der Älteste wies uns daraufhin, dass einige der Zuhörer ihre Kinder nicht zur Kita gingen ließen, da sie dort unnötigerweise und viel zu früh mit Weltmenschen in Kontakt kämen. Außerdem könne der Kommentar den Anschein erwecken, dass die *WTG* es gutheiße, seine Kinder in die Kita zu schicken, so der Älteste.

Um den Besuch des Kindergartens nicht als Empfehlung hinzustellen, einigten wir uns auf Schule. Dass vollständige Manuskript wurde zusätzlich noch den Kongressverantwortlichen zugesandt, die ebenfalls den Inhalt einer Prüfung unterzogen und so sicherstellten, dass unsere Aussagen mit den Lehren der *WTG* zu 100 Prozent übereinstimmten.

Bei einer anderen Gelegenheit bat man mich auf einem Kongress in Form eines Interviews meine Geschichte zu erzählen – der »verlorene Sohn«, der reumütig zurückkehrte. Dieses Interview fand während einer Taufansprache statt, und den Täuflingen, die in der ersten Reihe Platz nahmen, sollte meine Vergangenheit als Warnung dienen. Ich saß mit zwei weiteren Personen an einem Tisch auf der Bühne und wurde vom Programmleiter interviewt.

Programmleiter: »Was ist nach der Taufe passiert?«

Ich: »Bis gegen Ende meines 18. Lebensjahres bin ich einigermaßen geradlinig den Weg der Wahrheit gegangen. Dann bin ich von zu Hause ausgezogen. Ein Jahr später wurde ich aus der Christenversammlung ausgeschlossen; das war im Sommer 2004.«

Programmleiter: »Wie ist es dazu gekommen?«

Ich: »Nachdem ich von zu Hause auszog, konnte ich nicht damit umgehen, die richtigen Entscheidungen selbst zu treffen. Ich bewegte mich langsam von der Versammlung weg, vernachlässigte die Zusammenkünfte, übernahm schließlich auch keinen Predigtdienst mehr. Stattdessen war ich auf Partys und in Diskotheken anzutreffen. Ich lernte jemanden aus der Welt kennen, und mit einem Mal waren Gefühle im Spiel. Kurze Zeit später kam es dann zum Gemeinschaftsentzug.«

Programmleiter: »Was hat dich wachgerüttelt oder zum Umdenken veranlasst?«

Ich: »Was ich verloren hatte, wurde mir bewusst, als das Rechtskomitee mir mitteilte, dass ich aufgrund meines Lebenswandels kein Teil der Organisation Jehovas mehr sein kann. Das bereitete mir einen unheimlichen Schmerz im Herzen. Während der Zeit, als ich ausgeschlossen war, konnte ich mir selbst ein Bild davon machen, wie sinnlos das Leben ohne Jehova ist. Daher hatte ich den Wunsch, zu Jehova zurückzukehren.«

Programmleiter: »Welches Fazit ziehst du aus deiner Erfahrung?«

Ich: »Paulus gab Timotheus den Rat: ›Fliehe vor den Begierden, die der Jugend eigen sind.‹ Genau das tat ich leider nicht. Ich habe für mich daraus gelernt, den Rat der Bibel stets ernst zu nehmen, Entscheidungen nach den Maßstäben Jehovas zu treffen und sich eng an die Versammlung zu halten. Dadurch wird das Verhältnis zu Jehova vertieft und man kann den Angriffen Satans besser widerstehen.«

In Wirklichkeit, und das war mir durchaus bewusst, hatte ich die beste Entscheidung meines Lebens getroffen! Ich hatte mich gegen die Organisation und für meine Frau entschieden. Mein Verhalten war selbstbestimmt und authentisch gewesen. Hätte ich nicht nach meinen eigenen Werten entschieden, sondern mich nach den Empfehlungen der Organisation gerichtet, wäre mir das Beste in meinem Leben entgangen. Was ich damals von der Bühne erzählte, entsprach nicht meinen innerlichen Empfindungen. Ich hatte meine Entscheidungen niemals bereut, aber ich antwortete, wie es von mir erwartet wurde. Ich hätte in der damaligen Situation schlecht die Wahrheit sagen können.

Im Jahr 2016, nur ein Jahr vor meinem »Erwachen«, erlangte ich das nächste Vorrecht, das mich auf die Position eines Ältesten vorbereiten sollte. Ich erhielt die Freigabe, einen *öffentlichen Vortrag* auszuarbeiten, der im Gegensatz zu den bisher recht kurzen Programmpunkten eine halbe Stunde Sprechzeit vorsah. Diese Vorträge werden als öffentlich gekennzeichnet, da man hierzu auch weltliche Interessierte einlud, die spontan vorbeischauen konnten, was jedoch eher selten der Fall war. Bei der Ausarbeitung sollte man diese Personengruppe speziell berücksichtigen und nicht allzu sehr mit der recht eigenen Sprache der Zeugen Jehovas hantieren.

Das Thema, das ich mir aus einer Reihe von vorgegebenen Manuskripten auswählte, trug den Titel: »*Der Ursprung des Menschen, ist es wichtig, was man glaubt?*« Ich wählte das Thema mit Bedacht, da ich schon immer von der Evolutionstheorie fasziniert gewesen war – allerdings nur insofern, als dass ich mich fragte, wie man diese widerlegen könnte. In meinem Vortrag riss ich die Zitate wild aus dem Kontext, nur weil sie meine Argumentation unterstützten; meine Worte waren eine Aneinanderreihung von Strohmännern, dem völligen Unverständnis der Funktionsweise der Evolution geschuldet.

Die Fehlschlüsse, die ich zog, waren unausweichlich. Bei der Auswahl eines Themas, erhielt man eine Disposition von der *WTG*, welche die Grundlage eines Vortrages bildete, und selbstverständlich waren darin ausschließlich Quellen angegeben, die sich auf die hauseigenen Publikationen bezogen. Im Grunde war es aber auch egal, denn den Vortrag vernahmen nur mir wohlgesinnte Zuhörer, die mit dem Ergebnis zufrieden waren, da ich ihre Erwartungshaltung erfüllte.

Das erste Mal hielt ich den Vortrag in meiner Versammlung. Am Ende klatschten wieder einmal alle und drückten ihre Bewunderung aus. Der grimmige Versammlungsaufseher war ebenfalls zufrieden, kritisierte allerdings die Auswahl der Verse, die ich zur Untermauerung des *biblischen Vortrages* genutzt hatte. Ich verwendete aus seiner Sicht zu *viele* Bibelstellen – das hat mich dann doch überrascht, da die Grundlage unseres Glaubens ja eigentlich die Bibel war.

Als ich den Vortrag in einer anderen Versammlung hielt, kam im Anschluss eine ältere Dame auf mich zu und tadelte meine viel zu engen Hosen, durch die meine strammen Schenkel und mein Gesäß deutlich zum Vorschein gekommen seien. Ich fand das recht niedlich, wie die

Schwester – ohne verlegen zu werden – mich direkt auf meine figurbetonte Hose ansprach – ich gelobte ihr Besserung.

Tatsächlich war mir gar nicht bewusst, welche Brisanz das Thema innerhalb der Organisation hatte, bis es schließlich zu einem Ältestengespräch wegen meiner viel zu engen Hosen kam. Jürgen, der Mann von Claudia, bat mich nach einer Zusammenkunft kurz neben ihm in der letzten Reihe Platz zu nehmen. Er hatte einen *Wachtturm* zur Hand, den wir einige Wochen zuvor in der Versammlung betrachtet haben. Abgedruckt war ein Bild von vier jungen Männern und er spielte mit mir »Finde den Unterschied«.

Mir war klar, worauf er hinauswollte. Die zwei Jungs rechts im Bild hatten einen eng geschnittenen, modernen Anzug an, bei dem sogar die Ringelsocken sichtbar waren, während die zwei Jungs links davon, weite Hosen trugen, die ihre Schuhe ordnungsgemäß bedeckten – eine Erscheinung, die die *WTG* bei Männern bevorzugte.

Am 13. Januar 2018 hielt Tony Morris, Mitglied der *leitenden Körperschaft*, einen Vortrag in Trinidad und nahm Bezug auf das Problem der zu engen Hosen:

> »Euer Zweigkomitee berichtet, dass sie über einige Brüder und Schwestern hier im Zweiggebiet besorgt sind. Und das ist nicht nur hier in Trinidad so, wir beobachten es auch in anderen Teilen der Welt, weil wir wissen, wer das vorantreibt. [...] Junge Männer, die diese engen Anzüge tragen, die Anzugjacke eng und dann sind die Hosen vollständig eng bis unten. [Er dreht sich einmal im Kreis und präsentiert sein Outfit, alle lachen.] Ich bin ein großer Kerl und vielleicht meinst du, dass ich in so was ohnehin nicht gut aussehen würde, deshalb würde ich das nicht tragen. [Alle lachen, dann wird seine Miene ernst.] Ich würde niemals meinen himmlischen Vater missachten, indem ich mich so kleide – nein.«[1]

Es ist nicht das erste Mal, dass Tony Morris auf enge Hosen fast schon allergisch reagierte. Während eines Vortrages in den USA sprach er sich gegen den Modetrend bei jungen Männern aus und sah die engen Hosen als eine Verschwörung der homosexuellen Designerindustrie an, die gerne junge Männer in solchen Hosen sehen wolle.²

Lange Zeit fokussierte sich die *WTG* in Sachen Mode nur auf Frauen. Der Ausschnitt sollte nicht zu tief sein, der Rock müsse über die Knie reichen, und das Äußere sollte Bescheidenheit erkennen lassen. In jüngster Zeit konzentrierte sich die *WTG* mehr und mehr auch auf Männer und ihre metrosexuelle Art sich zu kleiden. Ich für meinen Teil ließ den Ältesten wissen, dass ich in Zukunft auf mein Äußeres besser achten und mir zeitnah einen neuen Anzug zulegen würde.

2011 programmierte ich ein Bundesliga-Tippspiel, zu dem ich zunächst nur Freunde aus meinem Zeugen-Umfeld einlud. Später öffnete ich das Spiel auch für die Allgemeinheit; zunächst spielten wir aber nur unter uns und ohne Wetteinsatz. Ich sah das Ganze eher als Hobby an und hatte keinerlei Interesse, daraus Profit zu schlagen. Ich hatte gar nicht damit gerechnet, dass mir diese Unternehmung Ärger mit dem Kreisaufseher einhandeln würde.

Bereits kurz nachdem ich die Website eröffnet hatte, erhielt ich durch das Stille-Post-Prinzip die Info, dass sich wohl jemand aus meinem Umfeld daran störte. Die Tipperei komme einem Glücksspiel gleich, was einem Zeugen Jehovas nicht erlaubt sei, außerdem fördere es den Konkurrenzkampf unter Christen. Auch wenn wir bei unserem Spiel nur Punkte sammelten und keine Wetteinsätze tätigten, schien sich jemand so sehr daran zu stören, dass er sich an den Kreisaufseher gewandt hatte. Dieser, so wurde es mir erzählt, sah darin nichts Verwerfliches. Da der Kreisaufseher jedoch alle drei Jahre wechselte und genau das nun geschehen war, versuchte der Glücksspielgegner es erneut, und dieses Mal biss der Kreisaufseher an.

Kurz vor dem Ende meiner Karriere als Zeuge Jehova zitierte er mich wieder einmal in den berüchtigten Nebenraum. Er erzählte mir, dass sich ein Bruder an meiner Website störe, und selbst die Bibel sage ja, dass man solchen Personen, die andere zum Straucheln brachten, eher einen Mühlstein um den Hals legen und im Wasser ertränken solle. Er gab mir zu verstehen, dass es manchmal besser sei, etwas aufzugeben, um andere in ihrer Überzeugung nicht zu verunsichern. Auch wenn er von mir nicht direkt verlangte, meine Seite zu schließen, so wies er doch darauf hin, dass ein Festhalten am Tippspiel unter Umständen meinen Aufstieg in der Hierarchie behindern könne.

Ich haderte nach dem Gespräch mit mir und war tatsächlich kurz davor, alles dicht zu machen. Doch ich entschied mich dagegen, zumal selbst ranghohe Älteste in unserer Tippgemeinschaft mitspielten und ich nicht zulassen wollte, dass eine Person, die nicht mit mir persönlich zu reden wagte, in mein Leben und meine Interessen eingriff. Wieder einmal wurde mir bewusst, dass es nur um die äußerliche Wirkung ging. Je mehr ich mich für die Organisation einsetzte, desto penibler achtete man anscheinend auf meine Kleidung oder die Art meiner Freizeitgestaltung.

Ab Mitte 2016, acht Monate, bevor ich mich meiner Frau öffnete, führten viele kleine, aber wirksame Schritte dazu, dass ich mich mehr und mehr unwohl in meiner Zelle fühlte. Je mehr Zeit ich auf meine Aufgaben innerhalb der Organisation verwandte, desto mehr geriet mein Wertesystem auf Kollisionskurs mit den Zeugen, wobei es oftmals auch um die Erziehung meiner Kinder ging. Mein authentisches Ich wurde dominanter und schob sich an meinem Zeugen-Ich vorbei in den Vordergrund. Diese kleinen Verschiebungen waren wichtig, bevor ein kleiner »Schubs« bewirken konnte, dass sich meine Firewall komplett abschaltete.

Meine Kinder

Insbesondere wenn ich mein Weltbild nach außen zu verteidigen versuchte, ob auf der Arbeit oder im Predigtdienst, geriet ich immer öfter in einen Konflikt mit mir selbst. Heute kann ich nicht sagen, ob ich nur vermehrt auf Menschen traf, die mein Gerede nicht einfach hinnahmen, sondern auch dagegenhielten, oder ob der Umstand, dass ich Vater geworden war, mich anfälliger für Zweifel werden ließ. Ich nehme an, dass Letzteres der Fall war.

Ich wirkte, so erzählen es mir die Arbeitskollegen heute, recht authentisch und selbstsicher, wenn ich über meinen Glauben sprach, allerdings nur bis zu einem gewissen Punkt. Ab und an wurden die Fragen kritischer, was ein Zeuge Jehovas im Grunde gewohnt sein sollte. Ich spulte in diesen Momenten nur noch das gelernte Programm ab. Mein Gehirn traute sich nicht, die Schwelle zu übertreten, hinter der meine Zweifel auf mich warteten. Ich wirkte wie programmiert, nicht mehr wie ich selbst. Meine Antworten waren eine Wiederholung der *Wachtturm*-Texte oder eines Vortrages, den ich auf einem der letzten Kongresse gehört hatte.

Einige Dinge hatte ich tatsächlich nie bis ins letzte Detail durchdacht – ein gutes Beispiel sind die Bluttransfusionen. Man könne heute doch Operationen recht erfolgreich auch ohne Transfusionen durchführen, und die Zeugen Jehovas hätten diesbezüglich die medizinische Entwicklung sogar enorm vorangetrieben, erzählte ich. Bei Notfällen dürfe man ohnehin keine Bluttransfusion geben, da die Blutgruppe dann gar nicht bekannt sei, stattdessen komme Kochsalzlösung zur Anwendung.

Mir hätte es wohl gutgetan, mich einen Tag in der Notaufnahme eines Krankenhauses aufzuhalten, dann wären mir meine lächerlichen Argumente im Halse stecken geblieben. Dass Konserven der Blutgruppe Null-Rhesus-Negativ bereitgehalten werden, da diese für die meisten Blutgruppen geeignet sind, war mir zu dieser Zeit nicht bekannt. Genauso wenig habe ich gewusst, dass Kochsalzlösung bei zu starkem Blutverlust nicht mehr den Sauerstofftransport gewährleistet.

Die Frage meiner Kollegen, was wäre, wenn eines meiner Kinder später eine Bluttransfusion benötige, entfachte allerdings einen Flächenbrand in meinem Gehirn. »Scheiße«, dachte ich, »ich bin jetzt Vater!« Mir wurde erst allmählich bewusst, dass ich nicht mehr nur für mich allein entscheiden musste. Ich trug die Verantwortung für zwei Menschen, die voll und ganz darauf vertrauten, dass Papa die richtigen Entscheidungen traf.

Aus meinem Zeugen-Umfeld erfuhr ich, dass in Deutschland den Eltern kurzzeitig das Sorgerecht entzogen werden kann, um Kindern eine Bluttransfusion zu verabreichen, sollte das Kindeswohl gefährdet sein[3]. Selbst wenn die Zeit nicht ausreicht, um die Behörden einzubeziehen, dürften Ärzte ohne Einwilligung der Eltern die Kinder vor dem Tod bewahren. Damit gaben sich viele Zeugen-Eltern zufrieden und verwiesen auf die Rechtsprechung, sollte man ihnen vorwerfen, dass sie ihre Kinder sterben lassen würden.

Mir persönlich ging es vor allem darum, wie *ich* innerlich eingestellt war. Würde ich meinem Kind tatsächlich eine Transfusion verwehren, selbst wenn aufgrund der Rechtsprechung andere versuchen wollten, sein Leben zu retten? Würde mein Kind im Notfall nur überleben, weil sich die Behörden zwischen uns gestellt hatten? Was, wenn mein Kind mich später fragen würde: »Papa, hättest du mich sterben lassen?«

Es arbeitete in mir, auch wenn ich mir noch immer nichts anmerken ließ. Ich selbst hatte keine Patientenverfügung und trug auch keinen *Blutausweis* bei mir, der die Ärzte im Notfall informiert hätte, dass ich kein Blut erhalten wollte. Mir hätte man im Notfall Blut gegeben, trotzdem verteidigte ich in Gesprächen zu diesem Thema lange das Dogma der Zeugen Jehovas.

Nicht nur die Gespräche mit meinen Kollegen brachten mich zum Nachdenken, sondern auch meine berufliche Tätigkeit an sich. Innerhalb des Verlages, in dem ich tätig war, wechselte ich vom Programmierer zum Datenanalysten und Suchmaschinenoptimierer. Ich hatte sehr viel mit Zahlen zu tun, sammelte Erfahrungswerte und stellte Hypothesen auf, die ich wiederum durch Testverfahren gegenprüfte. Meine

Arbeit war (und ist es noch heute) geprägt durch systematisches Arbeiten, objektives Begründen und empirische Analyse. Einige Kollegen verstanden nicht, wie ich einen so analytischen Job machen konnte, bei dem ich die Dinge grundsätzlich hinterfragte und einer genauen Prüfung unterzog, während ich privat einer Überzeugung aufsaß, die sämtlichen wissenschaftlichen Erkenntnissen der Gegenwart widersprach – indem sie etwa behauptete, der Mensch sei erst 6000 Jahre alt. Wenn ich in einer Zeitung über einen Sensationsfund zu unseren Vorfahren las, der theoretisch alles in Frage stellte, woran ich glaubte, dann verdrängte ich die Informationen oder verwies auf vermeintlich falsche Berechnungen oder Messfehler und unzulässige wissenschaftlichen Methoden. Ich beherrschte meinen Job, der aus der Zahlen-Jonglage bestand, aber den Wissenschaftlern traute ich dasselbe nicht zu. Allerdings hatte ich immer öfter Probleme mit dem absoluten Wahrheitsanspruch der *WTG*. Ich zweifelte, ob es nicht sein könnte, dass alles doch ganz anders war.

Das Studium mit den Kindern, das eine zentrale Rolle in den Familien der Zeugen Jehovas einnehmen sollte, ließ ich schleifen. Ich wählte die Publikationen und Videos, die ich mit ihnen betrachtete, mehr und mehr mit Bedacht aus. Meine Frau und ich vermieden es, ihnen von Satan oder den Dämonen zu erzählen, weil es uns fremd war, ihnen diese düsteren Gestalten, die für uns sehr real waren, näherzubringen. Wir sprachen lieber über die positiven Aspekte unseres Glaubens – über Gott, Jesus oder das Paradies. Wenn wir einen schönen Sonnenuntergang betrachteten, dann erklärten wir ihnen, dass Gott ihn für uns erschaffen hatte, damit wir uns daran erfreuen könnten. Wir erzählten ihnen von einem ewigen Leben in einem Paradies, wo sie mit Tigern und Pandas spielen könnten. Für unseren Großen, der bereits fünf Jahre alt war, wurden die Ewigkeit und das Paradies bereits zur Realität.

In der Versammlung konnten wir die Informationsaufnahme unserer Kinder hingegen nicht steuern. Wirklich zugehört haben sie aber, so unser Gefühl, nie wirklich. Nur ab und an stellte unser Sohn eine Frage zu einem der Themen, die während der Zusammenkünfte behandelt wurden, wodurch wir feststellten, dass er neben seiner Dauerbeschäftigung mit iPad, Büchern und Malstiften doch das eine oder andere aufschnappte.

Am liebsten schaute sich mein Sohn während der Zusammenkünfte Dinosaurier-Bücher an, in denen Mr. T-Rex zur Kreidezeit Angst und Schrecken verbreitete. Mein Sohn liebte Dinosaurier und erinnerte mich an die Zeit, als ich mir in den 1990er-Jahren jede einzelne Zeitschrift des Magazins »Dinosaurier« besorgte, bis ich meinen Knochen-T-Rex endlich zusammen hatte. Fasziniert von den Bildern und zurückversetzt in meine Kindheit, sahen wir uns seine Bücher oft auch gemeinsam an, damit ich ihm zu jedem Herbivoren und Karnivoren die Namen beibringen konnte, während im Hintergrund der Sündenfall im Garten Eden behandelt wurde.

Wenn mein Sohn mich fragte, warum Gott die Dinosaurier erschaffen hatte, dann erzählte ich ihm, dass er sie vielleicht genutzt hatte, um die Vegetation in Gang zu bringen und den Erdboden platt zu drücken, damit er bewohnbar für uns Menschen würde. Was für ein Schwachsinn! Aber wie soll man sonst eine solche Sache erklären, wenn man die Evolution verneint und gleichzeitig in allem einen Sinn zu sehen versucht, was einst auf unserer Erde lebte. Schließlich stand schon in der Bibel: »Und Gott ging daran, die wildlebenden Tiere der Erde zu machen [...] Und Gott sah dann, dass [es] gut [war].« In Bezug auf die Dinosaurier so gut, dass er sie kurzerhand dem Erdboden gleichmachte.

Immer öfter zeigte man während der Treffen auch Videos, die mithilfe eines Beamers an eine Leinwand geworfen wurden. Da gab es dann Zeichentrickfilme zu bestaunen, in denen der kleine Philipp – die Hauptfigur in den Kindervideos – vor und nach der Versammlung nicht herumrennen durfte, da er sonst womöglich mit den schon zittrigen Älteren zusammenstieß. Den Zeichentrickfilm fanden meine Kinder recht amüsant, aber dass ihnen selbst nach fast zwei Stunden herumsitzen der Auslauf untersagt wurde, passte ihnen gar nicht. Auch wenn unsere

Versammlung immer wieder Anstrengungen unternahm, die Kinder in den Griff zu bekommen, hielt der Erfolg meist nur für ein paar Zusammenkünfte an. Es gab sogar extra Ansprachen, dass die Eltern doch auf ihre Kinder achten sollten und man bitte kein Spielzeug mit in die Versammlung brachte.

Wir versuchten unsere Kinder in die Zusammenkünfte miteinzubeziehen, damit es für sie etwas spannender wurde. Wir suchten Fragen heraus, die an das Publikum gerichtet wurden, zu denen sie einfache Antworten geben konnten wie »Jehova« oder »Jesus«. Manchmal durften sie sogar mit auf die Bühne, wenn das Programm es vorsah – einmal sogar mit mir. Ich sollte ein Video vorführen, das auf kindliche Art die sechs Schöpfungstage erklärte. Danach durfte eine Meute von Kindern, die ich mit auf die Bühne nahm, der Reihe nach aufzählen, was Gott alles für uns erschaffen hatte. Die Eltern waren natürlich mächtig stolz, und auch den Kindern machte der Auftritt eine Menge Spaß – es war deutlich spannender, in ein Mikrofon zu sprechen, als am Stuhl zu kleben und sich ruhig zu verhalten.

Wenn Papa allein auf der Bühne stand, dann achteten meine Jungs tatsächlich darauf, was dort vor sich ging. Während ich versuchte, konzentriert meine Darbietung den Anwesenden vorzutragen, sah ich meine Söhne in ihrer Reihe stehen und wild ihrem Papa zuwinken. Ein Grinsen konnte ich mir meist nicht verkneifen.

Neben den Zusammenkünften, waren vor allem Kongresse die reinste Folter für unsere Kinder. An bis zu drei Tagen sollten sie geschniegelt und herausgeputzt acht Stunden lang still auf ihrem Platz sitzen, weshalb wir Eltern dann vor allem mit dem Zeit- und Unterhaltungsmanagement beschäftigt waren. Wir stellten sicher, dass wir immer genügend Kinderbücher dabei hatten, um über die Zeit zu kommen. So ein Dinosaurierbuch ist halt nach einer Stunde auch langweilig. Glücklicherweise wurden ausreichend Videos vorgeführt, die das für die Kinder sonst langweilige Programm etwas abwechslungsreicher gestalteten.

Die *WTG* hatte sich inzwischen von den Theateraufführungen verabschiedet und produzierte aufwendige Filme, die an Emotionalität und Theatralik alles in den Schatten stellte, was ich bisher auf solchen Veranstaltungen gesehen hatte. Besonders erwähnenswert ist das »Bunker-Video«, das ich auf dem großen Kongress im Sommer 2016 zu sehen bekam und das zeigen sollte, was wir Zeugen kurz vor Harmagedon zu erwarten hätten. Eine Handvoll *Brüder* und *Schwestern* sowie Kinder kauerten im Keller eines Hauses, während draußen Stimmen zu vernehmen waren – der Pöbel durchsuchte jedes Haus nach den Zeugen. Es war das letzte Aufbäumen des Teufels, der während der *Großen Drangsal* den Schlussangriff auf Gottes Volk unternahm, bevor es in Harmagedon befreit würde. Nach und nach fanden weitere Zeugen den Weg in den Keller. Einlass wurde nur dem gegeben, der das geheime Klopfzeichen kannte. Jeder erzählte nun seine Geschichte, wie er den Versuchungen des Teufels widerstanden hatte und sich kurz vor Harmagedon nun auf der richtigen Seite befand. Ein Ehepaar berichtete, wie sie ihr Haus verkauft hatten und in eine kleinere Wohnung gezogen waren, um den Pionierdienst weiter finanzieren zu können. Ein junger *Bruder* berichtete von seiner Handysucht, die er bekämpft hatte, um in der Bibel studieren zu können. Er hatte sich zwar keine Pornografie angesehen, aber es schien sich dennoch um Material gehandelt zu haben, das mit Sex zu tun hatte, daran bestand kein Zweifel.

Zwischendurch wurden die Stimmen des Pöbels lauter, sie kamen näher und schrien: »Wo sind sie? Wo sind die Zeugen?« Fenster wurden eingeschlagen und hörbar Häuser umgekrempelt, damit ja niemand entkam.

Und dann gab es da noch Kevin, der als negatives Beispiel herhalten musste. Kevin war nicht im Bunker. Er schien keine Lust mehr auf Versammlung und Predigen gehabt zu haben, erst recht nicht, als die Zeugen kurz vor der *Großen Drangsal* keine *Gute Botschaft* mehr predigen sollten, sondern eine *Gerichtsbotschaft* – eine Art letzte Warnung für die Menschen. Wie Kevin wollte man nicht enden. Das hatte er jetzt davon, getrennt von allen anderen, weil er sich nicht am Stunden sammeln beteiligen wollte!

Gegen Ende des Videos standen uniformierte Männer vor der Tür, die einem Swat-Team glichen und mit ihren Maschinengewehren die Personen im Keller in die Enge trieben. Die *Brüder* und *Schwestern* rückten zusammen und warteten darauf, dass Gott sie befreite. Schnitt. Der Film war vorbei.

Alle auf dem Kongress atmeten auf, klatschten, voller Überzeugung, selbst eines Tages in einem solchen Keller zu landen und von den Pöbelrotten heimgesucht zu werden. Meine Gefühle waren recht durchwachsen. Auf der einen Seite war mir das bevorstehende *Ende* real vor Augen geführt worden. Dass die *leitende Körperschaft* ein solches Video produzierte, konnte nur bedeuten, dass sie etwas wussten und uns auf eine ganz ähnliche Situation vorbereiten wollten. Auf der anderen Seite fühlte ich mich wegen meiner Kinder aber auch sehr unwohl. Durch die Videos wurden sie mit verschiedenen Ängsten konfrontiert: Angst vor dem Pöbel; Angst, nie gut genug zu sein; Angst, in der *Großen Drangsal* von ihren Eltern getrennt zu werden oder gar zu sterben.

Das Video funktionierte natürlich nach demselben Prinzip wie die Propaganda der *WTG*: Diese Menschen, die das Vertrauen ihrer Anhänger genossen, erklärten, dass nur der Tod auf einen warte und man nach ihren Regeln mitspielen und jedes unabhängige Denken im Keim ersticken müsse, um im bald bevorstehenden Krieg Gottes nicht vernichtet zu werden. Besonders tragisch ist, dass Kinder von Geburt an mit diesen Denkmustern konfrontiert werden und sich niemals zu freien, selbstständig denkenden und handelnden Menschen entwickeln können. Insbesondere bei meinem Großen waren die Auswirkungen schon deutlich spürbar; mir fiel jedoch zunächst nicht auf, was ich eigentlich angerichtet hatte.

Mein Sohn lebte – so wie ich selbst damals auch – in zwei Welten. Sehr oft war er zu Besuch bei Oma und Opa, den Eltern meiner Frau, die selbst keine Zeugen Jehovas waren. Er war sehr gern bei ihnen, zumal er dort nicht unter der Aufsicht Jehovas stand. Dennoch verteidigte unser Sohn seine Überzeugung, insbesondere ohne unser Beisein. Dass Opa von Jehova nicht so sehr begeistert war, machte ihn traurig, und manches Mal bestrafte er Opa deswegen mit bösen Blicken. Während es bei uns zu Hause recht strenge Regeln bezüglich der Kinderfilme und Serien gab, hatte er bei Oma und Opa eine größere Auswahl, dennoch erklärte er ihnen, warum er dieses oder jenes nicht schauen dürfe, weil beispielsweise Zauberei im Spiel war oder Legomännchen in Ninja-Kostümen gegen einen fiesen Bösewicht kämpften. Jehova würde das nicht gefallen, erklärte er – so sehr hatte der kleine Mann die Regeln der Zeugen mit fünf Jahren bereits verinnerlicht. Dass Oma und Opa ihm nicht zum Geburtstag gratulieren konnten und zu Weihnachten keine Geschenke für ihn unter dem Baum legen durften, war für ihn Normalität. Ihn störte das nicht, weil er es nicht anders kannte.

Auch in der Kita bastelte er keine Weihnachtsmänner, höchstens Tannenbäume, aber ohne Baumschmuck. Statt Eier zu färben, sollte er Steine anmalen. Bei den Geburtstagen der anderen Kinder sang er nicht mit, und sein eigener Geburtstag war wie jeder andere Tag in der Kita. Die Erzieherinnen hatten wir genauestens unterrichtet. Unser Sohn, so berichteten sie uns, hielt sich bei den gemeinsamen Aktivitäten eher zurück, stand lieber im Abseits. Er muss gewusst haben, dass er irgendwie anders war, dennoch brachte er uns gegenüber nie seine Traurigkeit über seine Situation zum Ausdruck. Er hat alles akzeptiert, wurde allerdings in der Kita für lange Zeit mit den anderen Kindern nicht richtig warm. Er wusste, in der Versammlung, da hatte er seine Freunde, die genauso waren wie er.

»Kinder von Zeugen Jehovas bekommen ja immer Geschenke und müssten nicht extra auf die Feiertage warten«, war ein gängiges Argument gegenüber den eigenen Kindern, wenn diese wieder einmal bei einem Geburtstag nicht mitmachen durften oder auf das Weihnachtsfest verzichten mussten. Ein solcher Satz kann allerdings nur von Menschen kommen, die nie wirklich Weihnachten gefeiert und nie in die Augen eines Kindes geschaut haben, das seinen Weihnachtsbaum betrachtet, während im Hintergrund »*Driving home for Christmas*« läuft und der Duft der Räucherkerzen durch das Wohnzimmer zieht.

Ich wollte mit meiner Familie Weihnachten feiern – mit jedem Jahr mehr. Wenn ich die beleuchteten Straßen zur Weihnachtszeit sah, die Fensterrahmen, die festlich geschmückt waren, kam die Sehnsucht nach der Zeit in mir hoch, als ich mit meinen Eltern noch Weihnachten gefeiert hatte. Für manch einen mag das Weihnachtsfest nicht wichtig sein, doch für mich war es das. Nur war ich leider in einem System gefangen, dass mir nicht erlaubte, zu tun, wonach mir war. Ich konnte nicht selbst entscheiden, und ich konnte auch nicht für meine Kinder entscheiden.

Immer mehr wurde mir bewusst, dass ich kein selbstbestimmtes Leben führte, sondern fremdbestimmt war. Und noch viel unzufriedener wurde ich, wenn ich über die Zukunft meiner Kinder nachdachte. Die Auswahl ihrer Freunde, ihre berufliche Zukunft, ihre Freizeitaktivitäten und ihres Ehepartners war von vornherein klar eingegrenzt. Mein Wunsch war es jedoch, dass sie ihr Leben frei genießen könnten. Ich wollte sie nicht zum Abitur oder zu einer Hochschulausbildung drängen, aber ich wollte ihnen diese Möglichkeiten offen lassen, ohne dass sie sich dafür rechtfertigen müssten. Wenn sie einen Sportverein besuchen wollten, dann sollte ihnen dabei nichts und niemand im Weg stehen. Ich dachte darüber nach, dass sie sich später vielleicht gegen ein Leben als Zeuge Jehovas entscheiden könnten und man dann davon ausgehen würde, dass wir den Kontakt zu ihnen einstellen. Dazu wäre ich nie bereit gewesen. Kein Mensch, kein Gott oder irgendeine Ideologie würde mich von meinen Kindern trennen können. Davon war ich zu 100 Prozent überzeugt.

Irgendwann würden sie wie ich Dinge ausprobieren, die die *WTG*, als Sünde bezeichnete, und sie würden sich gegenüber den Ältesten dafür verantworten müssen. Ich wollte das nicht. Mir widerstrebte der Gedanke, dass sie sich diesen Männern offenbaren müssten, wo ich doch ihr Vater war. Ich wusste, dass ich innerlich nur noch bis zu einer gewissen Grenze ein Zeuge Jehovas war – sozusagen ein Schön-Wetter-Zeuge-Jehovas. So lange es keine Probleme gäbe, würde ich auf dem vorgeschriebenen Weg bleiben. Sobald aber etwas Gravierendes geschah, würde ich abbiegen.

Heute sehe ich mein »Erwachen« als etwas an, das unausweichlich war. Etwas, das früher oder später in jedem Fall eingetroffen wäre, da ich meine Grübeleien und die Gewissensbisse meinen Kindern gegenüber einfach nicht über Jahre hätte ertragen können.

Den letzten Schubs erhielt ich im Herbst des Jahres 2016.

»Wie viele Kinder nahm Gott mit in die Arche?« – das war der Gedanke, der noch fehlte. Ich konnte kaum fassen, dass ich nie in Betracht gezogen hatte, dass Gott es in Kauf nahm, Kinder zu töten. Diese Frage, die ich in einer Zeugen-Gruppe auf Facebook las, verursachte ein Feuerwerk in meinem Kopf. Ich dachte an meine Kinder und stellte mir vor, dass Gott sie damals hätte ertrinken lassen, wenn wir zu biblischen Zeiten gelebt hätten und mir Noahs Geschichte zu abstrus erschienen wäre. Kinder konnten ja keine eigenen Entscheidungen treffen, ihr Überleben hing allein von der Einstellung ihrer Eltern ab.

Doch nicht nur die Grausamkeit der Sintflut bereitete mir Kopfzerbrechen. Ich stellte den Bericht über die Arche als Ganzes in Frage und bezweifelte, ob sich dieses Ereignis tatsächlich so zugetragen hatte. Ich sprach meine Frau auf die Ungereimtheiten an. Ich fragte sie, wie Gott so grausam sein konnte, wo er doch gleichzeitig als *Gott der Liebe* beschrieben wurde. Sie konnte letztendlich nur antworten, dass Gottes Wege eben höher seien und wir Menschen nicht alles verstanden. Für mich war es das letzte Argument der Gläubigen, der Rettungsanker für die vielen Unstimmigkeiten.

Ich gab meiner Frau das Gefühl, dass mich ihre Gedanken beruhigt hätten, in Wirklichkeit hatte sich zu diesem Zeitpunkt die Firewall, die mich bisher geschützt hatte, komplett abgeschaltet. Ich durchbrach die zweite Zone der Firewall. Ich war nun ungeschützt und beschäftigte mich frei und ungebändigt mit all den offenen Fragen, dir mir schon immer Unbehagen bereitet hatten. Ich bekam massive Probleme mit dem Gott der Bibel. Ich sah diese schrecklichen Berichte im Alten Testament, die unmenschlichen Gesetze, die er erließ, seine scheinbare Willkür, mit der er Menschen tötete, und es gab nur noch zwei Möglichkeiten für mich: Entweder gab es Gott, und wir beide passten aufgrund unterschiedlicher Sichtweisen nicht mehr zueinander, oder es gibt ihn nicht, und die Bibel war nur ein von Menschen erdachtes Werk, ein Buch, dessen Geschichten zu einem Großteil erst ab dem 7. Jahrhundert v. Chr. in ihrer uns heute bekannten Form entstanden waren und mit älteren Erzählungen vereinigt wurden, welche kein anderes Ziel verfolgten, als die einzelnen verstreuten Stämme jener Zeit zu einer Nation zusammenzuführen.

Wenn ich mich unbeobachtet fühlte, untersuchte ich die Geschichten der Bibel weiter, vor allem in Bezug auf die archäologischen Ergebnisse. Zum Beispiel interessierte mich die Zerstörung des Tempels der Juden, die eine zentrale Rolle in der Lehre der Zeugen Jehovas darstellt. Das Jahr der Zerstörung, das Zeugen Jehovas mit 607 v. Chr. datieren, führt durch mehrere aus dem Kontext gegriffene Bibeltexte zum Jahr 1914. Zu dem Jahr also, von dem Zeugen Jehovas glauben, dass Jesus im Himmel unsichtbar zu herrschen begonnen und die *letzten Tage* vor Harmagedon eingeläutet habe. Das Jahr, als Jesus begonnen habe, sich seine Organisation auf der Erde zu suchen. Das Jahr also, das letztendlich mit der Legitimation der *leitenden Körperschaft* verbunden war.

Wie meine Nachforschungen ergaben, galt es inzwischen als gesichert, dass der Tempel in Jerusalem nicht im Jahr 607 v. Chr., sondern 20 Jahre später zerstört worden war, im Jahr 587 v. Chr.[4] Die Beweise waren so erdrückend, dass mir ein Festhalten an der Jahreszahl der Zeugen Jehovas unmöglich erschien. Die Babylonier, die damals den Tempel zerstörten, hatten peinlich genau die Konstellationen der Sterne und

Planeten beobachtet, und ihre Aufzeichnungen waren heute für jedermann einsehbar.

Alles, was die Zeugen Jehovas ausmachte, stürzte wie ein Kartenhaus in sich zusammen. Mir wurde bewusst, dass ich wahrscheinlich einer Illusion aufgesessen war. Für mich wurde mehr und mehr klar, dass ich den faulen Zauber nicht an meine Kinder weitergeben würde, dass ich ihnen die Freiheit schenken musste und sie all das erleben sollten, was mir verwehrt gewesen oder mit Sanktionen und einem schlechten Gewissen bestraft worden war.

Aber wie sollte ich mich meiner Frau erklären? Würde sie mitziehen? Ich begriff, dass es ist nicht leicht war, einen Menschen aus der Illusion zu befreien. Wer wollte sich schon eingestehen, dass sein Leben auf einer Lüge aufbaute und all das, was man aufgegeben hatte, wofür man hart gearbeitet hatte, umsonst gewesen war.

Die Berichte der Aussteiger, die ich mir ansah, brachten mich zum Weinen: Ehen brachen auseinander, Kinder brachen den Kontakt zu ihren Eltern ab, man wurde von Freunden und Familienangehörigen gemieden. Für jeden einzelnen Zeugen war der Ausstieg ein harter Kampf gewesen, der niemals ohne Verluste abging. Wie würde es bei uns sein, fragte ich mich? Wie soll ich meine Kinder befreien, wenn meine Frau nicht mitzog? Was würde mit unserer Liebe passieren, wenn es ihr sehnlichster Wunsch wäre, mich zurückzuholen, und meiner, sie da rauszubekommen?

Ich haderte eine Zeit lang mit mir, ob ich ihr etwas sagen sollte, denn immer noch kamen Zweifel in mir auf, ob ich auf dem richtigen Weg war. Sobald ich mich meiner Frau offenbaren würde, gäbe es kein Zurück mehr. Ich würde nie wieder vor ihr und den Kindern einen überzeugten und vorbildlichen Zeugen abgeben können.

Dann kam der Moment, in dem sie mir die Entscheidung abnahm. Sie fragte immer wieder, was mit mir los sei, ob ich darüber reden wollte. Eine Zeit lang hielt ich stand, dann wurde mir klar, dass es raus musste, dass ich sie nicht länger im Ungewissen lassen konnte. Die Kinder spielten. Wir gingen ins Schlafzimmer, und ich begann erneut mit meinen Bedenken über die Geschichte mit der Arche Noah. Ich tastete mich Stück für Stück an den Kern meiner Zweifel heran, um zu sehen, wie sie reagieren würde. Ich machte sie auf die Unstimmigkeiten in den Grundlehren der Zeugen Jehovas aufmerksam, die allen archäologischen Erkenntnissen widersprachen. Ich wollte ihr nicht direkt das Gefühl geben, dass ich aussteigen wolle, ich war mir ja selbst noch nicht ganz sicher. Dann wurde ich deutlicher, sagte ihr, dass ich das alles nur noch schwer glauben konnte, dass ich mich schwertat, unseren Kindern die nötige Überzeugung näherzubringen.

Wir standen vom Bett auf, liefen durch die Wohnung, und es war in der Küche, als sie mir unter Tränen sagte: »Diesen Weg kann ich nicht mit dir gehen. Wir haben uns so viel aufgebaut. Du weißt, dass du damit womöglich unsere Familie zerstörst.«

»Du wartest auf einen Zug, einen Zug, der dich weit wegbringen wird. Du weißt, wohin der Zug dich hoffentlich bringen wird, aber du weißt es nicht sicher, aber das ist dir nicht wichtig, weil ihr zusammen sein werdet.«

Inception (2010)

DER AUSSTIEG

Ich sackte auf dem Küchenboden zusammen – zerbrach innerlich. Meine schlimmsten Befürchtungen schienen sich zu bewahrheiten. Ich war es, der meine Frau in diese Organisation geführt hatte, und nun wollte ich sie wieder herausbekommen, ihr erklären, dass alles eine Lüge war. Doch nach zwölf Jahren befand sie sich längst in derselben Zelle wie ich. Sie hatte viel aufgegeben und investiert für dieses Leben. Sie hatte darauf verzichtet, sich beruflich zu verwirklichen, stattdessen ihre Zeit fürs Missionieren verwandt. Sie hatte eine vorbildliche Ehefrau sein wollen, die ihren Mann bei seinen Aufgaben in der Organisation unterstützte. Sie hatte auf die gemeinsamen Feste mit ihrer Familie verzichtet und hoffte, dass auch ihre Eltern eines Tages die Wahrheit erkennen würden. Und nun sollte alles umsonst gewesen sein?

Meine Frau und ich hatten ein sehr vertrauensvolles Verhältnis und ergänzten uns in vielem. Wir verfolgten die gleichen Ziele, hatten dieselben Interessen. Doch nun war eine Grenze überschritten, dachte ich.

Ich hatte Sorge, dass unsere Familie zerbrechen könnte. Mir schossen so viele Gedanken durch den Kopf, als sie diese Sätze aussprach, ich war sicher, dass von nun an alles kompliziert würde, vor allem was die Erziehung unserer Kinder betraf.

Ich ging allein ins Schlafzimmer und überlegte, wie ich aus der Situation wieder herauskommen könnte. Noch einmal fürchtete ich, einen Fehler begangen zu haben, dem Teufel in die Falle getappt zu sein, der mich vom *Weg der Wahrheit* abbringen wollte. Ich fasste den Entschluss, alles wieder gerade zu biegen, da ich Angst um unsere Familie hatte. Also ging ich zurück in die Küche und sagte meiner Frau, dass alles gut würde, dass es vielleicht nur eine Phase sei und ich mich wieder einkriegen würde – meine Recherchen hatte ich völlig verdrängt.

Ich verließ die Wohnung, um einkaufen zu gehen, und meine Frau spielte mit dem Gedanken, einen Ältesten anzurufen, der uns helfen könnte. Sie tat es glücklicherweise nicht.

Als wir abends gemeinsam am Tisch saßen, konnte ich nicht mehr beten, so wie wir es gewohnt waren. Ich wäre mir verlogen vorgekommen vor meiner Frau; ich wollte vor ihr nicht mein Gesicht verlieren. Also sagte ich den Kindern, dass sie essen könnten, als sie sich erwartungsvoll bereit machten, dass Papa zu Jehova sprach. Für sie war es ungewohnt, doch sie dachten sich nichts weiter dabei.

Am nächsten Tag hatten wir Versammlung. Ich wollte hingehen und auch meine Kinder mitnehmen, in der Absicht, alles ungeschehen zu machen – noch einmal von vorne zu beginnen. Meine Frau wollte jedoch nicht mitgehen, und sie wollte auch nicht, dass die Kinder mich begleiteten. Also ging ich allein los, um meiner Frau zu zeigen, dass es mir ernst wäre.

In der Versammlung kam ich mir wie ein Fremdkörper vor. Niemand wusste von meinen Gedanken und vom dem, was zu Hause geschehen war. Dennoch fühlte ich mich nicht mehr dazugehörig. Ich bekam kaum etwas mit, ich sehnte mich einfach nach meiner Familie.

Wieder zu Hause angekommen, bemerkte ich, wie meine Frau auf einigen Webseiten unterwegs war, die mir bekannt vorkamen. Es waren die Seiten, auf denen Aussteiger von ihren Erfahrungen berichteten. Mir wurde bewusst, dass ihre Reaktion in der Küche vollkommen logisch gewesen war. Während ich mich die letzten Wochen innerlich Stück für Stück von meiner Überzeugung losgesagt hatte, hatten sie meine Zweifel aus heiterem Himmel getroffen. Wie hätte sie anders reagieren sollen? Sie hatte in Übereinstimmung mit ihrem Zeugen-Ich geantwortet, um mich vielleicht noch umstimmen zu können – ein Strohhalm, an den sie sich kurzzeitig klammerte. Doch ihre Liebe zu mir und unseren Kindern ließ letztendlich den Gedanken nicht zu, dass wir in Zukunft nicht mehr an einem Strang ziehen könnten.

Ich gab ihr Zeit und mischte mich nicht ein, während sie sich selbst ein Bild machte. Ich suchte parallel im Internet weiter und stieß auf Dinge, die mich irritierten und die das saubere Image der *WTG* erheblich beschädigten. Ich sah ein Video, in dem Geoffrey Jackson, ein Mitglied der *leitenden Körperschaft*, vor einer Kommission in Australien aussagte. Es ging um Kindesmissbrauch und wie die Organisation damit umging.

Kindesmissbrauch

Ich war nicht so naiv zu glauben, dass so etwas bei den Zeugen Jehovas nicht vorkam. Doch darum ging es bei dieser Anhörung in Australien scheinbar gar nicht. Ich schnappte etwas von einer Zwei-Zeugen-Regel auf, die Älteste angeblich anwenden würden, wenn es um die Schuldfrage bei sexuellem Missbrauch eines Kindes ging. Ich tauchte immer tiefer in die Veröffentlichungen der Royal Commission hinein, die 2013 ihre Arbeit aufgenommen und mehrere religiöse Institutionen in Australien untersucht hatte. Ich las die Transkripte auf der Webseite der Kommission und konnte nicht glauben, was bereits im Jahr 2015, als ich noch fest im Sattel der Organisation gesessen hatte, zutage gefördert worden war.

Die Kommission hatte Zugriff erhalten auf eine Datenbank der Zweigstelle der Zeugen Jehovas in Australien. 1800 Kinder sollten dort aufgeführt worden sein, die innerhalb der Organisation in Australien missbraucht worden waren, sowie 1006 mutmaßliche Täter, die sich an ihnen vergriffen hatten[1]. 579 von diesen Tätern hätten ihre Schuld vor einem Rechtskomitee der Zeugen Jehovas eingestanden, dennoch wurde laut der Kommission kein einziger Fall seitens der Organisation an die Behörden gemeldet, obwohl sie in New South Wales, dem Sitz der Zentrale, gesetzlich zu einer Meldung verpflichtet gewesen wären[2]. Es schien, als hätte man die Fälle nur intern verhandelt.

Das Ältestenbuch war Gegenstand dieser Untersuchung und wurde als Beweismittel angeführt. Ich besorgte mir das Buch aus dem Internet, welches, wie die Bibel zu Zeiten des Mittelalters, nur dem Klerus vorbehalten war und in das ich als Zeuge Jehovas nie einen Blick gewagt hätte, solange ich kein Ältester war. Mir fiel sofort das Kapitel 12 auf – *»Erklärungen und Richtlinien für die Behandlung bestimmter Angelegenheiten«* – welches das Thema Kindesmissbrauch beinhaltete. Was ich darin las, war mehr als befremdlich:

> »Niemals sollte ein Ältester dazu anregen, Kindesmissbrauch nicht bei der Polizei oder einer anderen Behörde anzuzeigen. Auf Anfrage sollte man deutlich sagen, dass es jedem selbst überlassen ist, die Angelegenheit anzuzeigen oder nicht, und dass deshalb in keinem Fall mit Maßnahmen seitens der Versammlung zu rechnen ist.«[3]

Wieso befasst sich die Organisation mit diesem Thema?, fragte ich mich. Warum sollte erst »auf Anfrage« der Hinweis gegeben werden, dass Anzeige erstattet werden durfte? Warum musste speziell erwähnt werden, dass diejenigen, die Anzeige erstatteten, nicht mit Maßnahmen seitens der Versammlung zu rechnen hatten?

Als ich die Berichte der inzwischen erwachsenen Opfer las, die sich an die Royal Commission gewandt hatten, erfuhr ich, dass Älteste ihnen dazu geraten hätten, die Täter *nicht* vor ein Gericht zu bringen, und sich dabei auf die Bibel beriefen[4]. Ein Ältester, der ebenfalls angehört worden war, gab zu Protokoll, er sei darüber informiert worden, dass ein Missbrauchsopfer sich an die Royal Commission habe wenden wollen. Daraufhin habe er mit dem Ehemann des ehemaligen Missbrauchsopfers gesprochen und ihm gesagt, »*dass es nichts bewirken würde, außer den Namen Jehovas in den Schmutz zu ziehen*«.[5]

Im Ältestenbuch heißt es weiter:

»Was ist, wenn ein Bruder die Versammlung wechselt, der einen Kindesmissbrauch bestreitet, für den es nur einen Zeugen gibt? [...] Nach gewissenhafter Prüfung der Angelegenheit gibt das Zweigbüro Anweisung, was (wenn überhaupt etwas) den Ältesten der anderen Versammlung über die Beschuldigung mitgeteilt werden sollte.«[6]

Dieses Vorgehen ließ mich vermuten, dass Informationen über mutmaßliche Sexualstraftäter nur unter den Ältesten und mit den Zweigstellen geteilt wurden. Gab es keine Beweise, wurde bei einem Wechsel die Versammlung anscheinend nicht darüber aufgeklärt, dass dem Neuzugang vorgeworfen wurde, Kinder missbraucht zu haben.

Während eines Prozesses im Jahr 2011 wurden Älteste einer Versammlung aus den USA vorgeladen, die sich mit einem Fall des schweren Missbrauches innerhalb ihrer Versammlung befassten[7]. Eine Frau klagte die *WTG* an, als sie erfuhr, dass der Täter nicht nur sie sexuell missbraucht hatte, sondern noch ein weiteres Kind. Der Anklagevertreter fragte einen der Ältesten: »Erinnern Sie sich, zu irgendeiner Zeit Kenntnis gehabt zu haben betreffend sexuellen Missbrauches eines Kindes durch [diese Person]?«

Älteste: »Ähm ... Ja!«

Die Untersuchung ergab, dass die Ältesten bereits von der Neigung des Täters wussten, bevor er sich an der Klägerin verging, die zur Tatzeit neun Jahre alt war. Auf die Frage, warum man nicht die Versammlung unterrichtete, als der Täter erstmalig gegenüber seiner Stieftochter straffällig wurde, antwortete der Älteste: »Das machen wir nicht ... öffentlich in der Versammlung, ... das ist vertraulich.«

Es gab keine zwei Zeugen, daher verblieb der Täter weiterhin in der Versammlung und galt als unschuldig.

Wie kann die Schuldfrage aber davon abhängig sein, ob es mehr als einen Zeugen gibt? Das ist naturgemäß bei Kindesmissbrauch nur selten der Fall. Die Zwei-Zeugen-Regel im Falle von sexuellem Kindesmissbrauch anzuwenden, zeigt meiner Ansicht nach einen Mangel an Verständnis für das Wesen des Missbrauches.

Die Untersuchungen der Royal Commission haben gezeigt, dass die Opfer sich nicht verstanden fühlten, weil die Versammlung, der sie angehörten, nicht anerkannte, was ihnen widerfahren war. Der Untersuchungsrichter der Kommission, Peter McClellan, sah es zudem als äußerst schädigend an, dass Missbrauchsopfer, die sich aufgrund ihrer traumatischen Erlebnisse aus der Organisation später zurückzogen, im Anschluss ihr soziales Umfeld verloren[8]. Terrence O'Brian, der Direktor der Zweigstelle der Zeugen Jehovas in Australien, antwortete darauf: »Nun, es ist – ich stimme Ihnen zu, es bringt sie in eine schwierige Situation, aber es ist ihre Entscheidung [die Organisation zu verlassen].«

Richter McClellan: »Wenn die Organisation nicht anerkennt, dass sie missbraucht wurden, bedeutet das eine große Belastung für sie, nicht wahr?«

Terrence O'Brian: »Euer Ehren, wir bezweifeln die Vorwürfe der Personen nicht. Deshalb wird jeder Vorwurf, der den Ältesten vorgebracht wird, untersucht.«

Richter McClellan: »Ja. Aber wenn es keine zwei Zeugen gibt, akzeptieren Sie es nicht, oder?«

Terrence O'Brian: »Weil wir es aus biblischer Sicht nicht können.«

Ich zeigte meiner Frau die Entdeckungen, die ich gemacht hatte. Sie las das Ältestenbuch und sah sich die Ergebnisse der australischen Untersuchungskommission an. Sie war schockiert, dass derartige Richtlinien existierten, und auch sie begann nun, genauer hinzuschauen und ihren Glauben in Frage zu stellen. Wir bohrten immer tiefer, und uns wurde klar, dass das, was in Australien aufgedeckt worden war, sich weltweit ereignete. Die *internationale Bruderschaft*, ein Begriff, der die Einheit der Zeugen Jehovas beschrieb, verwies auch auf die Einheit der Richtlinien, die in jedem Land der Welt weitestgehend auf die gleiche Art und Weise durchgesetzt wurden. Wir stießen auf Gerichtsdokumente aus den USA, die aufzeigten, dass die Organisation in vielen Fällen – 16 allein im Jahr 2007 – Vergleichszahlungen an Missbrauchsopfer leisten musste. Der Gesamtbetrag der Zahlungen wurde auf 13 Millionen US-Dollar geschätzt.[9]

In mehreren Gerichtsprozessen, bei denen die Opfer die *WTG* direkt verklagt hatten, wurde der Organisation vorgeworfen, von Fällen des Missbrauches gewusst, aber nicht genug unternommen zu haben, sodass die Täter erneut straffällig werden konnten[10]. Bei den Tätern handelte es sich unter anderem um Älteste, die ernannt worden waren, nachdem sie ein Kind missbraucht hatten, obwohl ihre Verbrechen der Organisation bekannt gewesen sein mussten. Auch in Australien hatten die Untersuchungen ergeben, dass 28 mutmaßliche Täter zu *Ältesten* oder *Dienstamtgehilfen* ernannt worden waren, nachdem man sie des sexuellen Kindesmissbrauches beschuldigt hatte[11].

Die Entdeckungen nahmen mich sehr mit; das Positive war jedoch, dass nun auch meine Frau »aufzuwachen« begann. Sie konnte sich nicht länger vorstellen, dass diese Organisation von einem Gott geleitet wurde, der zuließ, dass derartige Richtlinien aufgestellt wurden. Sie war an genau dem Punkt angelangt, den ich vor einiger Zeit an mir selbst beobachtet hatte – der Moment, in dem ich gesagt hatte: »Das kann doch nicht wahr sein!« Sie durchlebte dieselben Phasen, die ich zuvor durchschritten hatte, und ich wusste immer genau, wie sie sich gerade fühlte.

Erst hinterfragt man das eine oder andere, man wehrt sich noch dagegen, dass all das, was bisher das Leben bestimmt hat, plötzlich nicht mehr richtig sein soll. Die kognitive Dissonanz wird immer größer. Man entfernt sich innerlich immer mehr von dem ursprünglichen Weltbild. Man zweifelt allerdings, ob man nicht selbst der Fehler in der Gleichung sein könnte. Dann wird einem schlagartig bewusst, dass der Fehler im System enthalten ist – dass das System als solches der Fehler ist. Irgendwann ist der Punkt erreicht, an dem man akzeptiert, dass alles ein riesiger Irrtum ist. Dann sucht man nach Informationen, welche die neue Überzeugung festigen.

Wenn mich jemand fragt, wie man sich diesen Moment des »Erwachens« vorstellen kann, dann vergleiche ich das gerne mit einer Szene aus dem Film *Matrix*, in der Neo in einem Pool aus Schleim erwacht. Die Schläuche, die seine Energie abzapfen, lösen sich, er schaut noch etwas ungläubig und denkt vielleicht: Das kann doch nicht wahr sein! Dann sieht er sich um und erkennt all die gefangenen Menschen, die als Batteriesklaven dem System dienen.

Genau so fühlt es sich an. Neo wurde in der nächsten Szene einen Abwasserkanal heruntergespült, denn das System konnte ihn nicht länger gebrauchen. Wir wussten, dass das Gleiche uns auch passieren würde.

Mit meiner Frau konnte ich nun offen über alles sprechen. Ihre »Firewall« war zusammengebrochen, wir konnten nun ohne Angst unseren Gedanken freien Lauf lassen. Wir bemerkten, dass wir ganz ähnliche Überlegungen bezüglich unserer Kinder angestellt hatten. Wir beide hatten ein flaues Gefühl wegen der anstehenden Einschulung unseres Großen, der in der Schule mit der üblichen Ausgrenzung würde zurechtkommen müssen. Auch meine Frau wünschte sich mehr und mehr, dass unsere Kinder ohne diesen Druck groß werden könnten. Sie litt wie ich an der Erwartungshaltung, die wir in der Organisation verspürten, an dem ständigen Konkurrenzkampf. Zu wissen, dass wir unsere Kinder daraus nun befreien könnten, gab uns ein Gefühl von Sicherheit zurück: Wir würden als Eltern wieder das Zepter in die Hand bekommen und unsere Kinder als authentische und selbstbestimmte Menschen großziehen können.

In der Kita unserer Kinder wurden gerade Ostereier bemalt. Zu Hause fragten wir unseren älteren Sohn, ob es ihm Spaß bereiten würde, zusammen mit den anderen Kindern Eier zu bemalen. Er wurde rot, sah verlegen nach unten und sagte: »Nein, das macht mir keinen Spaß.« Meine Frau und ich sahen uns an und hatten Tränen in den Augen, weil er nur das wiedergab, was wir von ihm hören wollten. Er antwortete nicht so, wie er wirklich empfand.

An einem Montagabend im März 2017 entschlossen meine Frau und ich, die Zeugen Jehovas zu verlassen. Wir mussten einfach raus, da wir es nicht länger mit unserem Gewissen vereinbaren konnten, ein Teil dieser Organisation zu sein. Wir wollten auch keinen stillen Ausstieg. Wir wollten uns ganz klar distanzieren.

Für diese Jahreszeit war es ein ungewöhnlich warmer Tag. Ich war mit einigen Freunden auf einem Sportplatz verabredet. Mir war bewusst, dass dies wohl der letzte Tag wäre, an dem ich mit ihnen zusammenkommen würde. Ich genoss die Gemeinschaft sehr, zugleich hatte der Moment einen bitteren Beigeschmack, weil ich wusste, dass keiner von ihnen den Kontakt aufrechterhalten würde, sobald wir als Familie offiziell die Reißleine gezogen hatten. Mit den Jahren hatten sich sehr enge Freundschaften entwickelt, und ich erinnerte mich an all die schönen Momente, die wir gemeinsam erlebt hatten. Was uns alle miteinander verband, war die Liebe zum Sport – ob vor dem Fernseher oder auf dem Sportplatz. Wir hatten viele gemeinsame Abende mit unseren Familien oder auch nur unter Männern verbracht. Es war nicht die Überzeugung an sich, die uns verband, sie war eher der Umstand gewesen, der uns zusammenbrachte.

Wenn ich über religiöse Sondergemeinschaften nachdachte, kam mir nie der Gedanke, dass deren Mitglieder nach außen völlig normale Menschen waren, die ihrer Arbeit nachgingen und in ihrer Freizeit das Leben genossen – so weit zumindest, wie ihre Ideologie es zuließ. Ich sah immer nur die Parallelwelt, in der sie lebten, bis ich schließlich bemerkte, dass ich selbst Anhänger einer destruktiven Gemeinschaft war. Der Nachbar, der einen morgens grüßt, wenn er seine Kinder zur Schule bringt, könnte ein Zeuge Jehovas sein. Der Kollege, mit dem man gemeinsam an einem Projekt arbeitet und mit dem man nette Gespräche während der Mittagspause führt, könnte ein Zeuge Jehovas sein. Manches Mal entgegneten mir Kollegen, die gerade erst neu begonnen hatten und von meinem Glauben erfuhren: »Das hätte ich jetzt nicht von dir gedacht, du bist so normal.«

So ist es auch tatsächlich. Diese Menschen unterscheiden sich in vielen Dingen nicht von anderen, und auch privat gibt es neben dem Glauben so vieles mehr, das man miteinander teilt. Nur weil man aussteigt, bricht nicht gleich die Basis einer Freundschaft zusammen, wie man vielleicht meinen könnte.

An diesem Abend, dem letzten mit meinen Freunden, versuchte ich meine Traurigkeit zu unterdrücken, dafür aber jeden Moment einzufangen und in Erinnerung zu behalten. Ich fuhr im Anschluss so viele Freunde nach Hause, wie in mein Auto passten. Mit zweien von ihnen hielt ich noch an einem Imbiss in der Nähe. Eigentlich war es nichts Besonderes. Aber wenn einem bewusst ist, dass einen die Freunde in Zukunft meiden und als *Abtrünnigen* bezeichnen werden, dann genießt man jede Sekunde.

Als ich nach Hause kam, überkam mich die Traurigkeit, die ich zuvor unterdrückt hatte. Ich sprach mit meiner Frau darüber, wie schwer dieser Schritt für uns werden würde. Ich hatte große Sorge, dass wir in ein Loch fallen könnten und die Situation uns psychisch belasten würde. Wir wussten, dass unsere Freunde uns meiden würden, dass wir jeden lieb gewonnenen Menschen aus unserem Umfeld verloren. Doch bevor wir uns über den konkreten Abschied Gedanken machen konnten, hatten wir noch ein paar Dinge zu regeln.

Meine Frau besuchte ihre Eltern. Obwohl wir noch nicht offiziell raus waren, konnte sie unsere Entscheidung nicht länger vor ihnen verbergen. Zunächst klang es für ihre Mutter wie ein Scherz, und sie fragte ganz ungläubig, ob sie sich vielleicht verhört habe. Doch ihre Tochter meinte es offenbar ernst. Beiden kamen sofort die Tränen, Mutter und Tochter, sie nahmen sich in den Arm, und konnten einander nicht mehr loslassen – nach zwölf Jahren diese unerwartete Wendung. Nichts hätten sich meine Schwiegereltern für ihre Tochter und ihre Enkelkinder mehr gewünscht; auch ihr Vater war sichtlich berührt von dieser Nachricht. Allerdings sorgte er sich darum, welche Konsequenzen uns nun erwarteten. Er war nicht sicher, ob wir unter dem Druck und dem Verlust der Freunde vielleicht einbrechen und uns umentscheiden könnten, so wie es damals bei mir der Fall gewesen war. Der Unterschied war jedoch, dass wir nun »aufgewacht« waren.

Das ist für Außenstehende, die nie selbst Teil einer solchen Bewegung waren, mitunter schwer nachzuvollziehen. Auch als Zeuge Jehovas kann man nur schwer begreifen, dass es einen Punkt gibt, an dem eine Rückkehr nicht mehr möglich ist. Es ist vielleicht vergleichbar mit einem Zaubertrick, dessen Geheimnis man bereits kennt, und jemand möchte einen dennoch von den Künsten des Magiers überzeugen. Der Zauber ist verschwunden, er wird niemals wiederkehren.

Mit seiner Sorge wegen dem, was uns bevorstand, hatte mein Schwiegervater allerdings recht.

Eine Woche später sollte ich einen Vortrag in meiner Versammlung halten. Das hätte ich nun nicht mehr gekonnt. Ich wollte mich nicht auf eine Bühne stellen und den Anwesenden etwas erzählen, von dem ich selbst wusste, dass es falsch war. Ich wollte daher zunächst dem Versammlungsaufseher mitteilen, dass ich von meinen Aufgaben zurücktreten würde. Ich fragte mich, wie ich dabei vorgehen könnte, ohne von unserem Vorhaben zu berichten. Dann fiel mir das Ältestenbuch ein, und tatsächlich wurde ich fündig.

»Ein Bruder tritt aus persönlichen Gründen zurück. Zwei Älteste sollten sich zunächst mit ihm darüber unterhalten. Warum möchte er zurücktreten? Weist er nicht mehr die biblischen Erfordernisse auf? Können ihm die Ältesten eventuell helfen oder ihn ermutigen, falls ihn persönliche Umstände daran hindern, das zu tun, was er gern tun würde?«[12]

Ich könnte also zunächst auf persönliche Gründe plädieren und müsste nicht sofort mit der Wahrheit herausrücken. Genau das war mein Plan.

Am Freitag brachte meine Frau unsere Kinder zu ihren Eltern, dann bereiteten wir uns auf unseren letzten Besuch der Versammlung vor. Der Weg dahin fiel uns schwer. Uns war bewusst, dass wir viele von diesen Menschen vielleicht nie wieder in den Arm nehmen würden. Wir wollten uns verabschieden, ohne aufzufallen. Wir gingen etwas früher hin als sonst, und ich fing den Versammlungsaufseher direkt im Foyer ab. Ich bat ihn um ein kurzes Gespräch unter vier Augen – noch lächelte er. Ich sagte ihm, dass ich von sämtlichen Aufgaben und Ämtern zurücktreten und keinerlei Vorträge mehr halten wollte. Er war sichtlich verdutzt. Er fragte, was die Gründe seien. Ich antwortete, dass es sich um persönliche Umstände handele, über die ich nicht sprechen wollte. Er meinte, dass ich schon sagen müsste, was mich bedrückte, dass ich nicht ohne Angabe von Gründen einfach alles hinwerfen könnte. Das verunsicherte mich, da laut Ältestenbuch erst zwei Älteste in einem Gespräch meine Gründe in Erfahrung bringen sollten. Ich beharrte darauf, dass es eine persönliche Entscheidung sei. Widerwillig akzeptierte er meinen Rückzug, und ich ging zurück in den Hauptsaal.

Meine Frau und ich setzten uns in eine der hinteren Reihen. Ich bat drei meiner Freunde, sich zu uns zu setzen. Ich versuchte einen lockeren Eindruck zu machen, war jedoch sehr unsicher. Während des Programmes schweiften unsere Blicke durch die Reihen. Wir beobachteten wehmütig unsere Freunde, es tat weh zu wissen, dass bald nichts mehr so sein würde wie früher. Wir bekamen vom Programm nur sehr wenig mit.

Als die Zusammenkunft vorüber war, kam der Versammlungsaufseher zu mir. Er habe noch einmal nachgeschaut und meinte, dass zwei Älteste mich besuchen würden, um mit mir über meine Entscheidung zu sprechen. Aha, dachte ich, er hat nun im Ältestenbuch nachgelesen, was die offiziellen Richtlinien für eine solche Situation besagten. So einfach führte man eine Versammlung. Man schaute in sein Buch und konnte dementsprechend handeln. Mir konnte diese Vorgehensweise nur recht sein, so hatten wir noch etwas Zeit gewonnen.

Meine Frau und ich versuchten noch das eine oder andere Gespräch mit unseren Freunden zu führen. Sie konnte ihre Tränen nicht länger zurückhalten, und ihre Freundinnen machten sich sichtlich Sorgen um sie. Sie wollten wissen, was los sei, doch meine Frau konnte noch nichts sagen, denn in dem Moment, in dem wir unsere Zweifel angesprochen hätten, wäre das Band, das uns mit unseren Freunden verband, sofort gerissen. Wir warteten noch einen Moment vor dem Ausgang und überlegten, ob wir jemanden vergessen hatten. Es fiel uns schwer, den Saal einfach so zu verlassen.

Als wir zum Auto liefen, brach es aus meiner Frau heraus. Sie schluchzte und konnte kaum begreifen, dass dies das Ende unserer langjährigen Freundschaften war. Es war vollkommen irreal, dass wir diese Menschen niemals wiedersehen würden, es sei denn, sie schafften ebenfalls den Absprung.

Aber wir wussten, wo wir jetzt hinfahren würden – zu unseren Kindern. Wir würden sie in den Arm nehmen, sie fest drücken und wissen, dass wir *sie* niemals verlieren würden. Auch hatten wir die Gewissheit, dass meine Schwiegereltern auf uns warten würden. Normalerweise wartet niemand auf einen, wenn man die Gemeinschaft verlässt. Viele wurden hineingeboren, und ihr gesamtes familiäres Umfeld gehörte zu den Zeugen Jehovas. Ich weiß nicht, ob wir die Kraft gehabt hätten, wenn niemand mehr da gewesen wäre.

Als wir bei meinen Schwiegereltern ankamen, fielen wir uns alle in die Arme. Wir waren erleichtert, dass wir diesen ersten Schritt gemeistert hatten. Aus mir sprudelte es heraus wie aus einem Wasserfall. Ich hatte so viel zu erzählen. Meine Schwiegermutter verriet meiner Frau später, dass sie mich in all den Jahren noch nie so viel reden gehört hatte. Irgendwie fühlte ich mich immer ein wenig schuldig, ihre Tochter »entführt« zu haben. Aber ich war überzeugt gewesen, das Richtige zu tun. Obwohl mir meine Schwiegereltern immer das Gefühl gegeben hatten, zu ihrer Familie zu gehören, konnte ich mich ihnen gegenüber erst jetzt richtig öffnen und ihnen in die Augen schauen. Es war ein Keil entfernt worden, der unbewusst immer zwischen uns stand.

Am selben Abend schrieb mir ein guter Freund aus meiner Versammlung, dass er sich Sorgen machte und seine Familie immer für uns da sei. Das sagte sich so leicht. Er meinte es sicher so, wie er es schrieb, doch ab einer gewissen Grenze, das wusste ich, würde sein antrainiertes Denken eingreifen. Nur war ihm das noch nicht bewusst – im Gegensatz zu mir.

»Papa, werden wir jetzt ausgeschlossen?«

Am darauffolgenden Tag kam der bereits angekündigte Anruf der Ältesten. Ich vereinbarte mit ihnen ein Treffen. Es war ein herrlicher Tag, und die Sonne schien, als wäre es Gottes Antwort auf unsere Entscheidung. Wir sahen es trotzdem als Zufall – ein kleiner Schritt, mit dem wir uns von dem magischen Denken zu verabschieden begannen.

Innerlich fühlten wir uns unwohl. Uns wurde immer mehr bewusst, welche Konsequenzen unsere Entscheidung nach sich ziehen würde. Wir mussten anfangen, das Gleichgewicht in unserem Leben wiederherzustellen, und begannen damit, unserem fünfjährigen Sohn über unseren Schritt zu informieren. Im Vorfeld hatten wir mehrfach darüber gesprochen, wie wir vorgehen würden. Trotz aller Vorbereitungen wussten wir jedoch nicht, wie er reagieren würde. Er tat es zunächst nicht mit Worten. Er war den Tag über sehr verschlossen und wirkte alles andere als glücklich. Wir erklärten ihm, dass Mama und Papa gedacht hatten, das Richtige zu tun, aber nicht bemerkt hatten, dass wir in Wirklichkeit einer Lüge aufsaßen. »Lüge« war ein Begriff, mit dem unser Sohn etwas anfangen konnte. Lügen ist verkehrt, das begreift ein Kind mit fünf Jahren. Die Konsequenzen allerdings nicht.

Wir versuchten den Tag für ihn so angenehm wie möglich zu gestalten. Am Nachmittag waren wir zu zweit auf dem Spielplatz. Dort äußerte er seine ersten Überlegungen: »Papa, werden wir jetzt ausgeschlossen?«

Ich habe bis heute keine Ahnung, wie er das wissen konnte. Wir hatten nie mit ihm darüber gesprochen. Zudem sagte er, dass er seine Freunde vermissen werde. Anscheinend hatte er mehr mitbekommen, als wir dachten. Am späten Nachmittag wollte mein Sohn mit mir unbedingt zu einem abgelegenen Bolzplatz fahren. Nur Wald und Wiesen, so weit man schauen konnte. Die Sonne war gerade dabei unterzugehen. Ein einsames Tor auf einem Acker. Er hat so viel gelacht und einfach nur Spaß gehabt. Als wir mit dem Auto zurückfuhren, sagte er zu mir: »Papa, jetzt bin ich wieder glücklich.«

Abschied

Am Sonntag baten wir meine Mutter darum, uns zu besuchen. Wir wollten ihr unsere Entscheidung mitteilen, bevor wir gegenüber den Ältesten unseren Austritt erklärten. Damit sie sich frei äußern konnte und nicht unter der Kontrolle durch ihren Mann stünde, sollte sie allein kommen.

Wie schon im Gespräch mit meiner Frau fing ich recht behutsam an und erklärte, dass wir Zweifel hätten und es unserer Ansicht nach in der Organisation eine Menge Unstimmigkeiten gebe. Ihr schwante Übles, das sah man deutlich. Das Gespräch verwandelte sich recht schnell zu einem Austausch von Argumenten. Ich erklärte, dass ich ihr meine Informationen und die Widersprüche in den Lehren anhand der Publikationen der *WTG* zeigen könnte, doch sie lehnte ab. Ihr Fazit war, dass sie letztendlich ihren Glauben durch die Bibel definiere und nicht über das, was die *leitende Körperschaft* sagte –ihr Glaube sei eine persönliche Sache zwischen ihr und Gott.

Wenn es doch nur so gewesen wäre. Leider traf sie jedoch alle Entscheidungen in Übereinstimmung mit den Lehren der Männer aus New York, die alles vordiktieren. Sie war derselben Bewusstseinskontrolle ausgesetzt wie alle Zeugen Jehovas, derselben Kontrolle, der auch wir ausgeliefert gewesen waren. Sie war sich dessen nicht bewusst. Sie hätte es abgestritten.

»Musst du mir das schon wieder antun, Oliver?«, sagte sie schließlich. Sie hatte verstanden, dass wir es ernst meinten, und sie sorgte sich, wie sie dadurch vor den anderen dastehen würde. Vielleicht dachte sie, sie hätte als Mutter versagt. Und ihr schien klar zu werden, dass sie ihren Sohn und ihre Enkelkinder nie wiedersehen würde. Sie bekam Angst, dass Harmagedon kommen und sie das ewige Leben ohne ihren Sohn und ihre Enkel erleben würde.

All diese Gedanken führten dazu, dass es wie ein Vulkan aus ihr herausbrach. Sie sagte, dass meine Depressionen wieder hochkommen und dass wir sterben würden. Sie zeigte auf ihre Enkel, die zwei Meter entfernt am Tisch saßen, und meinte, dass unsere Kinder sterben würden. »Willst du das, Oliver?«, fragte sie. »Willst du das?«

Die hässliche Fratze der *WTG* kam plötzlich zum Vorschein. Es war nicht mehr meine Mutter, die zu uns sprach – die jahrelang verinnerlichten Lehren hatten die Kontrolle übernommen. Ich wusste, dass meine Mutter mich liebte und auch ihre Enkel, aber sie hatte panische Angst vor dem, was wir ihr durch unsere Entscheidung auferlegten. Sie hoffte auf das Paradies und ging davon aus, dass die *liebevolle Vorkehrung* das einzige Mittel wäre, um ihre Liebsten zu retten. Dabei wäre das einzige Mittel für unser Zusammensein ihr eigenes »Erwachen« gewesen.

Ich weiß nicht, ob meine Mutter je »erwacht«. Ich rechne nicht damit. Vielleicht muss etwas Zeit vergehen, ich hoffe nicht zu viel, bis sie sich bewusst wird, dass wir nur dieses *eine* Leben haben und dass das Wertvollste auf der Welt die eigene Familie ist.

Sie ging sehr plötzlich, ohne sich von uns zu verabschieden, ohne sich noch ein letztes Mal umarmen zu lassen. Ich schrieb ihr eine Nachricht, in der ich ihr meine Gefühle erklärte und ihr zusicherte, dass sie sich jederzeit bei mir melden könnte. Seitdem haben wir uns nicht mehr gesprochen. Zur Einschulung unseres Großen lud ich sie ein, zum Hochzeitstag wünschte ich ihr alles Liebe, doch es gab keine Reaktion. Ich sah sie auf dem Twitter-Account einer Frau, die sie zufällig auf einem Bahnhof in Berlin fotografiert hatte, wo sie neben einem Trolley stand und den vorbeilaufenden Menschen eine Broschüre anbot mit dem Titel: »Glücksrezept für Ehe und Familie.«

Am Montagabend besuchten uns zwei Älteste aus unserer Versammlung. Beide kannten wir gut. Einer von ihnen war Claudias Mann, Jürgen, der auch bei unserer Hochzeit dabei gewesen war. Mit ihm und zwei Freunden kloppte ich regelmäßig Skat, während wir unserer gemeinsamen Leidenschaft nachgingen, dem Whisky.

Wir hielten etwas Smalltalk. Sie begutachteten unsere Wohnung – wir waren kurz zuvor umgezogen. Die Kinder waren bereits im Bett.

Dann setzten wir uns auf die Couch, und sie wollten, wie es bei solchen Gesprächen üblich ist, mit einem Gebet beginnen.

»Das wäre keine gute Idee«, sagte ich.

Beide gaben einen tiefen Seufzer von sich, ihnen war in diesem Moment klar, wohin die Reise ging. Jürgen ließ sich nicht beirren und vertraute darauf, dass ein Bibeltext seine Wirkung zeigen würde. Er las uns einen Text vor, den ich schon kannte – immerhin blickte ich auf eine beträchtliche Anzahl von derartigen Gesprächen mit Ältesten zurück – und der wohl standardmäßig bei solchen Treffen verwendet wurde:

»Ist jemand unter euch krank? Er rufe die älteren Männer der Versammlung zu sich, und sie mögen über ihm beten und ihn im Namen Jehovas mit Öl einreiben.« – Jakobus 5:14, 15

Ich nahm an, dass sie der Meinung waren, dass wir krank wären – geistig krank – und nun Hilfe benötigten. Wir teilten ihnen mit, dass wir die Organisation der Zeugen Jehovas verlassen würden. Wir gingen dabei nicht auf die Unstimmigkeiten in der Lehre der Zeugen Jehovas ein oder auf die kuriosen Ansichten, die sie während ihrer Anfangsjahre vertreten hatten. Man hätte uns in die Kategorie der *Abtrünnigen* verfrachtet, und das Gespräch hätte sich nur noch holpriger gestaltet. Stattdessen sprachen wir unsere Hauptgründe an, warum wir uns mit der Organisation nicht mehr identifizieren konnten:

1. Wir würden unseren Kindern im Notfall eine Bluttransfusion nicht verweigern können.
2. Wir hatten ein Problem mit dem Zwang zum Kontaktabbruch, vor allem innerhalb der Familien.
3. Der Umgang mit Kindesmissbrauch innerhalb der Organisation schützte aus unserer Sicht nicht die Kinder, sondern die Täter.

Während unsere beiden Gäste zu den ersten zwei Punkten ihre antrainierten Antworten parat hatten, überforderte sie der letzte Punkt sichtlich. Auf so etwas waren sie nicht vorbereitet. Vor allem weil ich ihnen mit dem Ältestenbuch kam. Ich berichtete von den Untersuchungen der Royal Commission, und sie mussten zugeben, dass wir uns sehr intensiv mit dem Thema Kindesmissbrauch auseinandergesetzt hatten – und dass sie selbst über die Fälle nicht unterrichtet waren. Sie versuchten auch gar nicht, das Thema herunterzuspielen, sondern mussten uns in vielen Dingen zustimmen, etwa in Bezug auf die skandalöse Zwei-Zeugen-Regel.

Ich fragte einen der Ältesten, ob man zu 100 Prozent ausschließen könne, dass es in unserer Versammlung oder einer Nachbar-Versammlung einen mutmaßlichen Sexualstraftäter gebe, der aufgrund der Zwei-Zeugen-Regel nicht belangt werden konnte. »Ausschließen kann man das nicht«, war die Antwort.

Ich kann rückblickend sagen, dass es zwar kein einfaches Treffen war, angesichts der Umstände jedoch ein sehr ruhiges Gespräch. Wir begegneten einander mit sehr viel Respekt. Meine Frau und ich hatten das Gefühl, dass die zwei uns nicht loslassen wollten. Immer wieder fragten sie uns, was das alles denn bedeuten würde, obwohl wir dies bereits mehrfach geäußert hatten.

Am Ende sahen sie ein, dass sie uns nicht mehr umstimmen konnten. Wir teilten ihnen mit, dass wir uns noch von unseren Freunden verabschieden würden. Sie sagten uns, dass dies keine gute Idee sei, dass wir die anderen nur durcheinanderbringen würden – was verständlich war. Immerhin gehörten die beiden Töchter von Jürgen zu unseren engsten Freunden. Er machte sich wahrscheinlich Sorgen, was wir bei ihnen bewirken würden. Dabei wollten wir gar nicht über unsere Gründe reden, wir wollten nur nicht wortlos aus ihrem Leben verschwinden nach so vielen Jahren.

Der Abschied von den beiden Ältesten fiel uns schwer. Wir umarmten uns ein letztes Mal, und uns allen liefen die Tränen. Jürgen konnte kaum ein Wort mehr herausbringen, und ich werde niemals sein Gesicht vergessen, als er sich von uns verabschiedete. Es fühlte sich so unmenschlich an, was da gerade passierte. Sie sagten uns, dass jederzeit die Türen offenstanden. Dass wir jederzeit zurückkommen könnten, wenn wir es wollten. Das dies nicht noch einmal geschehen würde, wussten nur wir. Vier Tage blieben uns noch, bis unsere Entscheidung vor der gesamten Versammlung bekannt gegeben würde.

Am Dienstag nach dem Gespräch verabredete ich mich mit einem meiner besten Freunde. Ich war mir sicher, dass ich mit ihm ganz offen sprechen konnte und er mir zuhören würde. Ich holte ihn von zu Hause ab, und wir liefen ein Stück zu unserem Lieblingslokal. Auf dem Weg sagte ich ihm, dass meine Frau und ich aussteigen würden und er auf der Stelle kehrtmachen könnte – wenn er das wollte. Er ließ sich jedoch auf ein Gespräch ein.

Den ganzen Abend saßen wir draußen, obwohl es recht kühl war. Wir wollten für uns sein. Ich erzählte ihm von meinen Zweifeln, völlig durcheinander, ohne einen Plan, wohin das Gespräch eigentlich gehen sollte. Ich denke, vieles kam gar nicht bei ihm an. Er hatte sichtlich zu kämpfen, weil er wusste, welche Konsequenz im Raum stand. Er sagte zu mir, dass er den Kontakt zu mir niemals abbrechen würde, was ich ihm hoch anrechnete. Ich erwiderte, dass ich es ihm nicht verübeln würde, wenn er den Kontakt abbrach. Ich wusste genau, wie die Mechanismen innerhalb der Gruppe funktionierten und dass er recht schnell wieder auf Linie gebracht werden konnte.

Den Abschied von diesem Freund werde ich nie vergessen. Wir haben uns in den Armen gelegen und geweint. Wir wollten einfach nicht loslassen. Uns beiden war in diesem Moment wohl bewusst, dass er sein Versprechen nicht würde halten können. Als sich unsere Wege trennten, habe ich den ganzen Weg über den da oben geflucht – zumindest den, den ich durch die *WTG* kennengelernt hatte. Die Wörter, die ich in meinem Kopf hatte, waren nicht jugendfrei. Ich dachte mir, wie kann ein *Gott der Liebe* eine Vorkehrung ins Leben rufen, die Freunde und Familie voneinander trennt, um wen auch immer zu schützen, vor was auch immer? Ich traf diesen Freund nie wieder.

In den folgenden Tagen schrieb ich meinen Freunden eine sehr persönliche Nachricht. Ich bat sie, uns positiv in Erinnerung zu behalten. Das war das Einzige, was mir wichtig war. Ich wollte sie nicht anrufen und sie in eine unangenehme Situation bringen. Ich nannte ihnen auch nicht unsere Gründe. Wenn sie diese hätten in Erfahrung bringen wollen, hätte ich mich nicht zurückgehalten – aber ich wollte die Entscheidung ihnen überlassen.

Nur ein Freund antwortete. Ich hinterließ ihm eine sehr lange Sprachnachricht. Es dauerte einen Tag, bis er in der Lage war, zu antworten. Er sagte mir, dass er geschockt sei, dass er die ganze Zeit mit dem Auto durch die Gegend fahre und zu verstehen versuche, was in uns vorging.

Er habe überlegt, ob er vorbeikommen sollte, aber dann habe er daran denken müssen, dass ich gesagt hatte, wir seien glücklich über unsere Entscheidung. Das muss für ihn und seine Frau völlig verstörend geklungen haben.

Er sagte, dass sie den Kontakt natürlich abbrechen würden, weil sie Jehova liebten. Das Sprechen fiel ihm schwer. Gegen Ende kämpfte er mit den Tränen. Er sagte, dass sie uns vermissen würden, dass wir gut auf uns aufpassen sollten und sie wüssten, dass wir für unsere Kinder immer da seien. Dann war es ruhig. Auch von ihm habe ich nie wieder gehört.

Tatsächlich war seine Reaktion genau das, was ich mir gewünscht hatte. Mehr konnte ich nicht erwarten. Ich hörte mir seine Nachricht noch sehr oft an und verlor mich dann in meiner Trauer. Nicht wegen des Verlustes. Ich habe nicht das Gefühl, infolge meiner Entscheidung viel verloren zu haben. Es war eher eine Trauer über die Menschen, derer man uns beraubt hatte.

Meiner Frau fiel der Abschied von ihren Freundinnen enorm schwer. Deshalb war ich sehr froh, dass sich jede Einzelne bei ihr zurückmeldete. Eine Freundin schrieb ihr, dass sie sich unsere Entscheidung nur damit erklären könne, dass man uns einer Gehirnwäsche unterzogen habe. Das war tatsächlich interessant, da sie immerhin anerkannte, dass Menschen kontrolliert werden können. Nur war ihre Vorstellung von den Kontrollmechanismen leider völlig verzerrt. Die Gehirnwäsche – oder besser gesagt: die Bewusstseinskontrolle – in destruktiven Gemeinschaften löscht nicht das Selbst einer Person aus, sondern lässt ein paralleles Ich entstehen, das geprägt wird von der Gruppe, in der sich die Person befindet. Meine Frau und ich hatten uns nicht verändert, unsere Gehirne waren nicht neu programmiert worden. Wir konzentrierten uns nur auf einen anderen Aspekt unserer Persönlichkeit, der lange Zeit unterdrückt, aber doch immer da gewesen war.

In diesem Zusammenhang musste ich an eine lustige Anekdote denken, die ich in einem der sozialen Netzwerke gelesen hatte. Es ging um

Personen, die der Auffassung waren, die Erde sei flach. Nun müsse sich nur jemand aus dieser Gruppe die Mühe machen, ins All zu fliegen und die Erde zu umrunden und den anderen mitzuteilen, dass ihre Vorstellungen auf falschen Annahmen beruhten. Die Reaktion der anderen sei vermutlich, dass man der Person auf ihrem Weltraumflug einer Gehirnwäsche unterzogen habe.

Man muss einfach das Weltbild erhalten, an das man so fest glaubt. Deshalb konnten wir der Freundin ihre Reaktion auch nicht verübeln; es war ein Reflex darauf, dass wir die perfekte und absolute Wahrheit verlassen wollten. Das war für einen Anhänger dieser Wahrheit völlig unverständlich.

Eine andere Freundin brachte ihre Trauer dadurch zum Ausdruck, dass sie meiner Frau schrieb, der Verlust schmerze sie mehr, als wenn sie jemanden durch den Tod verliere – denn diese Person könne sie dann im Paradies ja wiedersehen.

Eine weitere, sehr enge Freundin ließ sich viel Zeit mit ihrer Antwort. Zunächst schrieb sie nur eine Nachricht. Doch ein paar Tage später rief sie meine Frau an. Die beiden haben sehr viel geweint und konnten zum Ende kaum ein Wort mehr herausbringen. Die Freundin sagte, dass sie, sobald sie auflegte, nichts mehr voneinander hören würden. Trotz ihrer engen Bindung und trotz des Vertrauens, das sie gegenseitig genossen, war von einem Tag auf den anderen alles vorbei.

Am darauffolgenden Freitag wurde unsere Entscheidung vor der gesamten Versammlung bekannt gegeben. Von der Bühne wird vermutlich ein Ältester folgenden Satz vorgelesen haben: »Oliver und seine Frau sind keine Zeugen Jehovas mehr.« Kurz und schmerzlos. Von da an galt es, den Kontakt zu uns zu meiden, für jeden Zeugen Jehovas.

Und tatsächlich wurde es nach der Bekanntgabe ziemlich schnell grau bei WhatsApp. Eine Vielzahl von Freunden blockierte uns. In den darauffolgenden Tagen ging es dann auch los, dass Freunde, die nicht aus unserer Versammlung waren, uns blockierten. Die Neuigkeiten schienen die Runde gemacht zu haben.

Mit einem solchen Verhalten hatten wir gerechnet, dennoch tat es weh. Und das sollte es wohl auch. Die Reaktionen bestärkten uns darin, das Richtige getan zu haben, trotzdem achten wir bis heute sehr darauf, dass kein Groll in uns aufkommt. Auch wenn es unheimlich schmerzt, dass Freunde und Familienangehörige uns meiden, uns auf sämtlichen Kanälen blockieren und auf der Straße nicht einmal mehr grüßen, so wissen wir, aus welchen Beweggründen sie so reagieren. Uns ist bewusst, dass wir vor einiger Zeit vermutlich genauso gehandelt hätten.

Wenn ich heute Freunde auf der Straße treffe, dann grüße ich. In der Regel kommt nichts zurück. Ich beobachte dann, wie die zwei Persönlichkeiten in ihnen miteinander konkurrieren. Oft erfolgt zunächst der natürliche Reflex, sie halten kurz inne, wollen reagieren, aber dann wird das Zeugen-Ich wach, und sie gehen weiter. Aber das stört mich nicht mehr. Wichtig ist mir, dass diese Personen sehen, dass ich sie als Menschen betrachte und die »Spielregeln« für mich nicht länger gelten. Ich möchte sie nicht provozieren, deshalb versuche ich nicht, sie in ein Gespräch zu verwickeln. Nur ein kurzes Lächeln, ein Nicken, ein Gruß.

Mein Stiefvater besuchte uns kurz nach der Bekanntgabe noch einmal zu Hause. Ich war kurz irritiert, weil ich nicht wusste, was er wollte – vielleicht eine Aussprache, vielleicht wollte er den Kontakt doch nicht abbrechen lassen? Aber er fragte nur nach dem Schlüssel zu ihrer Wohnung, den wir für unsere Eltern aufbewahrten. Wie damals, als ich ausgeschlossen worden war. Das schien sein Job zu sein.

Ich fragte ihn, ob er nicht noch kurz hereinkommen wolle, den Kindern »Hallo« sagen. Er winkte ab und machte auf dem Treppenabsatz kehrt. Die Kinder schauten ihm noch hinterher, dann war er verschwunden.

Wie erklärt man das einem Kind? Wie erklärt man einem Kind, dass Oma und Opa sie nicht mehr sehen möchten? Wie bringt man ihnen bei, dass sie ihre Freunde nicht wiedersehen können, mit denen sie aufgewachsen sind und zu denen sie ein enges Verhältnis aufgebaut haben?

Unseren Kleinen hat die Situation glücklicherweise nicht so sehr tangiert, er war erst drei Jahre alt. Er nahm hin, was geschah, und erinnert sich heute nicht mehr an unser altes Leben, an die Versammlung, die anderen Zeugen, an Oma und Opa.

Unseren Großen hat die Situation allerdings enorm belastet. Er verstand die Welt nicht mehr und weinte sehr oft. Nach dem Ausstieg fragte er oft nach seinen Freunden und ob wir sie nicht einfach besuchen könnten. Er wollte sogar wieder in die Versammlung, nur um sie wiederzusehen. Es zerriss uns innerlich. Es tat weh, ihn so zu sehen. Wut kam in mir auf, Wut über die menschenverachtenden Regeln – dass selbst die Kleinsten darunter zu leiden haben.

Als meine Frau einige Zeit später mit ihm einen Spielplatz aufsuchte, traf unser Großer auf seine damals beste Freundin – beide waren zu diesem Zeitpunkt sechs Jahre alt. Sie kannten sich von Geburt an und waren gemeinsam aufgewachsen. Es war die Enkelin von Claudia. Claudia war auch da. Die beiden Kinder sahen sich von Weitem, liefen aufeinander zu und umarmten sich. Endlich konnten sie sich wiedersehen. Sie strahlten über beide Ohren. Auch Claudia und meine Frau trafen aufeinander, und Claudia sagte: »Na, irgendwann musste man sich ja treffen.« Trotz allem ließ sie die Kinder zusammen spielen. Meine Frau und ihre *geistige Mutter* saßen getrennt voneinander, ohne ein Wort miteinander zu wechseln.

Sie beobachteten, wie die Kleinen gemeinsam lachten, völlig egal, welcher Religion sie angehörten. Von ihnen kann man eine Menge lernen. Den Kindern ist die persönliche Überzeugung egal, nur nett musste man zueinander sein. Claudia und meine Frau trafen am Klettergerüst wieder aufeinander, während sich die Kinder unterhielten. Unser Sohn fragte seine Freundin, warum sie sich nicht mehr sehen könnten. Ihre

Eltern hätten ihr erklärt, sagte die Freundin, dass wir sie nur überreden würden, auch auszusteigen. Unser Großer erklärte ihr, dass die Männer aus New York uns anlogen. Meine Frau unterbrach die beiden und versicherte, dass wir sie nicht von den Zeugen wegziehen wollten. Wir hätten uns einfach für einen anderen Weg entschieden, und wir ließen die anderen den ihren gehen. Claudia stimmte zu.

Die zwei Kinder verabschiedeten sich, so wie sie sich begrüßt hatten. Als Claudia und ihre Enkelin mit dem Auto vorbeifuhr, ging sie vom Gas, regelte die Fenster runter, sodass die zwei sich ein letztes Mal winken konnten. Die Kinder sahen sich nie wieder.

Da stand ich nun, draußen vor dem Gefängnis, getrennt von allen anderen. Ich blieb stehen, vor mir die von der Sonne orange gefärbte Steppe – nichts als freie Fläche. Kein Weg war zu erkennen. Ich drehte mich um und sah die anderen, wie sie schweigend hinter den Gitterstäben nach uns sahen. Ich war nicht traurig, dass ich draußen war, das war nun mein Leben. Ich hatte Mitleid mit denen, die noch drinnen waren, mit denen, die sich die Wände bunt dachten und die Mauern als Schutz vor der *Welt* ansahen.

Ich drehte mich um, nahm meinen Kleinen auf die Schultern und meinen Großen und meine Frau an die Hand, und wir liefen los ohne zu wissen, was uns erwartete.

*»Denk nicht so verbissen daran, wo du lieber wärst.
Mach das Beste aus dem, wo du gerade bist.«*

Passengers (2016)

STUFE NULL

Eine Woche nach unserem Ausstieg feierten wir gemeinsam mit unserem Sohn seinen Geburtstag. Wir luden einige Kinder aus der Nachbarschaft und der Kita ein. Er genoss es sehr, dass andere sich an diesem Tag für ihn freuten. Oma und Opa, die Eltern meiner Frau, kamen auch vorbei und gratulierten ihm – zum ersten Mal. Sie gratulierten, dass er ein Jahr älter wurde, dass er am Leben war und dass es ein wunderbares Geschenk ist, dessen man sich an diesem Tag bewusst werden darf. Auch in der Kita feierte er zum ersten Mal seinen Geburtstag, während die anderen nun auch für *ihn* sangen. Er war jetzt einer von ihnen. Man sah ihm noch ein bisschen an, dass er es nicht gewohnt war.

    Es war wichtig, dass wir nach den negativen Auswirkungen unseres Ausstiegs unseren Kindern auch die positive Seite zeigten – das, was sie gewinnen würden. Das betraf nicht nur die Geburtstagfeiern, sondern ganz allgemein das Gefühl, dazuzugehören, am Leben teilzunehmen, mit allen Facetten, die für Jungs in diesem Alter völlig normal sein sollten. Die Erzieher nahmen im Verhalten unseres Großen recht schnell Veränderungen wahr. Er war deutlich offener, integrierte sich mehr in die Gruppe und in die Aktivitäten der Kita. Egal, ob jemand Geburtstag hatte oder eine Spielzeugfigur mitbrachte, von der er früher Abstand genommen hätte, er musste sich keine Sorgen mehr machen, womöglich in eine Situation zu geraten, die mit seinem antrainierten Denken kollidierte.

Auch das Osterfest feierten wir zum ersten Mal gemeinsam mit unseren Kindern und Schwiegereltern. Es war sehr ungewohnt für mich, die Geschenke und Eier zu verstecken. Diese Rituale, die ich vor mehr als 25 Jahren das letzte Mal erlebt hatte, lösten in meinem Kopf noch immer etwas Unbehagen aus. Dennoch wollte ich, dass meine Kinder diese Welt entdecken, die ihnen beinahe verborgen geblieben war. »Eier suchen« ist vielleicht nichts Besonderes, doch für unsere Jungs war es das. Sie hatten bisher nur davon gehört, wenn die anderen in der Kita von ihren Erlebnissen berichtet hatten. Jetzt konnten sie herausfinden, wie es sich anfühlte, ganz normale Jungs zu sein.

Worauf ich mich tatsächlich am meisten freute, war Weihnachten. Die Atmosphäre der Adventszeit hatte sich während meiner Kindheit in mein Gedächtnis eingebrannt, und ich konnte es kaum erwarten, dies mit meiner Familie zu erleben. Bereits im Sommer schaute ich mir mit den Kindern Weihnachtsbäume auf Bildern an, und wir überlegten, wie unser Baum wohl aussehen würde.

Wir konnten gar nicht früh genug mit den Vorbereitungen beginnen. Bereits Wochen vor dem Fest hörten wir Weihnachtslieder und suchten uns die Dekoration für unseren Weihnachtsbaum aus. Ich entzündete die ersten Räucherkerzen. Der Duft erinnerte mich an die Jahre vor den Zeugen, an meine Eltern und die gemeinsame Zeit. Ich weiß, es klingt kitschig, aber ich war hin und weg. Als Familie machten wir uns auf, um unseren ersten gemeinsamen Weihnachtsbaum zu besorgen – eine Nordmanntanne. Der Verkäufer nannte sie liebevoll »Knacki«. Knacki reichte bis an die Decke unserer Wohnung. Wir schmückten sie gemeinsam und entzündeten die Lichter. Unsere Kinder standen mit weit aufgerissenen Augen vor unserem Weihnachtsbaum und begutachteten ihn von allen Seiten. Auch unser Balkon war so sehr beleuchtet, dass ein Pilot dies fälschlicherweise als Landebahn hätte interpretieren können.

Es war genauso, wie ich es mir vorgestellt hatte, als ich noch ein Zeuge Jehovas war. Jetzt war niemand mehr da, der uns für den ganzen Weihnachtsquatsch hätte zurechtweisen können.

Meine Frau und ich begannen damit, Bücher zu lesen. Das hatten wir vorher so gut wie nie getan. Unsere einzige Lektüre war der *Wachtturm* gewesen. Ich beschäftigte mich mit der Evolution, dieses Mal aus einer anderen Perspektive. Ich bemerkte, dass die Informationen, die ich all die Jahre konsumiert hatte, einseitig und verzerrt gewesen war. Wir lasen Bücher, die den Versuch unternahmen, Gott aus einem anderen Blickwinkel zu betrachten. Es tat gut, zu lesen und die Informationen nicht als absolute Wahrheit betrachten zu müssen. Wir konnten die Dinge nun so sehen, wie wir es wollten.

Meine Frau hatte ihren alten Job gekündigt, sich weitergebildet und einen neuen Beruf erlernt. Das war schon ihr Wunsch gewesen, als wir noch Zeugen waren, aber sie hatte ihn unterdrückt, weil ja Harmagedon vor der Tür stand. Sie tat nun etwas, dass ihr Freude bereitete und nicht allein dem Zweck diente, ihren Mann zu unterstützen.

Wir sind jetzt gleichgestellt. Ich bin nicht mehr das *Haupt der Familie*. Das war ich auch vorher nie, sagt meine Frau. Ich hätte ihr nie das Gefühl gegeben, dass ich in der Hierarchie über ihr stand. Dennoch hat sie sich verpflichtet gefühlt, den Erwartungen einer Ehefrau gerecht zu werden. Die *WTG* hat keinen Einfluss mehr auf uns, auf unsere Familie. Wir leben jetzt unser eigenes Leben.

Etwas fehlte uns zunächst: die Strukturen, die Leitplanken im Leben, die uns vorher in bestimmten Bahnen hielten. Wir hatten nie gelernt, selbst Regeln und Prinzipien aufzustellen, das Meiste war vorgegeben. Nach unserem Ausstieg sind wir manchmal über das Ziel hinausgeschossen, denke ich. Wir mussten lernen, die Grenzen für unsere Kinder neu zu definieren. Welche Werte waren uns als Familie wichtig? Wie wollten wir unsere Kinder erziehen? Das waren Fragen, die wir für uns beantworten mussten, um selbst die Strukturen festzulegen. Wir sind immer noch dabei, die Balance zu finden, und es bleibt nicht aus, dass wir uns hin und wieder korrigieren müssen. Wir wurden zurückgesetzt auf Stufe »Null«. Wir haben das Leben noch einmal von vorne begonnen.

Dazu gehörte es auch, in die Gesellschaft zu finden. Wir hatten keine Freunde mehr. Es gab nicht mehr den besten Freund, die beste Freundin. Wir hatten aber das Glück, eine Familie zu haben, die uns auffing und für uns da war. Wir verbrachten jetzt viel Zeit gemeinsam, mit meinen Schwiegereltern, meinem Schwager und dessen Familie. Es tat gut, offen über die vergangenen Jahre zu reden, sodass wir uns noch näherkamen, frei vom *Wachtturm*. Ich hatte zwar eine Familie verloren, aber mir blieb auch eine erhalten. Sie war für uns da, als wir noch gefangen waren, und sie war uns eine Stütze, als wir ausbrachen. Es war egal, auf welcher Seite wir uns befanden, sie ließ uns nie im Stich.

Ich würde auch gerne meinem Vater von unserem Ausstieg erzählen. Ich denke, er würde sich freuen. Unser Kontakt ist jedoch kurz vor meiner Rückkehr zu den Zeugen Jehovas abgebrochen. Wir hatten uns gestritten, es ging um etwas Belangloses. Wir sahen uns danach nur noch ein einziges Mal, nachdem ich wieder aufgenommen wurde. Eigentlich hatten wir uns versöhnt, dennoch meldeten wir uns danach nicht mehr beim anderen. Vielleicht war er enttäuscht, dass ich wieder zurück zu den Zeugen gegangen bin. Heute weiß ich nicht, wo er lebt. Ich habe die Orte aufgesucht, die wir damals gemeinsam besucht haben, und ich habe auch versucht, ihn über die Behörden zu finden. Ich hoffe, dass es mir noch gelingt. Wir hätten uns sicher eine Menge zu erzählen, und ich würde ihm gerne seine Enkel vorstellen. Ich werde meinen Kindern viele Geschichten über ihn erzählen. Er war mir lange Zeit ein guter Freund, eine Flucht in eine andere Welt. Und vieles, was er mir beigebracht hat, gebe ich heute an meine Kinder weiter. Vor Kurzem habe ich mit ihnen unseren ersten Bogen aus Holz geschnitzt, so wie ich damals mit meinem Vater. Mein Sohn sagt jetzt immer: »Das hast du mit deinem Vater auch gemacht, stimmt's?«

Wir haben nach unserem Ausstieg wundervolle Freundschaften schließen können. Unser Glück war es, dass wir uns als Zeugen nicht gänzlich abgeschottet und auch Kontakte zu Menschen außerhalb gesucht haben. Das hat uns im Endeffekt sehr geholfen, wieder ins Leben zu finden. Als meine Frau noch Pionier war, lernte sie eine Mutter mit drei Kindern kennen, die sie regelmäßig aufsuchte, um mit ihr ein *Heimbibelstudium* durchzuführen. Sie und ihr Mann besuchten sogar die Versammlung und alles schien darauf hinauszulaufen, dass wir auch endlich jemanden zur *Wahrheit* führen würden. Es entwickelte sich eine Freundschaft zwischen uns, und wir verbrachten den einen oder anderen Abend privat miteinander. Allerdings beendete die Mutter das Studium irgendwann, und meine Frau brachte ihr noch regelmäßig den *Wachtturm* vorbei, was aber eher ein Vorwand war, um weiterhin den Kontakt zu halten.

Als wir ausgestiegen sind, konnten wir uns ohne *Wachtturm* näherkommen. Die Distanz verflog, die uns vorher davon abhielt, mit Menschen, die wir sehr mochten, eine engere Beziehung einzugehen.

Auch zu unseren Nachbarn, bei denen unsere Kinder oft zu Besuch waren, hat sich eine wundervolle Freundschaft entwickelt. Unsere Kinder sind im gleichen Alter. Zu den Eltern habe ich damals den Abstand gewahrt – bloß keinen zu engen Kontakt aufbauen, dachte ich. Heute weiß ich, wie Freundschaft funktioniert. Nämlich unabhängig von den persönlichen Überzeugungen und religiösen Anschauungen. Es ist nur wichtig, dass man sich mag.

Unsere Kinder suchen sich ihre Freunde jetzt selbst aus, ohne dass wir als Eltern abwägen, ob der eine oder andere eine Gefahr für den Glauben darstellt. Unser Großer konnte in der Schule noch einmal von vorne beginnen. Seine Klassenkameraden lernten ihn ohne seine Vergangenheit kennen, und er kann sich nun völlig frei entfalten.

Natürlich hat er noch Schwierigkeiten damit, die vergangenen Jahre zu verarbeiten. Papa und Mama haben ihm mit einem Mal mitgeteilt, dass vieles, was unser Leben ausmachte, nun nicht mehr gilt. Er hat uns vertraut, dass wir immer richtig entscheiden würden und ihm zeigen, wie das Leben funktioniert.

Die ersten fünf Jahre sind für ein Kind sehr prägend. Er war weit tiefer in diese Welt eingedrungen, als wir dachten. Glücklicherweise spricht er mit uns und redet über die Vergangenheit, das ist uns wichtig. Ihn plagen Verlustängste, vor allem, dass seine Eltern irgendwann nicht mehr da sein könnten. Er hat schon einmal sehr viel verloren und möchte dies kein zweites Mal durchmachen. Oft spricht er über den Tod, fragt, warum wir sterben müssen und ob es ein Leben nach dem Tod gibt – eine Vorstellung, die sich über die Jahre bei ihm verfestigt hat. Wir als Eltern versuchen ihn auf die bestmögliche Weise dabei zu unterstützen, das Erlebte zu verarbeiten und die Gedanken neu zu ordnen.

Nach dem Ausstieg spielte er mit seinem kleinen Bruder hin und wieder »Versammlung«, wie wir es häufig beim Familienstudium taten. Er hielt einen Vortrag – wie Papa damals –, und sein Bruder gab Antworten auf Fragen, die er ihm stellte. Wir ließen sie spielen und griffen nicht ein. Mittlerweile ist das Spiel langweilig geworden. Generell ist Jehova kein Thema mehr. Ab und an fragt mich unser Sohn, warum wir Menschen da sind und wer uns gemacht hat. Er hat sehr viel Interesse an der Natur und warum die Dinge sind, wie sie sind. Ich erzähle ihm dann, wie ich die Dinge sehe, ohne Dogmen aufzustellen. Unsere Kinder werden sich ihr eigens Weltbild formen – völlig frei und ohne Konsequenzen.

Wir können froh sein, den Absprung noch rechtzeitig geschafft zu haben und unsere Kinder nicht noch tiefer in diese Welt gezogen zu haben. Wenn ich sie heute auf Bildern sehe, im Anzug, sitzend vor der Bühne nach einer Zusammenkunft, wird mir mulmig im Magen. Ich kann es kaum ertragen, sie so zu sehen.

Ich sehe bei niemanden die Schuld, dass ich in ein solches System geraten bin, darin aufwuchs und meine Familie mit hineinzog. Ich sehe auch bei meiner Mutter keine Schuld. Sie ist in diese Gruppe gerutscht, zu einem Zeitpunkt, als sie in einer instabilen Verfassung war. Sie war der Überzeugung aufgesessen, dass sie uns bei den Zeugen ein besseres Leben schenken könnte. Ich gebe nicht einmal der Organisation die Schuld. Sie alle sehe ich als Verführte einer Idee, die gegen Ende des 19. Jahrhunderts entstand und sich zu dem System entwickelte, dass sich heute Zeugen Jehovas nennt. Ich bereue nicht, wie mein Leben verlaufen ist, keinen einzigen Abschnitt. Ich bin sogar froh, dass ich nicht schon damals bei meinen ersten Zweifeln »aufgewacht« bin. So wie mein Leben verlaufen ist, war es gut. Ich habe die wichtigsten Entscheidungen als der Mensch getroffen, der ich tatsächlich bin, und sie haben mich dorthin geführt, wo ich heute stehe, zusammen mit meiner Familie.

Hamsterrad

Eines erkannten wir schnell nach dem Ausstieg: Wir hatten nun Zeit. Wir waren befreit aus dem Hamsterrad des Predigens und Studierens; wir mussten nicht mehr in die Versammlung. Unsere Energie galt nur noch unserer Familie. Anstatt am Sonntagmorgen die Versammlung zu besuchen, genossen wir unser ausgedehntes Frühstück und planten unsere Aktivitäten für den Tag. Wir hatten kein schlechtes Gewissen und keine Schuldgefühle mehr, wenn wir am Samstag ausschliefen, anstatt den Treffpunkt für den Predigtdienst zu besuchen – wir mussten nicht mehr *präsent* sein.

Es ist ein befreiendes Gefühl, nie wieder an Türen klingeln zu müssen, um die Menschen von unseren Ansichten zu überzeugen. Kein Bericht mehr, der irgendwie hingemogelt werden muss, um nicht als *im Glauben schwach* eingestuft zu werden. Keine Fassade muss mehr aufrechterhalten werden, um anderen zu gefallen. Kein Studium mehr mit den Kindern, kein Gefühl des Versagens, wenn ich es nicht schaffte, mit ihnen die Publikationen der *WTG* zu betrachten. Die Sorge darüber, dass sie sich vielleicht nicht für den Weg eines Zeugen Jehovas entscheiden könnten, ist längst verflogen.

Unsere Kinder müssen ihren Freunden nicht mehr erklären, warum sie auf etwas verzichten – und dabei nur wiedergeben, was wir ihnen auferlegt haben. Vielleicht haben sie später den Wunsch zu studieren und sich weiterzubilden. Vielleicht möchten sie einen Verein besuchen und ihren Interessen nachgehen. Niemand hält sie mehr davon ab. Es gibt keine Dämonen und keinen Satan mehr, die ihnen Angst machen würden. Es gibt kein Harmagedon, das jederzeit hinter der nächsten Ecke lauert und sie in ihrem Denken und Handeln einschränkt.

Sie lernen Toleranz gegenüber Menschen, dass beispielsweise das sexuelle Empfinden, für das andere Geschlecht oder gleichgeschlechtlich, etwas Persönliches ist und niemand diesbezüglich eingeschränkt oder verurteilt werden darf. Dass der persönliche Glaube oder die eigene Meinung respektiert werden sollte und dass man vom absoluten Wahrheitsanspruch anderer nicht sein Leben bestimmen lassen sollte. Unser Weltbild stützt sich nicht länger auf die Interpretation eines Buches, das irgendwelche Männer in einer patriarchalischen Gesellschaft vor mehr als 2000 Jahren niederschrieben. Unsere Kinder leben, genau wie wir, in Freiheit.

Nach dem Ausstieg kamen zunächst noch Zweifel in uns auf, ob vielleicht doch etwas dran sein könnte an Harmagedon. Der Gedanke an ein zeitiges Ableben ließ mich für eine ganze Weile nicht los. In der Zeit nach dem Ausstieg waren wir mental noch in vielem gefangen.

Heute ist mir klar, dass man sich mit dem Ausstieg nicht sofort von seiner Vergangenheit lösen kann. Die Indoktrination hat über Jahre angedauert, deshalb wird man seine Denkweise auch nicht über Nacht los. Ich musste die Vergangenheit aufarbeiten und mich mit den Lehren, die mein Leben und mein Denken bestimmten, auseinandersetzen. Ich musste sie bis ins kleinste Detail zerpflücken, um mich zu befreien. Ich fing an, über mein Leben zu schreiben, was zwangsweise dazu führte, dass ich zu recherchieren begann. Dieses Buch war meine persönliche Therapie. Ich habe mich meiner Vergangenheit gestellt. Nur so war es mir möglich, den Ballast in meinem Kopf los zu werden und wieder klar zu denken, frei von Angst und Zweifeln.

Nach dem Ausstieg konnte ich wieder in Farbe sehen. Alles war nun bunt. Ich lernte, dass die Welt, in der wir leben, ein wunderbarer Ort ist. Ich sehe die Menschen heute aus einem völlig neuen Blickwinkel und bemerke, dass sie sehr anziehende Werte besitzen, völlig entgegengesetzt zu dem, was man mir beigebracht hat. In der Zeit nach meinem Ausstieg habe ich einen bunten Mix an Menschen kennenlernen dürfen, die sehr verschiedene Ansichten vertreten und andere Werte für wichtig erachteten als ich. Das war für mich aber kein Hindernis, mich diesen Personen zu öffnen, und zu einigen entwickelten sich enge Freundschaften. Das ist es, was aus meiner Sicht Toleranz ausmacht. Toleranz und Freiheit sind die Dinge, die ich als Gewinn für mein Leben betrachte. Mein Wertesystem und meine Überzeugung sind heute miteinander im Einklang.

Das verlorene Paradies

Wir haben tatsächlich auch etwas verloren: den Glauben an ein ewiges Leben im Paradies. Es klingt verrückt, aber die Vorstellung vom Paradies war so real für uns wie der Gedanke, dass auch morgen wieder die Sonne aufgehen wird. Wir dachten, dass wir nicht sterben würden und unser Leben gemeinsam mit unseren Kindern bis in alle Ewigkeit genießen könnten.

Es fühlte sich zunächst an wie eine tödliche Diagnose, dass wir nun früher oder überhaupt sterben müssten. Das mussten wir verarbeiten und lernen, mit der Vergänglichkeit des Lebens umzugehen.

Uns wurde bewusst, dass es nur dieses *eine* Leben geben würde, und diese Erkenntnis hat schließlich unseren Blick auf den Wert des Lebens verändert. Wir hatten immer nur darauf gewartet, dass wir das *wirkliche* Leben erreichen würden – und wir bekamen nicht mit, dass wir längst mittendrin waren.

Trotz allem befasste ich mich nach dem Ausstieg noch einmal mit dem Gedanken, ob es einen Gott gibt, einen anderen als den, den ich durch die *WTG* kennengelernt hatte. Ich gab ihm noch einmal eine Chance.

Und ich kann letztendlich nicht behaupten, dass es Gott nicht gibt, ganz einfach, weil ich es nicht beweisen kann. Ich persönlich glaube aber nicht mehr an ein höher entwickeltes Wesen, das irgendeinen Plan hat. Dementsprechend glaube ich auch an kein Leben nach dem Tod mehr. Das mag für viele Menschen ein trauriger Gedanke sein, aber ich habe meinen Frieden damit gefunden.

Was ist also der Sinn des Lebens? Sinn gebe ich meinem Leben ganz persönlich. Dass ich am Leben sein darf, ist das größte Glück, das mir widerfahren konnte. Wenn irgendeiner meiner Vorfahren etwas anders gemacht hätte, und wenn er nur nach rechts anstatt nach links abgebogen wäre, dann würden diese Zeilen heute vermutlich nicht existieren. Und dann würden auch meine Kinder nicht existieren. Ich versuche mir dessen immer wieder bewusst zu werden.

Nur weil ich am Leben bin, hat dies noch lange keinen Sinn – es war einfach Zufall. Ich will dennoch etwas daraus machen. Ich werde, wenn ich mich eines Tages verabschiede, nichts mitnehmen können, aber vielleicht kann ich etwas hinterlassen. Ich finde den Gedanken schön, dass ich durch meine Kinder weiterleben kann, durch das, was ich ihnen mit auf den Weg gebe. Ich würde mich freuen, wenn sie später positiv an mich zurückdenken und schöne Erinnerungen haben, von denen sie gerne erzählen. Das ist etwas, für das es sich zu leben lohnt.

Ich genieße es, meine Kinder zu beobachten, wie sie das Leben entdecken. Ich schaue ihnen gerne dabei zu. Ich bin glücklich, wenn ich sehe, wie frei sie aufwachsen. Ich habe das Glück, meine Kindheit noch einmal durch ihre Augen zu erleben. All das, was mir verwehrt blieb, kann ich nun ihnen schenken.

Wir befinden uns gerade im Urlaub, und ich schreibe die letzten Zeilen von meinem Buch. Von unserem Ferienhaus laufen wir einige Meter über die Dünen zum Meer. Es ist leicht diesig. Die letzten Sonnenstrahlen kämpfen sich durch die Wolken und lassen das Meer an einigen Stellen glitzern. Unser Großer spielt Wellenbrecher, in der gerade einmal zwölf Grad kalten Ostsee. Oma hält unseren Kleinen an der Hand und wagt sich Stück für Stück ins Wasser, um dann schnell wieder umzukehren und die Füße im Sand aufzuwärmen. Ich stehe etwas Abseits mit meiner Frau und Opa. Meine Frau legt ihren Kopf auf Opas Schulter.

Ich atme die salzige Meeresluft ein, tiefe Zufriedenheit macht sich in mir breit und ich habe nur noch einen Gedanken, während ich sie alle beobachte: Wir sind in unserem persönlichen Paradies angekommen. Die Freiheit ist nun unser Paradies.

EPILOG

Jehova,

du hast nun eine Menge aus meinem Leben erfahren, und ich denke, meine Geschichte war verständlich, so wie ich es zu Beginn versprochen habe. Jetzt würde mich deine Sichtweise interessieren – wie du meine Erlebnisse bewertest. Würdest du sagen, dass ich hätte anders handeln sollen? Dass ich mehr Leistung hätten erbringen müssen? Mehr predigen, mehr studieren? Vielleicht hätte ich meine Persönlichkeit, den Menschen, der ich innerlich bin, noch mehr unterdrücken müssen. Vielleicht hätte ich einfach stärker auf dich vertrauen müssen, anstatt mich meinen Zweifeln hinzugeben.

Eine Antwort werde ich von dir nicht erhalten, denn dich gibt es eigentlich nicht. Du bist nur eine Idee, der ich jahrelang gefolgt bin. Und heute bist du für mich nichts weiter als jene Organisation, die sich hinter der Idee verbirgt.

Als kleiner Junge hatte ich ein Kuscheltier, einen roten Dino. Ich habe ihn gehegt und gepflegt und überallhin mitgenommen. Ich redete in Gedanken mit dem Dino, und ich baute eine Bindung zu ihm auf – er war mein imaginärer Freund. Eines Tages verlor ich meinen Freund. Ich war am Boden zerstört. Ich fühlte mich schuldig ihm gegenüber, dass ich nicht besser auf ihn aufgepasst hatte und er jetzt allein sein musste. Mit der Zeit ließ der Schmerz nach, und ich verstand, dass der Freund nur ein Hirngespinst gewesen war, eine Vorstellung von etwas, das gar nicht existierte.

Ich habe diesen Brief, dieses Buch, nicht an einen imaginären Freund gerichtet, wie es meine Einleitung vielleicht vermuten lässt. Ich richte mich eher an die Menschen, die vielleicht ähnlich aufgewachsen sind wie ich und sich in einigen Stellen meiner Geschichte wiedergefunden haben. Vielleicht sind meine Sätze dem einen oder anderen eine Hilfe, das würde mich freuen.

In erster Linie ist dieses Buch aber meinen Kindern gewidmet. Sie werden diese Zeilen eines Tages lesen, und sie werden eine Menge verrückter Dinge erfahren, die sie über ihren Vater vielleicht gar nicht lesen wollten. Sie werden hin und wieder lachen oder den Kopf schütteln, vielleicht auch eine Träne vergießen. Sie werden verstehen, warum wir sie da rausholen wollten und unseren Preis bezahlt haben. Ich denke, dass sie froh sein werden, dass wir diesen Schritt unternommen haben. Aber das Gefühl, wie es ist, da drinnen aufzuwachsen, werden sie nie wirklich nachempfinden können. Und das ist das Beste daran. Für sie wird vieles, das in mir Schuldgefühle und Gewissensbisse auslöste, völlig normal sein.

Im Leben werden sie dennoch Höhen und Tiefen durchzustehen haben. Vielleicht treffen sie auf Probleme, die für sie unüberwindbar scheinen. Ich kann ihnen aus meiner eigenen Erfahrung sagen, dass es im Leben immer weitergeht. Dass das Leben überraschende Wendungen nimmt, und nach Jahren blickt man dann auf die vermeintlichen Probleme zurück und erkennt, dass genau diese Probleme einen zu dem gemacht haben, der man heute ist.

Die Liebe meiner Frau hat uns als Familie zusammengehalten. Und die Liebe zu unseren Kindern hat uns bewogen, uns aus deinem Gefängnis zu befreien, aus Jehovas Gefängnis.

DANKSAGUNG

Ich möchte mich bei meiner Frau Doreen bedanken, die mir während der Arbeit an meinem Buch sehr oft den Rücken frei hielt und mich motivierte, korrigierte und oftmals meinem Erinnerungsvermögen auf die Sprünge half. Meinen Kindern danke ich, dass sie geduldig mit mir waren und ab und an auf Papa verzichtet haben. Bei meinen Schwiegereltern Bernd und Kirsten möchte ich mich bedanken, mit deren moralischer Unterstützung und praktischer Hilfe ich hin und wieder etwas Zeit zum Schreiben fand.

Mein Dank geht auch an diejenigen, die mich bei der Recherche unterstützt haben und mit ihrem Wissen zu diesem Buch beitrugen. Unter ihnen ist mein Freund Micha Schnaider, der mir besonders in Bezug auf die psychologischen Mechanismen mit seinem Rat zur Seite stand und gemeinsam mit mir die Verhaltensweisen während meiner Indoktrination erkundete.

Ebenfalls geht mein Dank an einen wunderbaren Sparringspartner und Freund, Sebastian Klemm, der mir bei der Recherche und den Quellen gerade während der Vorbereitung zu diesem Buch sehr geholfen hat.

Ich bedanke mich für die vielen nützlichen Hinweise aus Netzwerken, wie etwa der »EXZJ«-Gruppe auf reddit oder der »EX Zeugen Jehovas«-Gruppe auf Facebook. Für die Aufklärungsarbeit von Lloyd Evans, Raymond Franz, Paul Grundy und vielen anderen, die ihre Zeit investiert haben und deren Arbeit mir bei der Recherche enorm weiterhalf, sage ich herzlichen Dank.

Ich möchte mich bei meinem Schwager Steffen und seiner Frau Vanessa bedanken sowie bei meinen Arbeitskollegen und Freunden, für den Zuspruch, mein Vorhaben zu Ende zu bringen. Tatsächlich waren ihre Nachfragen und das Interesse sehr wertvoll für mich. Sie haben mir geholfen, mein Ziel nie aus den Augen zu verlieren.

Dem *riva Verlag* sage ich Danke für das Vertrauen, das man mir als absolutem Laien, was das Schreiben betrifft, entgegengebracht hat.

Ich bedanke mich auch bei der Agentur *Landwehr & Cie* und im Speziellen bei Thomas Schmidt, der mir als Ansprechpartner immer zur Seite stand und beim gemeinsamen Mittagessen mein Buch erst in die richtige Richtung schubste.

Sicher habe ich jemanden vergessen, der mir in irgendeiner Form bei meinem Buch weitergeholfen hat. Ich würde mich freuen, wenn du mir schreibst, und ich dir im Nachgang meinen Dank zum Ausdruck bringen kann.

Vielen Dank!

ANMERKUNGEN

Das Portal

1 http://www.patheos.com/blogs/geneveith/2013/02/lent-and-ash-wednesday-are-not-pagan-relics/
2 Wachtturm, 15.12.1972, S. 758; Erwachet, 22.7.1975, S. 28; Hesekiel-Buch (1972), S. 151; Erwachet, 22.3.1986
3 https://en.wikipedia.org/wiki/The_Two_Babylons#Criticism
1 https://www.jw.org/de/bibel-und-praxis/kinder/werde-jehovas-freund/kinderfilme/hoere-auf-jehova/
2 http://www.spiegel.de/lebenundlernen/schule/zeugen-jehovas-gegen-jugendbuch-angst-vor-krabat-a-805507.html
3 Unser Königreichsdienst, Oktober 1993, S. 1, Abs. 6
4 Du kannst für immer im Paradies auf Erden leben (1982 – herausgegeben von Zeugen Jehovas); S. 253
5 Auf den großen Lehrer hören (1987), Kap. 31, S. 127
6 Wachtturm, 14. April 1983, S. 18-22

Stufe 1

1 Unterredungen anhand der Schriften (Auflage 2010), S. 11, »Harmagedon«
2 Unterredungen anhand der Schriften (Auflage 2010), S. 16, »Ich bin nicht interessiert«
3 Wachtturm, 1. September 1950, S. 277 (englische Ausgabe); Wachtturm, 15. März 1951, S. 179 (englische Ausgabe)
4 Wachtturm, 15. April 2010, S. 10-11; *JW Broadcasting* September 2015, https://tv.jw.org/#de/mediaitems/StudioMonthly2015/pub-jwb_201509_1_VIDEO
5 JW Broadcasting, November 2015, https://tv.jw.org/#de/mediaitems/pub-jwb-mw_201511_3_VIDEO
6 Wachtturm, 1. Juli 1996, S. 19-24
7 Jahrbuch der Zeugen Jehovas 1992; Jahrbuch der Zeugen Jehovas 2017; https://jwfacts.com/watchtower/statistics.php

⁸ Lerne von dem großen Lehrer, Kap. 10, S. 57-61
⁹ Wachtturm, 1. Januar 1988, S. 6-7
¹⁰ https://www.welt.de/politik/ausland/article148526182/Mathe-auf-islamistisch-wie-der-IS-Kinder-indoktriniert.html
¹¹ Organisiert, Jehovas Willen tun, S. 45, Abs. 46

Der Wachtturm

¹ Jahrbuch der Zeugen Jehovas 1992; Jahrbuch der Zeugen Jehovas 2017; https://jwfacts.com/watchtower/statistics.php
² Unser Königreichsdienst, November 1999, S. 3-6
³ https://jwfacts.com/watchtower/misquotes-deception-lies.php
⁴ Wachtturm, 15. August 2011, S. 3-5
⁵ Abbildung nach https://de.wikipedia.org/wiki/Demilitarized_Zone
⁶ Tabelle 2016 nach https://www.jw.org/de/publikationen/buecher/2017-jahrbuch/bericht-dienstjahr-2016-jehovas-zeugen/; Tabelle 2017 nach https://www.jw.org/de/publikationen/buecher/2017-dienstjahr-bericht/2017-laender-territorien/
⁷ Abbildungen nach https://www.statista.com/statistics/265147/number-of-worldwide-internet-users-by-region/
⁸ Wachtturm, 15. März 2004, S. 13, Abs. 16
⁹ Wachtturm, 15. Juli 2015, S. 21-25, Abs. 8
¹⁰ http://www.sueddeutsche.de/leben/zeugen-jehovas-schon-wenn-ihr-mich-mustert-ist-das-ein-erfolg-1.3689191
¹¹ Organisiert, Jehovas Willen tun, S. 69
¹² Wachtturm, November 2017 (Studienausgabe), S. 20 – 24
¹³ United Nations, World Population Prospects 2017
¹⁴ JW Broadcasting – November 2017, https://tv.jw.org/#de/mediaitems/WebHomeSlider/pub-jwb_201711_1_VIDEO
¹⁵ Organisiert, Jehovas Willen tun, »Fragen für Personen, die sich taufen lassen möchten«, S. 170
¹⁶ Zahlen, die der Grafik zugrunde liegen, stammen aus dem Jahresbericht der Zeugen Jehovas für 2016 (https://www.jw.org/de/publikationen/buecher/2017-jahrbuch/bericht-dienstjahr-2016-jehovas-zeugen/)
¹⁷ https://www.jw.org/de/jehovas-zeugen/haeufig-gestellte-fragen/wie-viele-mitglieder-zeugen-jehovas/; Unser Königreichsdienst, November 1982, S. 1, Abs. 3

Von guten und schlechten Zeiten

¹ EingliederungsG 1.30 §4 Absatz c, https://www.jehovaszeugen.de/uploads/media/Eingliederungsgesetz.pdf
² Brief vom 29. März 2014, 3/29/2014-X Ge, »Änderung der Finanzierung beim Bau von Kongress- und Königreichssälen weltweit«

³ Erwachet, 8. Dezember 1986, S. 16-18; *Fragen junger Leute*, Band 2, Kap. 32, S. 263-272
⁴ Bezirkskongress der Zeugen Jehovas 2013 (Deutschland), https://www.youtube.com/watch?v=joXPy_xY260
⁵ Fragen junger Leute, Band 1, S. 178, »Selbstbefriedigung: Wie kann ich damit aufhören?«
⁶ Mache deine Jugend zu einem Erfolg (1976), S. 39
⁷ https://www.oliverwolschke.de/pillowgate-instruktionen-fuer-bethelmitarbeiter-aufgetaucht/
⁸ Wachtturm, 15. Februar 1975, S. 127-128
⁹ Der Gewissenskonflikt von Raymond Franz (5. Auflage), S. 56, ISBN: 978-3-00-046312-9
¹⁰ Der Gewissenskonflikt von Raymond Franz (5. Auflage), S. 56, ISBN: 978-3-00-046312-9
¹¹ https://de.wikipedia.org/wiki/K%C3%B6rperstrafe#Christliches_Europa
¹² Wachtturm, 15. Juni 1976, Seite 360
¹³ Wachtturm, 1. August 1978, Seite 32
¹⁴ Wachtturm, 1. November 2006, S. 4-7

Road to Paradise

¹ Amtsblätter »Zeugen Jehovas in Deutschland K.d.ö.R.« 2012 – 2018, https://www.jehovaszeugen.de/Amtsblatt.44.0.html
² Jahrbuch der Zeugen Jehovas 2009; Bericht über das Dienstjahr 2017 der Zeugen Jehovas in der ganzen Welt, https://www.jw.org/de/publikationen/buecher/2017-dienstjahr-bericht/2017-gesamtzahlen/
³ https://nypost.com/2010/03/03/exodus-jehovahs-witnesses-begin-brooklyn-heights-pullout/
⁴ https://www.welt.de/finanzen/immobilien/article149969646/Zeugen-Jehovas-verkaufen-ihre-Zentrale-in-Brooklyn.html
⁵ https://www.jw.org/de/jehovas-zeugen/haeufig-gestellte-fragen/leitende-koerperschaft/; *Wachtturm*, Februar 2017 (Studienausgabe), S. 26
⁶ Wachtturm, 15. Januar 1975, S. 60; Wachtturm, Juli 2017 (Studienausgabe), S. 29-30
⁷ Wachtturm, 15. Januar 2001, S. 29
⁸ JW Broadcasting, Mai 2015, https://tv.jw.org/#de/mediaitems/StudioMonthly2015/pub-jwb_201505_1_VIDEO
⁹ Wachtturm, 15. Februar 2013, S. 24
¹⁰ Einsichten über die Heilige Schrift, Band 1, S. 260-261, »Ausschluss«
¹¹ Erwachet, Dezember 2008, S. 21
¹² Erwachet, August 2011, S. 6-9
¹³ Singt voller Freude für Jehova, Lied 36, https://www.jw.org/de/publikationen/musik-lieder/singt-voller-freude/36-wir-beschuetzen-unser-herz/

14 Wachtturm, November 2017 (Studienausgabe), S. 7, Abs. 17
15 Wachtturm, März 2018 (Studienausgabe), S. 8
16 https://www.youtube.com/watch?v=h33PWdsUVlQ; http://jwsurvey.org/cedars-blog/governing-bodys-david-splane-says-forcing-young-ones-to-get-baptized-is-wise-thing-to-do
17 Wachtturm, März 2018 (Studienausgabe), S. 11
18 Wachtturm, März 2018 (Studienausgabe), S. 30 – 31
19 https://www.oliverwolschke.de/wp-content/uploads/wer-sind-jehovas-zeugen.pdf
20 Fragen junger Leute, Band 2, S. 235 – 236, »Was, wenn ich homosexuelle Gefühle habe?«
21 http://jwsurvey.org/shunning-2/video-shows-jehovahs-witnesses-applaud-10-year-old-girl-shunning-sister; https://www.youtube.com/watch?v=WsjDaAiN_yA
22 Wachtturm, August 2018 (Studienausgabe), »Kennst du die Fakten?«; Hütet die Herde Gottes – ks10-X, S. 60, Abs. 10; Video: Jehovas Urteile loyal unterstützen, https://tv.jw.org/#de/mediaitems/2016Convention/pub-jwbcov_201605_3_VIDEO
23 Erwachet, 22. Mai 1994
24 Galileo, ProSieben, »Inside Zeugen Jehovas« vom 11. November 2014
25 Wachtturm, 1. September 2006, S. 17, Abs. 3

Vor Gericht

1 Organisiert, Jehovas Willen tun, 101, Abs. 11
2 Wachtturm, 15. April 2008, S. 4
3 New York Times Magazine, 15. Mai 2011, S. MM18: »Is Your Religion Your Final Destiny?«; https://www.nytimes.com/2011/05/15/magazine/is-your-religion-your-financial-destiny.html
4 Erwachet, Nr. 2 2016, S. 10
5 https://www.youtube.com/watch?v=r-Oc0_vlHpM
6 Unser Königreichsdienst, September 2007, S. 3
7 Wachtturm, 1. Juli 1992, S. 14
8 Hütet die Herde Gottes – ks10-X, S. 71, Abs. 37
9 Hütet die Herde Gottes – ks10-X, S. 73, Abs. 39
10 Der Wille Jehovas: Wer lebt heute danach?, S. 23
11 Hütet die Herde Gottes – ks10-X, S. 59, Abs. 7
12 Wachtturm, 1. Februar 2003, S. 30 - 31
13 Hütet die Herde Gottes – ks10-X, S. 73, Abs. 39
14 Royal Commission into Institutional Responses to Child Sexual Abuse, Case Study 29: Transcript (Day 155), 14. August 2015, S. 27, Zeile 37
15 Hütet die Herde Gottes – ks10-X, S. 65, Abs. 16
16 Hütet die Herde Gottes – ks10-X, S. 97, Abs. 19
17 Hütet die Herde Gottes – ks10-X, S. 59, Abs. 4
18 Hütet die Herde Gottes – ks10-X, S. 30, Abs. 1

Die Rückkehr

1. Erwachet, 22. Januar 1982, S. 9-12
2. Wachtturm 15. November 1986, S. 8-9
3. https://www.jw.org/de/publikationen/buecher/2017-dienstjahr-bericht/2017-gesamtzahlen/
4. https://www.indexmundi.com/de/welt/sterberate.html
5. Tabelle nach jwfacts.com
6. Tabelle nach Jahrbücher der Zeugen Jehovas von 2013 - 2017
7. Komm zurück zu Jehova, Teil 5, S. 12 - 13
8. Wachtturm, 1. Juli 2011, S. 18
9. Bewahrt euch in Gottes Liebe, Kap. 3, S. 35
10. Wachtturm 15. November 1968, S. 691; Wachtturm, 01. Februar 1970, Seite 92; Die Wahrheit die zu ewigen Leben führt, S. 192

Stufe 2

2. Wachtturm, 1. Juli 2001, S. 18-19
3. Bewahrt euch in Gottes Liebe, Kap. 16,«Vorsicht, Satan ist hinterhältig!«
4. Wachtturm, 1. Juli 2001, S. 19
5. https://www.youtube.com/watch?v=joXPy_xY260
6. https://www.youtube.com/watch?v=P8_KjvquOIs
7. Unser Königreichsdienst, Mai 1974 (englisch)
8. Wachtturm, 1. August 2000, S. 21-22
9. http://www.cbc.ca/news/canada/montreal/jehovahs-witnesses-blood-transfusion-death-quebec-coroner-1.4401101
10. http://www.cbc.ca/news/canada/montreal/jehovahs-witnesses-blood-transfusion-death-quebec-coroner-1.4401101
11. Hütet die Herde Gottes, S. 111
12. Organisiert, Jehovas Willen tun, S. 76, Abs. 27
13. https://www.jw.org/de/publikationen/videos/#de/mediaitems/BJF/pub-pk_19_VIDEO; https://www.jw.org/de/publikationen/videos/#de/mediaitems/BJF/pub-pk_22_VIDEO; https://www.jw.org/de/publikationen/videos/#de/mediaitems/BJF/pub-pk_15_VIDEO

Ein leichter Schubs

1. https://youtu.be/XCN1w9-i3Ug?t=1h20m43s
2. https://youtu.be/iRQblFAXy1M?t=31m59s
3. http://www.ethikkomitee.de/downloads/leitlinie_sa_zj.pdf
4. Die Zeiten der Nationen näher betrachtet, ISBN-13: 978-3000239526

Der Ausstieg

1. Royal Commission into Institutional Responses to Child Sexual Abuse, Case Study 29: »Submissions of Senior Counsel Assisting the Royal Commission«, S. 20
2. Royal Commission into Institutional Responses to Child Sexual Abuse, Case Study 29: »Submissions of Senior Counsel Assisting the Royal Commission«, S. 91
3. Hütet die Herde Gottes, S. 132, Abs. 19
4. Royal Commission into Institutional Responses to Child Sexual Abuse, »Final Report - Religious institutions«, Volume 16, Book 3, S. 89
5. Royal Commission into Institutional Responses to Child Sexual Abuse, Case Study 29: Transcript (Day 148), 28. Juli 2015, S. 37, Zeile 11
6. Hütet die Herde Gottes, S. 132, Abs. 21
7. TV-Bericht, ABC NEWS vom 13.03. 2015, »Former Jehovah's Witness Takes on Church Over Sex Abuse Allegations«
8. Royal Commission into Institutional Responses to Child Sexual Abuse, Case Study 54: Transcript (Day 259), 10. März 2017, S. 57, Zeile 39
9. https://en.wikipedia.org/wiki/Jehovah%27s_Witnesses%27_handling_of_child_sex_abuse#Lawsuits; https://www.jwfacts.com/watchtower/child-abuse-settlements.php#settlements2007
10. http://www.courts.ca.gov/opinions/archive/D066388.PDF
11. Royal Commission into Institutional Responses to Child Sexual Abuse, Case Study 29: »Submissions of Senior Counsel Assisting the Royal Commission«, S. 20
12. Hütet die Herde Gottes, S. 41, Abs. 25

192 Seiten
14,99 € (D) | 15,50 € (A)
ISBN 978-3-7423-0504-6

Diane Müll
Mogadischu
Die Entführung der
»Landshut« und meine
dramatische Befreiung

Diana ist 19 Jahre alt und eine von acht jungen Frauen, die als Preis für eine gewonnene Misswahl zu einem einwöchigen Urlaub nach Mallorca eingeladen wurden. Hinter ihr liegt eine sorgenfreie Woche voller Spaß und Partys und eine durchfeierte Nacht, vor ihr die schrecklichste Zeit ihres Lebens.
Es ist der 13. Oktober des berüchtigten Deutschen Herbstes 1977. Vier palästinensische Terroristen kidnappen die Lufthansa-Maschine »Landshut« auf ihrem Rückflug von Mallorca nach Frankfurt, um die in Deutschland inhaftierten Terroristen der Baader-Meinhof-Gruppe freizupressen. Eine fünftägige Hölle aus Terror und Todesangst, die mehr als 80 Geiseln an Bord durchleiden – eine von ihnen ist Diana.
In diesem emotionalen Schicksalsbericht schildert Diana Müll in erschütternden Details die Entführung und ihre dramatische Rettung.

208 Seiten
19,99 € (D) | 20,60 € (A)
ISBN 978-3-7423-0336-3

Alexander Probst
Von der Kirche missbraucht
Meine traumatische Kindheit im Internat der Regensburger Domspatzen und der furchtbare Skandal

Alexander J. Probst erleidet im katholischen Internat der weltberühmten Regensburger Domspatzen das schrecklichste Schicksal, das einem Kind zustoßen kann: Im Alter von nur acht Jahren wird er mehrfach missbraucht. Missbraucht von jenen, die Tugend predigen. Mit in der Verantwortung: Domkapellmeister Georg Ratzinger, Bruder des späteren Papst Benedikt XVI. Erst als sich Alexander mit elf Jahren seinem Vater offenbart, wird er befreit. Lange Jahre unterdrückt er das erlittene Trauma, doch kurz vor seinem 50. Geburtstag bricht er zusammen. Er beschließt, Gerechtigkeit zu fordern. Wieder muss er ein Trauma erleiden – dieses Mal durch Leugnung und Verunglimpfung. Doch Alexander J. Probst gibt nicht auf und zwingt die Kirche an den runden Tisch. Als erstes Opfer enthüllt er in diesem Buch seine komplette Leidensgeschichte mit all ihren Auswirkungen. Schonungslos und aufrüttelnd wirft er Licht auf den ganzen Skandal, der zwischen 1953 und 1992 über 400 junge Leben zerstört hat.